WISSEN FÜR DIE PRAXIS

Weiterführend empfehlen wir:

FOKUS Sozialrecht
www.fokus-sozialrecht.de

WALHALLA

Johannes Friedrich

Grundlagen – SGB XIV: Soziales Entschädigungsrecht

Textausgabe mit praxisorientierter Einführung

3., aktualisierte Auflage

Bibliografische Information der Deutschen Nationalbibliothek
Die Deutsche Nationalbibliothek verzeichnet diese Publikation in der Deutschen Nationalbibliographie, detaillierte bibliographische Daten sind im Internet über www.dnb.de abrufbar.

Zitiervorschlag:
Johannes Friedrich, Grundlagen - SGB XIV: Soziales Entschädigungsrecht
in der Reihe WALHALLA – Textausgabe
Walhalla Fachverlag, Regensburg 2026

Walhalla Mediengruppe

WALHALLA – eine Marke der Walhalla Mediengruppe

3. Auflage
Rechtsstand: Juli 2026

Kontakt bei Fragen zur Produktsicherheit:
Walhalla u. Praetoria Verlag GmbH & Co. KG, Haus an der Eisernen Brücke, 93042 Regensburg, E-Mail: produktsicherheit@walhalla.de, Telefon: 0941 5684-0

Produktion: Walhalla Mediengruppe, Regensburg
Umschlaggestaltung: grubergrafik, Augsburg
Printed in Germany
ISBN 978-3-8029-7203-4

Zur Walhalla Mediengruppe gehören die Marken WALHALLA, Deichmann+Fuchs, metropolitan und Annual Multimedia Award.

Schnellübersicht

Seite

Vorwort

Nach einem guten Jahrzehnt der Vorbereitung in Form von Diskussionsforen, Werkstattgesprächen und Gesetzesentwürfen trat am 1. Januar 2024 das Kernstück der Neuregelung des Sozialen Entschädigungsrechts in Kraft.

Die Erwartungen waren vielfältig: Die Verbände forderten den Erhalt und Ausbau der bisherigen Ansprüche sowohl im Bereich der Erweiterung der Anspruchsvoraussetzungen als auch der Leistungen. Die Politik musste darauf achten, keine konturlosen und ausufernden Entschädigungstatbestände zu eröffnen. Die bisher bereits anerkannten Geschädigten wollten keinesfalls Leistungseinbußen akzeptieren, bestenfalls ein „Leistungsupgrade" ins neue Recht. Und die Verwaltung erhoffte sich – angesichts sehr komplexer Entschädigungstatbestände und Leistungsregeln bei notorischer Unterbesetzung – pragmatische Lösungen, die möglichst effizient umsetzbar sein sollten.

Es ging also beileibe nicht nur darum, das bisherige Bundesversorgungsgesetz (BVG) abzulösen, welches ursprünglich als eines der ersten großen Sozialgesetze der Nachkriegszeit der Versorgung der Kriegsbeschädigten samt Angehöriger und Hinterbliebener diente, deren Zahl mit zunehmender Zeitdauer naturgemäß immer kleiner wurde. Auch die sogenannten Nebengesetze (also die Gesetze, die sich kraft Verweisung im reichhaltigen Leistungsspektrum des BVG bedienten) erschienen mehr und mehr reformbedürftig, allen voran das 1976 in Kraft getretene Opferentschädigungsgesetz.

Was nach langem Mahlen der Mühlsteine der Gesetzgebung zum Vorschein gekommen ist, wird sich nun in der Praxis beweisen müssen. Bereits jetzt darf positiv vorangestellt werden, dass die Struktur des SGB XIV klar und übersichtlich ist. Die Beträge der früheren Versorgungsrenten wurden bei den neuen Entschädigungszahlungen erheblich erhöht. Gerade im Bereich der Opferentschädigung ist sicher auch die ein oder andere Forderung der Opferschutzverbände berücksichtigt worden. Am meisten Enttäuschung dürfte sich auf Seiten der Versorgungsverwaltung breitmachen, denn nennenswerte Verfahrenserleichterungen finden sich kaum. Im Gegenteil: Die Wahlrechte zwischen neuem und altem Recht sorgte zunächst für eine zusätzliche Arbeitsbelastung.

Die vorliegende Einführung ist der Versuch einer pragmatischen Handreichung mit Blick auf die Neuerungen. Die konkrete Rechtsgestaltung – das zeigt sich schon jetzt – wird ohnehin in vielen Bereichen der Rechtsprechung überantwortet sein.

Im Anschluss an die Einführung sind der aktuelle Gesetzestext des „Vierzehnten Buches Sozialgesetzbuch – Soziales Entschädigungsrecht (SGB XIV)“ sowie einige Durchführungsverordnungen mit Rechtsstand 1. Juli 2026 abgedruckt, sodass beim Lesen des Erläuterungstextes parallel dazu in den entsprechenden Normen nachgeschlagen werden kann. Das ermöglicht einen schnellen, effektiven Überblick und fördert das Verständnis zu Aufbau, Inhalten und Wirkweisen des SGB XIV.

Aus Gründen der Kürze und besseren Lesbarkeit wurden sprachlich alle Genderformen im generischen Maskulinum zusammengefasst. Selbstverständlich ist dies nicht diskriminierend gemeint, es sind ausdrücklich alle Menschen angesprochen.

Johannes Friedrich

Abkürzungen

Abkürzung	Bedeutung
Abs.	Absatz
a. F.	alte Fassung
AMG	Arzneimittelgesetz
Art.	Artikel
AuslZustV	Auslandszuständigkeitsverordnung
BGB	Bürgerliches Gesetzbuch
BMAS	Bundesministerium für Arbeit und Soziales
BSA	Berufsschadensausgleich
BSchAV	Berufsschadensausgleichsverordnung
BSG	Bundessozialgericht
BTHG	Bundesteilhabegesetz
Bufdi	Bundesfreiwillige/r
bzw.	beziehungsweise
d. h.	das heißt
FSJ	Freiwilliges Soziales Jahr
GdS	Grad der Schädigungsfolgen
ggf.	gegebenenfalls
GKV	Gesetzliche Krankenversicherung
HHG	Gesetz über Hilfsmaßnahmen für Personen, die aus politischen Gründen außerhalb der Bundesrepublik Deutschland in Gewahrsam genommen wurden
IfSG	Infektionsschutzgesetz
i. S. d.	im Sinne des/der
i. V. m.	in Verbindung mit
KOVVFG	Gesetz über das Verwaltungsverfahren der Kriegsopferversorgung
lit.	Buchstabe
MD	Medizinischer Dienst
m. w. N.	mit weiteren Nachweisen
Nr.	Nummer
o. Ä.	oder Ähnliches
o.g.	oben genannte
OEG	Opferentschädigungsgesetz
Rn.	Randnummer
SEG	Soldatenentschädigungsgesetz
SGB I	Sozialgesetzbuch – Erstes Buch (Allgemeiner Teil)

Abkürzung	Bedeutung
SGB II	Sozialgesetzbuch – Zweites Buch (Grundsicherung für Arbeitsuchende)
SGB III	Sozialgesetzbuch – Drittes Buch (Arbeitsförderung)
SGB IV	Sozialgesetzbuch – Viertes Buch (Gemeinsame Vorschriften für die Sozialversicherung)
SGB V	Sozialgesetzbuch – Fünftes Buch (Gesetzliche Krankenversicherung)
SGB VI	Sozialgesetzbuch – Sechstes Buch (Gesetzliche Rentenversicherung)
SGB VII	Sozialgesetzbuch – Siebtes Buch (Gesetzliche Unfallversicherung)
SGB VIII	Sozialgesetzbuch – Achtes Buch (Kinder- und Jugendhilfe)
SGB IX	Sozialgesetzbuch – Neuntes Buch (Rehabilitation und Teilhabe von Menschen mit Behinderungen)
SGB X	Sozialgesetzbuch – Zehntes Buch (Sozialverwaltungsverfahren und Sozialdatenschutz)
SGB XI	Sozialgesetzbuch – Elftes Buch (Soziale Pflegeversicherung)
SGB XII	Sozialgesetzbuch – Zwölftes Buch (Sozialhilfe)
SGB XIV	Sozialgesetzbuch – Vierzehntes Buch (Soziale Entschädigung)
sog.	sogenannte
SozE	Soziale Entschädigung
SozERG	Gesetz zur Regelung des Sozialen Entschädigungsrechts
StGB	Strafgesetzbuch
STIKO	Ständige Impfkommission
StrRehaG	Gesetz zur strafrechtlichen Rehabilitierung
s. u.	siehe unten
SVG	Gesetz über die Versorgung für die früheren Soldaten der Bundeswehr und ihre Hinterbliebenen
u. a.	unter anderem
VersMedV	Versorgungsmedizin-Verordnung
vgl.	vergleiche
VMG	Versorgungsmedizinische Grundsätze

Abkürzung	Bedeutung
VwRehaG	Verwaltungsrechtliches Rehabilitationsgesetz
WHO	Weltgesundheitsorganisation
z. B.	zum Beispiel
ZDG	Zivildienstgesetz

1 Überblick zur Gesetzesstruktur

1.1 Zweck und Berechtigte

Gleich zu Beginn in § 1[1]) Satz 1 deutet der Gesetzgeber den Kerngedanken der Sozialen Entschädigung an: die Unterstützung von Menschen, die durch ein schädigendes Ereignis eine gesundheitliche Schädigung erlitten haben – wobei es einschränkend nur um Ereignisse geht, für die die staatliche Gemeinschaft eine besondere Verantwortung[2]) trägt.

Der Gesetzgeber hat sich dabei der überfälligen Aufgabe angenommen und das Recht der Sozialen Entschädigung (kurz: SozE) **neu strukturiert**. Das bedeutet nicht, dass die bisherigen Grundsätze über den Haufen geworfen wurden, sondern dass das bisherige Recht neu geordnet wurde.

Auch sprachliche Anpassungen sind davon erfasst: Während das BVG noch überwiegend von „Beschädigten" und deren Hinterbliebenen sprach, modernisiert der Gesetzgeber des SGB XIV dies in § 2 zum Oberbegriff der „Berechtigten", die sich wiederum in die eigentlichen „Geschädigten" sowie deren Angehörige, Hinterbliebene und Nahestehende aufgliedern:

Berechtigte	Beschreibung	Norm
Geschädigte	Personen, die durch ein schädigendes Ereignis **unmittelbar** eine gesundheitliche Schädigung erlitten haben	§ 2 Abs. 2
Angehörige	Ehegatten sowie Kinder und Eltern von Geschädigten (Als Kinder gelten auch in den Haushalt Geschädigter aufgenommene Stiefkinder sowie Pflegekinder im Sinne des § 2 Abs. 1 Satz 1 Nr. 2 des Bundeskindergeldgesetzes.)	§ 2 Abs. 3

[1]) Paragrafen ohne Gesetzesangabe sind solche des SGB XIV.

[2]) Etwa im Bereich der Opferentschädigung, weil trotz des staatlichen Gewaltmonopols eine Straftat nicht verhindert werden konnte; oder im Bereich von Schäden bei Impfungen, die vom Staat empfohlen oder angeordnet wurden.

Berechtigte	Beschreibung	Norm
Hinterbliebene	Witwen, Witwer und Waisen, Eltern sowie Betreuungsunterhaltsberechtigte einer an den Schädigungsfolgen verstorbenen Person (Als Waisen gelten auch in den Haushalt der verstorbenen Person aufgenommene Stiefkinder sowie Pflegekinder im Sinne des § 2 Abs. 1 Satz 1 Nr. 2 des Bundeskindergeldgesetzes.)	§ 2 Abs. 4
Nahestehende	Geschwister sowie Personen, die mit Geschädigten eine Lebensgemeinschaft führen, die der Ehe ähnlich ist	§ 2 Abs. 5

Hinweis:
Nicht alle diese Gruppen haben dieselben Rechte und Ansprüche, weswegen eine genaue Zuordnung auch praktisch besonders wichtig ist.

Während die meisten dieser Begriffe selbsterklärend sind, wird die **eheähnliche Lebensgemeinschaft** einer konkreten Ausgestaltung durch die Rechtsprechung bedürfen. Der Gesetzgeber hält sich hier kurz und verlangt eine „gewisse, einer Ehe ähnliche Stabilität der Paarbeziehung“, wobei auf die Umstände der Partnerschaft abzustellen sei und eine reine Wohngemeinschaft nicht ausreiche.[3]) Letztlich ist es nahe liegend, hier auf die Kriterien der eheähnlichen Gemeinschaft abzustellen, wie sie von der Rechtsprechung etwa im Bereich des § 7 SGB II zur Bedarfsgemeinschaft entwickelt wurden.[4])

Im Wesentlichen unverändert übernommen wird ein zentraler Grundgedanke der bisherigen SozE: das **Kausalitätsprinzip**. Gleich § 1 Abs. 1 macht dies unmissverständlich klar, wenn bestimmt wird, dass (nur) Menschen unterstützt werden, die durch ein schädigendes Ereignis eine gesundheitliche Schädigung erlitten haben; es gibt also weiterhin keine Leistungen allein für den Umstand, z. B. überhaupt

---

[3]) Vgl. BT-Drs. 19/13824, S. 170.

[4]) Beispielsweise BSG, Urteil vom 23.08.2012 – B 4 AS 34/12 R; BSG, Urteil vom 12.10.2016 – B 4 AS 60/15 R; BSG, Urteil vom 27.02.2008 – B 14 AS 23/07 R.

Opfer einer Tat im Sinne der Opferentschädigung geworden zu sein, ohne dadurch gesundheitliche Einbußen erlitten zu haben.

1.2 Grundtatbestände (schädigende Ereignisse) im Überblick

§ 1 Abs. 2 grenzt die SozE nach dem SGB XIV auf **vier Grundtatbestände** (schädigende Ereignisse) ein:

Normenbereiche	Schädigende Ereignisse (Grundtatbestände)
§§ 13–20	bestimmte Gewalttaten (= das vormalige OEG)
§§ 21, 22	bestimmte Kriegsauswirkungen beider Weltkriege (= das bisherige BVG)
§ 23	bestimmte Ereignisse im Zusammenhang mit der Ableistung des Zivildienstes (= das vorherige ZDG)
§ 24	bestimmte Schutzimpfungen und andere Maßnahmen spezifischer Prophylaxe (= bisher Teil des IfSG)

2 Die Grundtatbestände für Leistungen

2.1 Grundtatbestand 1: Opfer bestimmter Gewalttaten

Die §§ 13 und 14 regeln die neuen Grundtatbestände der Opferentschädigung:

Normen	Schädigendes Ereignis
§ 13 Abs. 1 Nr. 1	Vorsätzlicher, rechtswidriger, unmittelbar gegen eine Person gerichteter tätlicher Angriff (körperliche Gewalttat) oder Folgen dessen rechtmäßiger Abwehr
§ 13 Abs. 1 Nr. 2	Sonstiges vorsätzliches, rechtswidriges, unmittelbar gegen die freie Willensentscheidung einer Person gerichtetes schwerwiegendes Verhalten (psychische Gewalttat)
§ 13 Abs. 2	Regelbeispiele für „schwerwiegendes Verhalten" nach Abs. 1 Nr. 2
Gleichstellungstatbestände	
§ 14 Abs. 1 Nr. 1	Vorsätzliche Beibringung von Gift
§ 14 Abs. 1 Nr. 2	Fehlgehen der Gewalttat, sodass sie eine andere Person trifft als die Person, gegen die sie gerichtet war
§ 14 Abs. 1 Nr. 3	Angriff in der irrtümlichen Annahme des Vorliegens eines Rechtfertigungsgrundes
§ 14 Abs. 1 Nr. 4	Wenigstens fahrlässige Herbeiführung einer Gefahr für Leib und Leben eines anderen durch ein mit gemeingefährlichen Mitteln begangenes Verbrechen
§ 14 Abs. 1 Nr. 5	Erhebliche Vernachlässigung von Kindern
§ 14 Abs. 1 Nr. 6	Herstellung, Verbreitung und öffentliche Zugänglichmachung von Kinderpornografie nach § 184b Abs. 1 Satz 1 Nr. 1, 3 und 4 StGB
§ 14 Abs. 2 Satz 1	Schädigung durch Miterleben einer Tat oder Auffinden des Opfers (Schockschaden 1)
§ 14 Abs. 2 Satz 2	Schädigung durch Überbringung einer Nachricht vom Tode oder der schwerwiegenden Verletzung des Opfers (Schockschaden 2)

Manche der oben dargestellten Schädigungsereignisse sind praktisch kaum relevant (etwa das Fehlgehen der Verletzungshandlung), sodass hier nur auf das Kernstück sowie die wesentlichen Neuerungen eingegangen werden soll.

Kernelement ist und bleibt der bisher schon bekannte **Grundbegriff des tätlichen Angriffs**, den das Bundessozialgericht[5]) im Jahr 2014 einschränkend definiert hat: Bereits zuvor hatte das BSG dafür eine in feindseliger Willensrichtung unmittelbar auf den Körper eines anderen zielende gewaltsame Einwirkung gefordert, d. h. eine körperliche Gewaltanwendung gegen eine Person, bei der der Täter körperlich (physisch) auf einen anderen einwirkt. Ein aggressives Verhalten des Täters verlangte das BSG jedoch nicht zwingend, sodass auch jemand unter dem Schutz des OEG stand, der zum körperlichen Widerstand nicht fähig ist. Kein tätlicher Angriff lag aber vor, wenn sich Einwirkungen – ohne Einsatz körperlicher Mittel – allein als intellektuell oder psychisch vermittelte Beeinträchtigung darstellten und nicht unmittelbar auf die körperliche Integrität abzielten. 2014 erfolgte jedoch eine klare Absage an die bisherige Rechtsprechung[6]), nach der eine objektive Gefährdung des Lebens oder der körperlichen Unversehrtheit einer anderen Person auch ohne physische Einwirkung (Schläge, Schüsse, Stiche, Berührung etc.) bereits aufgrund der objektiven Gefährlichkeit der Situation (z. B. Drohung mit geladener Schusswaffe) für die Annahme eines rechtswidrigen tätlichen Angriffs ausreichte. Das BSG überantwortete die Entscheidung über einen weitergehenden Schutzbereich explizit dem Gesetzgeber.

Der hat nunmehr „geliefert" und den neuen Grundtatbestand der **psychischen Gewalttat** eingeführt, bei dem wegen seiner Unbestimmtheit bereits jetzt absehbar ist, dass viele juristische Gefechte folgen werden, bis einigermaßen Klarheit über die Konturen bestehen wird. Immerhin so viel ist klar: Das Verhalten muss gegen die freie Willensentscheidung orientiert und es muss (wie bisher) vorsätzlich und rechtswidrig sowie unmittelbar gegen eine Person gerichtet sein. Doch was heißt das konkret?

---

[5]) BSG, Urteil vom 16.12.2014 – B 9 V 1/13 R Rn. 19 ff. unter Verweis auf weitere BSG-Rechtsprechung, insb. Urteil vom 29.04.2010 – B 9 VG 1/09 R, Urteil vom 07.04.2011 - B 9 VG 2/10 R sowie Beschlüsse vom 25.02.2014 - B 9 V 65/13 B – und vom 17.09.2014 bzw. 22.09.2014 – B 9 V 27 bis 29/14 B.

[6]) BSG, Urteile vom 24.07.2002 – B 9 VG 4/01 R – „Drohung mit einer scharf geladenen und entsicherten Schusswaffe" und vom 02.10.2008 – B 9 VG 2/07 R – „bloße Drohung zu schießen, ohne Besitz einer Schusswaffe".

Zunächst ist beim Schutz der „freien Willensentscheidung" (die der Willensbetätigung vorgelagert ist) auch der Änderung der strafrechtlichen Anschauungen Rechnung zu tragen: So stellt § 177 Abs. 1 StGB mittlerweile für eine Strafbarkeit schon darauf ab, ob „gegen den erkennbaren Willen" eines Menschen sexuelle Handlungen vorgenommen werden. Abs. 2 nimmt dabei auch Fälle auf, bei denen ein Täter es ausnutzt, dass jemand nicht in der Lage ist, einen entgegenstehenden Willen zu bilden oder zu äußern oder aufgrund seines körperlichen oder psychischen Zustands diesbezüglich erheblich eingeschränkt ist; auch die Ausnutzung eines Überraschungsmoments wurde ebenso unter Strafe gestellt wie die Drohung mit einem empfindlichen Übel. Der dahinterstehende Kerngedanke des „Nein heißt Nein" kann als Richtschnur auch der Auslegung des § 13 Abs. 1 Nr. 2 zugrunde gelegt werden. Damit dürfte also jede Beeinträchtigung der Willensfreiheit (im Sinne der Willensentscheidung) grundsätzlich den Anwendungsbereich des SGB XIV eröffnen; weder körperlicher noch psychischer „Zwang" im engeren Sinne sind dafür erforderlich.

Dass das Verhalten „unmittelbar" gegen eine Person gerichtet sein muss, bedeutet nicht zwingend, dass das Tatmittel unmittelbar gegen sie gerichtet sein muss. Das zeigt die Aufnahme des Tatbestandes des Menschenhandels (§ 232 StGB), zu dem die Begründung des Gesetzesentwurfs ausdrücklich vermerkt, dass damit auch Fälle umfasst seien, in denen sich z. B. die Androhung von Gewalt nicht nur gegen das Opfer, sondern gegen im Heimatland verbliebene Angehörige richtet[7]). Die Wirkung des Tatmittels richtet sich dadurch aber auch in solchen Fällen unmittelbar gegen die Person.

Weiter fordert der Gesetzgeber für psychische Gewalt ein „Verhalten" des Täters. Bereits unter Geltung des OEG war höchst umstritten und bis zuletzt in weiten Bereichen durch BSG-Rechtsprechung ungeklärt[8]), ob auch Unterlassen den Grundtatbestand erfüllen kann. Auch nach der Neufassung des SGB XIV bleibt dies nicht ganz unumstritten: So wird teilweise vertreten, dass für ein Verhalten ein aktives Tun zu fordern sei, wenngleich das jegliches (auch nicht tätliches) Einwirken sein könne.[9]) Die künftige Rechtsprechung des BSG dazu darf mit Spannung erwartet werden, wobei für die genannte Auf-

---

[7]) Vgl. BT-Drs. 19/13824, S. 176.

[8]) Zur unterlassenen Hilfeleistung i.S.d. § 323c StGB hatte das BSG demgegenüber bereits zweimal die Anwendbarkeit des OEG verneint, vgl. Urteil vom 10.11.1993 – 9 RVg 2/93 und Beschluss vom 12.06.2003 – B 9 VG 11/02 B.

[9]) Karl in: B. Schmidt, SGB XIV – Soziale Entschädigung, § 13 Rn. 70.

fassung spricht, dass es andernfalls der expliziten Aufnahme der erheblichen Vernachlässigung von Kindern als Gleichstellungstatbestand in § 14 Abs. 1 Nr. 5 gar nicht bedurft hätte.

Schließlich muss das Verhalten noch „schwerwiegend“ sein; ein Begriff, mit dem der Gesetzgeber die nähere Ausgestaltung letztlich komplett der Rechtsprechung übereignet. Zumindest werden in Abs. 2 wichtige Regelbeispiele hierfür genannt, und zwar die Tatbestände des sexuellen Missbrauchs (§§ 174–176d StGB), des sexuellen Übergriffs, der sexuellen Nötigung sowie der Vergewaltigung (§§ 177, 178 StGB), des Menschenhandels[10]) (§§ 232–233a StGB), der Nachstellung (§ 238 Abs. 2 und 3 StGB), der Geiselnahme (§ 239b StGB) und der räuberischen Erpressung (§ 255 StGB). Schon die Auflistung von Regelbeispielen zeigt: Der Katalog ist nicht abschließend – auch andere Fälle können den Schutzbereich der Opferentschädigung eröffnen, wenn sie „mindestens von vergleichbarer Schwere“ sind.

Hieran scheiden sich wieder die Geister: Einzelne Versorgungsverwaltungen der Länder wollen die „Schwere“ einschränkend aus dem Strafrahmen der Regelbeispiele ableiten und überlegen, dies nur bei Delikten mit einer Freiheitsstrafe als Mindeststrafe anzunehmen. Solche Überlegungen scheitern aber bereits daran, dass dies etwa für den aufgelisteten § 233 Abs. 1 StGB gerade nicht gilt und dass der Gesetzgeber in seiner Begründung als weiteres denkbares Delikt auch Nachstellungen nach § 238 Abs. 1 StGB nennt[11]). Auch wird die Konkretisierung durch die Rechtsprechung abzuwarten sein, wobei schwer davon auszugehen sein dürfte, dass dort auf die berühmten „Umstände des Einzelfalls“ abgestellt werden wird.

Mit der Aufnahme etwa der räuberischen Erpressung (§ 255 StGB) reagierte der Gesetzgeber auf die eingangs beschriebene Rechtsprechungsänderung des BSG im Jahr 2014: Nunmehr zählen auch wieder Fälle der Bedrohung mit einer Waffe bei Überfällen zur psychischen Gewalt, unabhängig von einem körperlichen Kontakt.

Andere schädigende Verhaltensweisen fallen allerdings weiterhin weder unter den Begriff der Tätlichkeit noch unter den der psychi-

---

[10]) Der Gesetzgeber zitiert hier ungenau: Es geht aufgrund der in Bezug genommenen Vorschriften neben dem Menschenhandel auch um die Tatbestände der Zwangsprostitution, der Zwangsarbeit, der Ausbeutung der Arbeitskraft sowie der Ausbeutung unter Ausnutzung einer Freiheitsberaubung.

[11]) Vgl. BT-Drs. 19/13824, S. 176. Beide Delikte – § 233 Abs. 1 und § 238 Abs. 1 StGB – weisen keine solche Mindeststrafe auf.

schen Gewalt. Auch hierauf hat der Gesetzgeber reagiert und in § 14 sog. **Gleichstellungen** aufgenommen (siehe oben in der Übersicht). Besonderer Erwähnung bedürfen dabei insbesondere folgende gleichgestellte Fälle:

Die erhebliche Vernachlässigung von Kindern (§ 14 Abs. 1 Nr. 5) ist nunmehr explizit genannt. Das BSG wies in der Vergangenheit darauf hin, dass nicht jede Vernachlässigung vom OEG geschützt werde, insbesondere nicht rein emotionale Vernachlässigungen.[12]) Auch die Aufnahme psychischer Gewalttaten in das SGB XIV ändert an dieser Grundproblematik nichts, weil viele Vernachlässigungen nicht unmittelbar gegen die freie Willensentscheidung gerichtet sind. Zudem ist der Tatbestand der Nr. 5 sehr unpräzise formuliert. So ist bereits nicht klar, ob mit „Kinder" nur Menschen bis zur Vollendung der 14. Lebensjahres gemeint sind[13]) oder auch Jugendliche bis zum Eintritt in das Erwachsenenalter. Eine direkte, tatbestandliche Bezugnahme auf § 225 StGB hat der Gesetzgeber vermieden. In der Begründung äußert er sich aber dahingehend, dass nur dauerhaftes, ausgeprägtes Fehlverhalten und erhebliches und eindeutig falsches Erziehungsverhalten erfasst werden sollen, etwa wenn Eltern nicht für das körperliche und psychische Wohl des Kindes sorgen, es sich selbst überlassen, unzureichend ernähren oder medizinisch notwendige Hilfe verhindern.[14]) Dem Begriff der „Erheblichkeit" wird beim Gesetzesvollzug voraussichtlich große Bedeutung zukommen; dies umfasst sowohl eine Erheblichkeit der Vernachlässigung in qualitativer (Intensität) als auch in quantitativer (zeitlicher) Hinsicht.

§ 14 Abs. 1 Nr. 6 nimmt zudem die Herstellung, Verbreitung und öffentliche Zugänglichmachung von Kinderpornografie nach § 184b Abs. 1 Satz 1 Nr. 1, 3 und 4 StGB als Grundtatbestand auf, was ebenfalls Relevanz in Fällen hat, bei denen nicht bereits gleichzeitig tätliche Angriffe oder psychische Gewalt hierdurch vorliegen.

§ 14 Abs. 2 regelt nunmehr die sogenannten **Schockschadensfälle**. Diese waren früher ausschließlich auf Basis richterlicher Rechtsfortbildung bzw. weiterer Gesetzesauslegung durch das BSG unter der Begrifflichkeit der „Sekundäropfer" anerkannt worden. Dieser Rechtsprechung folgend, unterscheidet der Gesetzgeber im SGB XIV zwei Gruppen: Zum einen Personen, die in Folge des Miterlebens der

---

[12]) BSG, Beschluss vom 23.03.2015 – B 9 V 48/14 B Rn. 26 m. w. N.

[13]) Hierfür plädierend Karl in: B. Schmidt, SGB XIV – Soziale Entschädigung, § 14 Rn. 25.

[14]) Vgl. BT-Drs. 19/13824, S. 176, 177.

Tat oder des Auffindens des Opfers eine gesundheitliche Schädigung erlitten haben, zum anderen Menschen, die durch die Überbringung der Nachricht vom Tode oder der schwerwiegenden Verletzung des Opfers eine gesundheitliche Schädigung erlitten haben, wenn zwischen diesen Personen und dem Opfer im Sinne des § 13 oder des § 14 Abs. 1 eine enge emotionale Beziehung besteht. Eine solche Beziehung besteht nach Satz 3 in der Regel mit Angehörigen und Nahestehenden; die Formulierung lässt aber auch Raum für andere Nähe- und Zuneigungsverhältnisse.

Interessant in diesem Zusammenhang ist auch § 18, wonach der Anwendungsbereich der Sozialen Entschädigung auch dann eröffnet ist, wenn eine Gewalttat nach § 13 durch den **Gebrauch eines Kraftfahrzeugs** (oder Anhängers) verübt wird. Die Norm ist insoweit eigentlich überflüssig, weil dies unter § 13 fällt; aufgenommen wurde sie aus klarstellenden Gründen einfach deswegen, weil früher tätliche Angriffe durch Gebrauch eines Kfz nach § 1 Abs. 6 OEG explizit vom Schutzbereich ausgeschlossen waren. Die daneben unter Umständen zusätzlich bestehenden Ansprüche nach § 12 Abs. 1 Satz 1 Nr. 3 PflVG (Entschädigungsfonds der Kfz-Pflichtversicherer) gehen nach § 120 SGB XIV aber kraft Gesetzes auf den Träger der SozE über, soweit Kongruenz besteht.

Eine wichtige Änderung betrifft die Anspruchsberechtigung von **Ausländern bei Taten (und Wohnsitz) im Inland**. Bis 30. Juni 2018 gab es hier weitreichende Einschränkungen bzw. zusätzliche Voraussetzungen, vor allem mit Blick auf den Aufenthaltsstatus (§ 1 Abs. 4–7 OEG a. F.); diese wurden im Vorgriff auf das neue SGB XIV ab dem 1. Juni 2018 aber insoweit abgeschafft, als Ausländer nunmehr dieselben Ansprüche wie Deutsche haben sollten (§ 1 Abs. 4 OEG a. F.). In dieser Fassung wurde die Norm nunmehr auch als § 7 in das SGB XIV integriert.

- Bei **Schädigung im Inland, aber Wohnsitz des Opfers im Ausland** erfolgt eine Leistungseinschränkung nach § 101. Hierdurch wird der Grundgedanke gewahrt, einen „Leistungsexport" ins Ausland zu vermeiden, gleichzeitig wird er aber für bestimmte Leistungen aufgeweicht, die diese Menschen trotzdem erhalten. Auch hier gilt, dass die im Inland geschädigte, aber im Ausland lebende Person Ansprüche hat, egal ob es sich dabei um Deutsche oder Ausländer handelt. Interessant ist, dass auch Entschädigungszahlungen erbracht werden können, aber nur dann, wenn der Leistungszweck erreicht werden kann (was etwa dann nicht der Fall ist, wenn der Auslandsstaat diese Zahlungen auf eigene Sozialleistungen anrechnet). Zahlungen gibt es auch dann nicht, wenn der ausländische Staat seinerseits subsidiäre Entschädigungsleistungen wegen der Gewalttat erbringt (vgl. zum Ganzen: § 101 Abs. 6 und Kapitel 4.11).

- Bei **Schädigungen im Ausland** wird der bisherige § 3a OEG abgelöst durch § 15. Voraussetzung ist ein gewöhnlicher und rechtmäßiger Aufenthalt im Geltungsbereich des SGB XIV und ein Aufenthalt im Ausland zum Tatzeitpunkt für einen vorübergehenden Zeitraum von längstens sechs Monaten. Leistungen gibt es wie bisher nur im „abgespeckten" Umfang nach § 102, wobei hier noch einmal zu unterscheiden ist zwischen Geschädigten (§ 102 Abs. 2–5) und Angehörigen sowie Hinterbliebenen (§ 102 Abs. 6). Wichtigster Unterschied zur Regelversorgung ist weiterhin der Umstand, dass keine laufenden Entschädigungsleistungen erbracht werden, sondern Einmalzahlungen. Der Unterschied im Leistungsumfang begründet sich zwanglos damit, dass dem deutschen Staat im Ausland schwerlich der Vorwurf gemacht werden kann, er habe seine Garantenpflicht nicht erfüllt; leistungsbegründend ist hier ausschließlich der Fürsorgegedanke. Näheres hierzu: vgl. Kapitel 4.12.

Neu strukturiert hat der Gesetzgeber das Recht der Leistungsausschlüsse und Leistungsversagungen. Gab es bisher in § 2 OEG nur die Möglichkeit der Versagung (nach Abs. 1 als Pflichttatbestand bei Selbstverursachung der Schädigung oder Unbilligkeit der Entschädigung, nach Abs. 2 als Ermessenstatbestand bei Unterlassung der Förderung der Sachverhaltsaufklärung oder der Täterverfolgung), sieht das Gesetz nunmehr in § 16 echte Ausschlussgründe und in § 17 Versagungsgründe vor.

Die **Ausschlussgründe des § 16** führen dazu, dass der Leistungsanspruch von vornherein nicht besteht (negative Leistungsvoraussetzung; die Verwaltung trägt für das Bestehen die objektive Beweislast)[15]). Dies ist nach Abs. 1 dann der Fall, wenn der Geschädigte das schädigende Ereignis in vorwerfbarer Weise verursacht hat. Nur klarstellend hat der Gesetzgeber nunmehr den Begriff der Vorwerfbarkeit der Verursachung aufgenommen, was einen subjektiven Sorgfaltsmaßstab erfordert; wie bisher muss es sich um eine wesentliche (Mit-)Bedingung für die Schädigung handeln, d. h., Täter- und Op-

[15]) Zum Ganzen: Karl in: B. Schmidt, SGB XIV – Soziale Entschädigung, § 16 Rn. 38 m. w. N.

ferhandlung müssen nach Bedeutung und Umfang vergleichbar sein und es darf keine wesentliche zeitliche Zäsur bestehen[16]). Nach Abs. 2 sind Leistungen so zu erbringen, dass sie nicht der Person wirtschaftlich zugutekommen, die das schädigende Ereignis verursacht hat. Kann eine solche mittelbare Täterbegünstigung nicht verhindert werden, besteht im Umkehrschluss ein Leistungsausschluss.

Die **Versagungsgründe des § 17** sind zweigeteilt: Der Pflichttatbestand einer Versagung liegt künftig vor, wenn es aus in dem eigenen Verhalten der Antragsteller liegenden Gründen unbillig wäre, Leistungen der Sozialen Entschädigung zu erbringen. Abs. 2 ist demgegenüber als Ermessenstatbestand ausgestaltet: Leistungen können ganz oder teilweise versagt werden, wenn Geschädigte es unterlassen haben, das ihnen Mögliche und Zumutbare zur Aufklärung des Sachverhalts und zur Verfolgung des Täters beizutragen. Dabei merkt der Gesetzgeber selbst in der Gesetzesbegründung schon an, dass eine Mitwirkung auch unzumutbar sein kann, etwa bei einer verwandtschaftlichen, ehelichen oder eheähnlichen Beziehung zum Täter, bei zu großer Belastung durch eine Strafanzeige oder bei Minderjährigkeit der Geschädigten.[17])

Für **Sekundäropfer** (Angehörige, Hinterbliebene, Nahestehende) hält das SGB XIV in den §§ 19 und 20 eigenständige Ausschluss- und Versagungstatbestände vor. Diese greifen – unter denselben Voraussetzungen wie bei den §§ 16 und 17 – dann, wenn die Ausschluss- oder Versagungsgründe entweder in der eigenen Person der Antragsteller (Sekundäropfer) oder in der Person des Primäropfers liegen. Letzteres führt zwar – gerade bei den Ausschlusstatbeständen und der Pflichtversagung – zu einem Durchschlagen der Gründe; allerdings ist bei den Ermessensversagungen eine eigenständige Ermessensentscheidung vorzunehmen, die den individuellen Umständen Rechnung tragen muss und ein anderes Ergebnis rechtfertigen kann.

[16]) Vgl. BSG, Urteil vom 29.03.2007 – B 9a VG 2/05 R Rn. 13 m. w. N.

[17]) Vgl. BT-Drs. 19/13824, S. 178.

2.2 Grundtatbestand 2: Kriegsauswirkungen beider Weltkriege

§ 21 eröffnet den Schutzbereich der Sozialen Entschädigung für Personen, die im Inland durch Auswirkungen kriegerischer Vorgänge im Zusammenhang mit einem der beiden Weltkriege, die einen kriegseigentümlichen Gefahrenbereich hinterlassen haben, eine gesundheitliche Schädigung erlitten haben. Das ist inhaltlich die Regelung des bisherigen § 5 Abs. 1 lit. e BVG.

Gemeint sind damit nicht die bisherigen BVG-Leistungsbezieher, sondern diejenigen, die erst nach dem Inkrafttreten des SGB XIV ab dem 1. Januar 2024 einen solchen Schaden erleiden (z. B. ein Kind, das jetzt durch eine im Boden gefundene Weltkriegsgranate eine Hand verliert). Für Fälle, die sich zwar vor diesem Zeitpunkt ereigneten, die Anträge aber erst ab 2024 gestellt werden: vgl. § 139 (bzw. Kapitel 7).

Angehörige, Hinterbliebene und Nahestehende erhalten Leistungen nach § 6. Auch hier gilt § 7, sodass es irrelevant ist, ob die Anspruchsberechtigten Deutsche oder Ausländer sind (sofern der Wohnsitz im Inland liegt).

§ 22 Abs. 1–3 ersetzt den bisherigen § 1a BVG und enthält Tatbestände der **Leistungsversagung, -entziehung oder -minderung**. Ein Pflichtversagung ist nach Abs. 1 vorzunehmen, wenn Geschädigte während der Herrschaft des Nationalsozialismus gegen die Grundsätze der Menschlichkeit oder Rechtsstaatlichkeit verstoßen haben (ein Anhaltspunkt für eine besonders intensive Überprüfung ist insbesondere eine freiwillige Mitgliedschaft in der SS). Ein weiterer Fall einer (kompletten oder teilweisen) Pflichtentziehung (bereits laufender Leistungen) mit Wirkung für die Zukunft besteht, wenn ein Versagungsgrund im Sinne des Abs. 1 vorliegt und das Vertrauen der Geschädigten auf eine fortwährende Erbringung der Leistungen im Einzelfall auch angesichts der Schwere der begangenen Verstöße nicht überwiegend schutzbedürftig ist (nur soweit in den Fällen des Abs. 2 die sofortige Entziehung oder Minderung der Leistungen zu unbilligen Härten führt, soll die Entziehung oder Minderung nach einer angemessenen Übergangsfrist erfolgen; Abs. 3).

Schließlich gelten nach § 22 Abs. 4 die Abs. 1–3 entsprechend für Leistungen aus Ansprüchen, die sich von Geschädigten im Sinne von Abs. 1 ableiten, also für Hinterbliebene.

2.3 Grundtatbestand 3: Geschädigte bestimmter Ereignisse im Zusammenhang mit der Ableistung des Zivildienstes

Wie vormals § 47 Zivildienstgesetz (ZDG) regelt nunmehr § 23 die Ansprüche **Zivildienstgeschädigter**: Entschädigt wird, wer im Zusammenhang mit der Ableistung des Zivildienstes eine gesundheitliche Schädigung durch eine Tätigkeit, einen Unfall, einen Angriff auf seine Person oder in sonstiger Weise erleidet (§ 23 Abs. 1).

Wegeunfälle sind in § 23 Abs. 2 neu geregelt und umfassen Schädigungen, die herbeigeführt worden sind auf dem unmittelbaren Weg von und zu der Dienststelle, auf dem unmittelbaren Hin- oder Rückweg bei Antritt und Beendigung des Zivildienstes, auf einem vom unmittelbaren Weg abweichenden Weg, um ein Kind, das mit dem Dienstleistenden in einem Haushalt lebt, wegen des Zivildienstes fremder Obhut anzuvertrauen oder mit anderen Dienstleistenden oder Berufstätigen oder in der gesetzlichen Unfallversicherung versicherten Personen gemeinsam ein Fahrzeug zu benutzen sowie auf dem Weg von und nach der ständigen Familienwohnung, wenn der Dienstleistende wegen der Entfernung seiner Familienwohnung vom Dienstort oder wegen der Pflicht zum Wohnen in einer dienstlichen Unterkunft am Dienstort oder in dessen Nähe eine Unterkunft hat.

Abs. 3 schließlich regelt Schädigungen infolge Behandlungen oder Leistungsbezug für Zivildienstschädigungen.

Derzeit ist die Vorschrift des § 23 allerdings insgesamt ohne **praktische Bedeutung**, da im Zuge der Aussetzung der allgemeinen Wehrpflicht auch der Zivildienst ausgesetzt wurde. Die Betonung liegt jedoch auf „ausgesetzt"; eine Abschaffung war damit nicht verbunden, sodass bei einer Reaktivierung der allgemeinen Wehrpflicht und damit auch des Zivildienstes bereits eine Entschädigungsnorm zur Verfügung stünde. An die Stelle des früheren Zivildienstes ist der Bundesfreiwilligendienst getreten. Die sog. Bufdis erhalten keine Entschädigung nach dem ZDG – allerdings besteht hier in der Regel Schutz über eine Pflichtversicherung in der gesetzlichen Unfallversicherung; Gleiches gilt bei Absolvierung eines Freiwilligen Sozialen Jahres (FSJ).

2.4 Grundtatbestand 4: Geschädigte durch Schutzimpfungen und andere Maßnahmen spezifischer Prophylaxe

Bei Impfschäden mag man zunächst an eine reine Fürsorgeregelung für den Einzelnen denken, doch auch hier steht der Kerngedanke der allgemeinen **Aufopferung** im Vordergrund: Denn Impfungen sollen nicht nur den Einzelnen schützen, sondern auch einen Schutz für die ganze Gemeinschaft erzeugen, im Idealfall, um durch Herstellung der viel zitierten „Herdenimmunität" Erkrankungen vollständig auszurotten. In jedem Fall aber sollen sie Mitmenschen, die – wegen ihres Alters oder aufgrund von Erkrankungen – nicht geimpft werden können, einen Schutz bieten.

Sofern sich dann aber für den einzelnen Geimpften nachteilige Folgen zeigen, muss umgekehrt auch die Gemeinschaft für ihn einstehen und ihm Versorgung gewähren. Dies geschah bislang über § 60 IfSG, nunmehr durch § 24.

Zur **Abgrenzung** muss zunächst deutlich gemacht werden, worum es nicht geht: Die Leistungen der Sozialen Entschädigung setzen keinen ärztlichen Fehler („Kunstfehler") beim Impfen voraus; sollte ein solcher vorliegen, kann dieser zivilrechtlich im Rahmen des Arzthaftungsrechts[18]) geltend gemacht werden. Sie setzen auch keinen fehlerhaften Impfstoff voraus; sollte dies der Fall sein, kommen ebenfalls zivilrechtliche Ansprüche gegen das herstellende Pharmaunternehmen in Betracht[19]). Für Ansprüche nach § 24 kann demgegenüber der Impfstoff völlig in Ordnung gewesen sein und auch der Arzt fehlerlos gehandelt haben: Haftungsgrund des Anspruchsgegners – das ist hier der Staat – ist bereits die Realisierung einer Nebenwirkung des Impfstoffs. Voraussetzung ist damit einzig und allein die Gabe des Impfstoffs in den Körper mit dem Ziel, vor einer übertragbaren Krankheit zu schützen (so ausdrücklich § 2 Nr. 9 IfSG).

§ 24 sieht nunmehr also Ansprüche der SozE vor, wenn jemand durch eine **Schutzimpfung** nach § 2 Nr. 9 IfSG (oder durch eine andere Maßnahme der spezifischen Prophylaxe nach § 2 Nr. 10 IfSG) eine gesundheitliche Schädigung erlitten hat, die über das übliche Ausmaß einer Reaktion auf eine Schutzimpfung (oder andere Maßnahme der

[18]) Insbesondere § 823 BGB sowie die Haftung aus dem Arzt-Patienten-Vertrag.

[19]) Insbesondere § 84 Arzneimittelgesetz (AMG).

spezifischen Prophylaxe) hinausgeht. Dies gilt auch, wenn die Schutzimpfung mit vermehrungsfähigen Erregern durchgeführt und eine andere als die geimpfte Person geschädigt wurde (gedacht ist dabei an Fälle von Impfungen mit Lebendimpfstoffen, in denen sich jemand anderes mit dem Impfvirus infiziert).

Einschränkend gewährt die SozE nicht für jede Schutzimpfung (bzw. spezifische Prophylaxemaßnahme) den Schutz des SGB XIV. Vielmehr ist weitere Voraussetzung – allgemein gesprochen – eine öffentliche Empfehlung im weitesten Sinne. Ganz konkret sieht der Gesetzgeber folgende Fallgruppen vor:

§ 24 Satz 1	Art der öffentlichen Empfehlung
Nr. 1	Empfehlung einer zuständigen Landesbehörde nach § 20 Abs. 3 IfSG und Durchführung der Impfung in deren Bereich
Nr. 2	Impfungen im Inland, auf die Versicherte nach § 20i SGB V einen gesetzlichen Anspruch haben (gilt über die Rechtsverordnung nach § 20i Abs. 3 SGB V auch für privat Versicherte)
Nr. 3	Unentgeltliche Impfungen durch Gesundheitsämter nach § 20 Abs. 5 IfSG
Nr. 4	Anordnung aufgrund einer Rechtsverordnung nach § 20 Abs. 6 und 7 IfSG oder aufgrund sonstiger gesetzlicher Vorschrift

§ 24 regelt den Anwendungsbereich des Impfschadensrechts durchaus abweichend vom bisherigen Recht, verkürzt ihn aber de facto nicht.

Wie bisher erfasst Nr. 1 die klassischen öffentlichen Empfehlungen der zuständigen Landesbehörden, welche sich oftmals an den aktuellen Veröffentlichungen der STIKO orientieren; letztlich entscheiden aber die Länder in eigener Kompetenz.

Im neuen Recht wird durch die o. g. Nr. 2 ein zusätzlicher Schutz hergestellt für Impfungen, die zur Basisversorgung[20]) durch die gesetzliche Krankenversicherung gehören. Hintergrund der Regelung ist, dass Teile dieser Basisversorgung nicht zwangsläufig von allen Bun-

[20]) Vgl. insoweit BT-Drs. 19/13824, S. 181.

desländern im Rahmen der Nr. 1 öffentlich empfohlen werden, weswegen über die Nr. 2 nunmehr ein bundeseinheitlicher Schutz bewirkt wird. Nicht erforderlich ist es im Übrigen nach dem Willen des Gesetzgebers, dass die geimpfte Person tatsächlich gesetzlich krankenversichert ist.[21])

Ebenso neu ist der umfängliche Schutz der Nr. 3 bei Impfungen einzelner örtlicher Gesundheitsämter, die ebenfalls nicht zwangsläufig mit einer öffentlichen Empfehlung im jeweiligen Bundesland zusammenfallen müssen.

Nr. 4 betrifft die in Deutschland kaum existenten Impfzwang-Anordnungen (eines der wenigen Beispiele sind die partiell bestehende Masernimpfpflicht nach § 20 Abs. 8 IfSG im Kontext bestimmter Gemeinschaftseinrichtungen für Kinder oder Impfungen von Soldaten im Rahmen der Duldungspflicht).

Gestrichen wurde der bisherige § 60 Abs. 1 Satz 1 Nr. 1a IfSG zu Coronaschutzimpfungen; der Schutz des IfSG besteht aber weiterhin im Rahmen der oben dargestellten Tatbestände.

Ebenso gestrichen wurde die Regelung des § 60 Abs. 1 Satz 1 Nr. 4 IfSG zu Impfungen aufgrund der Verordnungen zur Ausführung der Internationalen Gesundheitsvorschriften der Weltgesundheitsorganisation WHO, da diese Verordnungen mittlerweile seit Langem außer Kraft sind.

Über die genannten geschützten Tatbestände hinaus kann ein Schutz nach § 24 auch weiterhin in Fällen der **Rechtsscheinhaftung** bestehen: Dabei kann nach der Rechtsprechung des BSG der von der zuständigen Behörde verursachte Rechtsschein einer öffentlichen Empfehlung gleichzusetzen sein, wenn a) das ständige und längere Zeit andauernde Verhalten des mit der Durchführung bestimmter Impfungen regelmäßig befassten medizinischen Personals den Schluss erlaubt, diese Impfung sei öffentlich empfohlen, und b) die zuständige Behörde das Verhalten der Medizinalpersonen kannte oder bei pflichtgemäßer Sorgfalt hätte erkennen können und sie die Wirkung hätte verhindern können.[22])

Darüber hinaus wäre auch ein **Ausgleich in Härtefällen** nach der Vorschrift des § 100 denkbar (vgl. hierzu Kapitel 4.10).

---

[21]) BT-Drs. 19/13824, S. 181.

[22]) BSG, Urteil vom 29.05.1980 – 9 RVi 3/79; zwischenzeitlich mehrfach bestätigt.

Im Sinne des entschädigungsrechtlichen Dreisatzes führte das Bayerische Landessozialgericht in seinem Urteil vom 26.03.2019[23]) zur dreigliedrigen Kausalkette zu den Voraussetzungen der Impfschadensentschädigung aus: Ein schädigender Vorgang in Form einer „Schutzimpfung oder einer anderen Maßnahme der spezifischen Prophylaxe" (1. Glied) muss zu einer „gesundheitlichen Schädigung" (2. Glied, sog. Primärschaden, d. h. einer Impfkomplikation) geführt haben, die wiederum den "Impfschaden", d. h. die dauerhafte gesundheitliche Schädigung (3. Glied, sog. Folgeschaden oder Sekundärschaden) bedingt. Dies galt unter Anwendung des IfSG ebenso wie es nunmehr zu § 24 SGB XIV gilt.

Die Impfung, die als Impfkomplikation in Betracht kommende und auch die dauerhafte Gesundheitsstörung müssen jeweils im Vollbeweis festgestellt werden. Allein für die zwischen diesen Merkmalen erforderlichen Ursachenzusammenhänge reicht der abgesenkte Beweismaßstab der Wahrscheinlichkeit aus.[24]) Für eine weitergehende Absenkung der Beweisanforderung bei der Primärschädigung (= nur Wahrscheinlichkeit statt Vollbeweis) sah das BSG keinen Anlass.[25])

Gerade letztgenannter Punkt – der Vollbeweis der Primärschädigung – ist oftmals das „Nadelöhr" der Impfschadensentschädigung; sein Erfordernis leitet sich unmittelbar aus § 2 Nr. 11 IfSG (alte Fassung) bzw. § 24 Satz 1 SGB XIV ab und wird daher von der herrschenden Meinung in der Rechtsprechung als zwingende Voraussetzung aufgefasst.[26])

Dies wirft die Frage auf, was genau unter der Impfkomplikation eigentlich zu verstehen ist[27]): Der Begriff der Primärschädigung könnte zunächst im strengen Sinne und orientiert am Wortlaut des § 24 Satz 1 SGB XIV eine (zeitnahe) Impfkomplikation im Sinne des Auftretens von untypischen Symptomen einer Impfung zu verstehen sein (Auslegungsvariante 1). Diesen Begriff erweiternd, könnte die Primärschädigung auch dahingehend verstanden werden, dass auch viel später auftretende erste Symptome einer Erkrankung (also die ersten mani-

---

[23]) BayLSG, Urteil vom 26.03.2019 – L 15 VJ 9/16, Rn. 63.

[24]) BSG, Urteil vom 07.04.2011 – B 9 VJ 1/10 R; BSG, Urteil vom 27.08.1998 – B 9 VJ 2/97 R, Rn. 14; BSG, Beschluss vom 02.02.2024 – B 9 V 10/23 B, Rn. 9.

[25]) BSG, Beschluss vom 02.02.2024 – B 9 V 10/23 B, Rn. 9 ff.

[26]) Vgl. BSG, Urteil vom 15.12.1999 – B 9 VS 2/98 R; Bayerisches Landessozialgericht, Urteil vom 18.05.2017 – L 20 VJ 5/11; NZB durch BSG zurückgewiesen, Beschluss vom 30.11.2017 – B 9 V 36/17 B; Bayerisches Landessozialgericht, Urteil vom 26.03.2019 – L 15 VJ 9/16; Landessozialgericht Baden-Württemberg, Urteil vom 05.06.2025 – L 6 VE 1042/24.

[27]) Vgl. zum Ganzen: Sozialgericht Regensburg, Urteil vom 12.05.2026 – S 13 VJ 31/24.

festen Symptome) dieses gesetzliche Kriterium erfüllen, auch wenn die Impfung selbst zunächst komplikationslos verlief; allerdings hebt ein solches Verständnis des Kriteriums in vielen Fällen die Trennung zwischen Primär- und Sekundärschädigung auf, weil die symptomatische Erstmanifestation gleichzeitig Primär- als auch Sekundärschädigung wäre (Auslegungsvariante 2), was die Eigenständigkeit als Prüfungspunkt de facto aufhebt. Anderes ließe sich nur begründen, wenn die Erstmanifestation als Primärschädigung, die konkreten symptomatischen „Langzeitfolgen" einer Erkrankung dagegen als Sekundärschädigung begriffen würden (Auslegungsvariante 3); diese wiederum wirft die Frage auf, was in einem Anerkennungsbescheid eigentlich als „Impfschadensfolge" zu tenorieren wäre: die ICD-codierte Erkrankung oder einzelne konkrete Folgen dieser. Aus diversen Fachgesprächen mit medizinischen Sachverständigen ist demgegenüber oftmals eine ganz andere Auffassung zu vernehmen: Viele Mediziner erachten das Einbringen des Impfstoffs an sich und die damit verbundene Ankurbelung des Immunsystems als Primär-„Schädigung" im Sinne des initialen Ausgangspunkts einer späteren Impfschädigung (Auslegungsvariante 4); hierbei stellt sich die Frage, ob diese Anregung des Immunsystems konkret nachgewiesen sein muss oder ob dafür ein Anscheinsbeweis spricht, sofern nicht die Wirkungslosigkeit des konkreten Impfvorgangs sicher belegt ist.

Hierzu ein konkretes Beispiel: Es ist – für eine Vielzahl von Impfungen – anerkannt, dass diese grundsätzlich geeignet sein können, ein Guillain-Barré-Syndrom auszulösen. Wissenschaftlicher Konsens dazu ist, dass hierfür ein plausibles Zeitfenster von bis zu sechs Wochen nach der Impfung und das Fehlen anderweitiger Alternativursachen gegeben sein muss. Demgegenüber wird nicht gefordert, dass einem Auftreten des GBS eine „Impfkomplikation" vorausgegangen sein muss. Angenommen, in unserem Beispielsfall entwickelt sich die erste manifeste Symptomatik eines GBS fünf Wochen nach einer – komplikationslosen – Coronaschutzimpfung, dann hätten die obigen Auslegungsvarianten folgende Auswirkungen: Bei Auslegungsvariante 1 müsste man mangels zeitnaher Impfkomplikation eine Anerkennung ablehnen. Bei Auslegungsvarianten 2 und 3 könnte dagegen eine Anerkennung ebenso erfolgen wie bei Variante 4. Die juristische Ablehnung bei Auslegungsvariante 1 würde allerdings kein Mediziner nachvollziehen können, und sie wäre wohl auch verfassungswidrig, weil (medizinisch) gleich gelagerte Fälle ohne zureichenden Grund ungleich behandelt werden. Auslegungsvariante 4 ließe sich – in verfassungskonformer Auslegung des § 24 Satz 1 SGB XIV – am besten in das Gesamtgefüge der Sozialen Entschädigung einbetten.

Aktuell werden von Seiten der Behörden viele Anträge auf Impfentschädigung bei Coronaschutzimpfungen bereits mit dem Argument abgelehnt, es sei bei der Impfung nicht zu einer „Komplikation" gekommen. Dies greift aber zu kurz, wie obige Erläuterung zeigt.

Auf jeden Fall sollten sämtliche ungewöhnliche Symptome, die im Zusammenhang mit einer Impfung auftreten, unbedingt ärztlich dokumentiert werden, mögen sie anfänglich auch noch so bedeutungslos erscheinen (Aufnahme in die Patientendokumentation wie Karteikarten o.ä.). Denn manche Gerichte machen den Nachweis der Primärschädigung explizit von einer Diagnose der behandelnden Ärzte abhängig.[28]) Auch ein Zeugenbeweis (z.B. durch nahe Angehörige) kann bei mehrdeutigen Symptomen erfolglos sein.[29])

Ebenso häufig kommt es zu Ablehnungen des sog. Post-Vac-Syndroms[30]) durch die Behörden mit dem Argument, das Impfmonitoring des Paul-Ehrlich-Instituts (PEI) habe hierzu kein „Risikosignal" ergeben. Allerdings ist zu beachten, dass dies kein „Totschlags-Argument" gegen die Anerkennung von Impfschäden sein darf, denn das Nichtbestehen eines Risikosignals ist keinesfalls gleichbedeutend damit, dass im Einzelfall kein Kausalzusammenhang bestehen kann.[31]) Es bedeutet lediglich, dass die vom PEI angewendeten Methoden kein „Signal" ergeben haben. Dabei erfolgt seitens des PEI eine statistische Analyse der gesammelten qualifizierten Verdachtsfälle, und zwar in Form einer Disproportionalitätsanalyse („proportional reporting ratio, PRR" sowie „reporting odds ratio, ROR") und einer „observed versus expected-Analyse, O/E-Analyse". Zudem erfolgt eine Beobachtung von sogenannten „Reaktionen von besonderem Interesse" unabhängig von einer statistischen Auffälligkeit; allerdings ist auch diese Methode naturgemäß nicht abschließend, da sie davon abhängt, welche Fälle dieses besondere Interesse auslösen. Aufgrund der dabei verwendeten Methoden bei Datenerhebung und -auswertung ist keine Aussage dergestalt möglich, dass das Nichtbestehen

[28]) So etwa das Landessozialgericht Hamburg, Urteil vom 29.09.2015 – L 3 VE 9/13.

[29]) Landessozialgericht Baden-Württemberg, Urteil vom 21.04.2015 – L 6 VJ 1460/13, Rn. 77: Kindliche neurologische Symptome stellen komplexe Erscheinungsformen dar, weswegen eine Beschreibung durch Laien im Regelfall unzulänglich ist und falsche Schlüsse nach sich ziehen kann.

[30]) Hinweis: Das Post-Vac-Syndrom ist kein ICD-kodierter Begriff. Es dient allenfalls als Oberbegriff einer Symptomgruppe, die möglicherweise im Zusammenhang mit Coronaschutzimpfungen auftritt.

[31]) Sozialgericht Regensburg, Urteil vom 12.05.2026 – S 13 VJ 31/24.

eines Risikosignals in jedem Fall ein zwingendes Gegenargument für einen Kausalzusammenhang ist. Es muss (dennoch) jeweils der Einzelfall geprüft werden, ob – auf Basis der herrschenden medizinischen Lehre – ein Zusammenhang möglich und wahrscheinlich ist.

Diese medizinischen Fragen, insbesondere zur Kausalität von Gesundheitsstörungen, müssen auf der Grundlage des im Entscheidungszeitpunkt neuesten medizinisch-wissenschaftlichen Erkenntnisstands beurteilt werden.[32]) Nach diesem Kenntnisstand kommen derzeit Coronaschutz-Impfungen (unabhängig vom konkret verwendeten Impfstoff) nicht als Ursachen für die Entstehung oder Verschlimmerung von Symptomen in Betracht, die unter dem Oberbegriff „Post-Vac-Syndrom" diskutiert werden. Ob hierzu die Forschung künftig andere Ergebnisse bringen wird, muss sich zeigen. Sofern dies der Fall ist, können bereits abgeschlossene und abgelehnte Impfentschädigungsverfahren im Rahmen eines Überprüfungsantrags nach §44 SGB X wieder „aufgerollt" werden.

[32]) BSG, Urteil vom 07.04.2011 - B 9 VJ 1/10 R.

3 Die Grundsätze für Leistungen der SozE

3.1 Antragsprinzip

§ 10 Abs. 1 statuiert wie das bisherige Recht ein grundsätzliches Antragserfordernis. Nur die besonderen Leistungen im Einzelfall aus Kapitel 11 (§§ 92 ff.) werden gemäß Abs. 2 von Amts wegen erbracht (Ausnahme die Ausbildungsförderung nach § 94).

§ 10 Abs. 3 enthält eine Ermessensvorschrift für Fälle, in denen Leistungen von Amts wegen erbracht werden können (insbesondere Leistungen der Krankenbehandlung, wobei es hier nach Abs. 4 zudem eine gegenseitige Wechselwirkung von Anträgen gibt, die bei der Krankenkasse oder dem Versorgungsträger gestellt werden).

§ 10 Abs. 5 enthält die Besonderheit, dass es für Leistungen der Traumaambulanz genügt, wenn unverzüglich nach der zweiten Sitzung ein Antrag gestellt wird. Bei Kontaktaufnahme des Fallmanagements mit möglicherweise berechtigten Personen genügt es, wenn nach der Kontaktaufnahme ein Antrag gestellt wird.

§ 10 Abs. 6 schließlich regelt eine Antragstellung über eine europäische Unterstützungsbehörde bei Geschädigten mit Sitz im einem anderen EU-Staat.

Die Anträge unterliegen keiner besonderen Form, können also auch mündlich gestellt werden (§ 9 SGB X). Es gilt der Meistbegünstigungsgrundsatz, wonach Anträge in der Regel so auszulegen sind, dass das Begehren des Antragstellers möglichst weitgehend zum Tragen kommt; als beantragt sind dementsprechend alle Leistungen anzusehen, die nach Lage des Falls ernsthaft in Betracht kommen.[33])

3.2 Beginn von Leistungen

Grundsätzlich gibt es im Bereich der SozE keine „Verjährung", sodass auch wegen lange zurückliegender Grundtatbestände immer noch Anträge gestellt werden können. Allerdings beginnt die Leistungserbringung in diesen Fällen dann nach § 11 Abs. 1 Leistungen erst ab dem Monat der Antragstellung.

Leistungen für Zeiträume vor der Antragstellung sind nach § 11 Abs. 2 – wie im bisherigen Recht – nur in zwei Fällen zu erbringen: Wenn der Antrag innerhalb eines Jahres nach dem schädigenden Ereignis ge-

---

[33]) Vgl. für das SGB II etwa: BSG, Urteil vom 02.07.2009 – B 14 AS 75/08 R; Urteil vom 06.05.2010 – B 14 AS 3/09 R.

stellt wurde oder wenn die anspruchsberechtigte Person ohne ihr Verschulden an der Antragstellung verhindert war. Dann verlängert sich diese Frist um den Zeitraum der Verhinderung.

Bei von Amts wegen zu erbringenden Leistungen beginnen diese frühestens ab dem Monat, in dem der zuständigen Behörde die der Leistung zugrunde liegenden Tatsachen bekannt geworden sind (§ 11 Abs. 3).

Leistungen der Schnellen Hilfen werden nach Abs. 4 für Zeiträume vor der Antragstellung nicht erbracht, wobei dies nicht gilt für die Inanspruchnahme der ersten beiden Sitzungen in der Traumaambulanz sowie die Kontaktaufnahme des Fallmanagements mit möglicherweise berechtigten Personen.

Nach Abs. 5 werden die Kosten für die ersten beiden Sitzungen in der Traumaambulanz sowie die erste Kontaktaufnahme durch das Fallmanagement auch dann getragen, wenn Ansprüche nach diesem Buch nicht bestehen, auch nicht im Erleichterten Verfahren nach § 115.

3.3 Kausalitätsprinzip

§ 4 Abs. 1 Satz 1 bringt das Kausalitätsprinzip unmissverständlich zum Ausdruck: Denn Geschädigte haben (nur) Anspruch auf Leistungen wegen der anerkannten gesundheitlichen und wirtschaftlichen Folgen einer gesundheitlichen Schädigung, wenn diese ursächlich auf ein schädigendes Ereignis zurückzuführen ist. § 25 bekräftigt das Kausalitätsprinzip noch einmal, wenn dort bestimmt wird, dass die Leistungen der Sozialen Entschädigung (nur) für schädigungsbedingte Bedarfe erbracht werden.

Nach ständiger und auch im Bereich des SGB XIV weiterhin gültiger Rechtsprechung des BSG ist im Bereich der SozE eine **dreigliedrige Kausalkette**[34]) zu prüfen:

Dreigliedrige Kausalkette

Schädigender Tatbestand	+	Primäre Gesundheitsstörung	+	Sekundäre Gesundheitsstörung

[34]) Vgl. beispielhaft BSG, Urteil vom 07.04.2011 – B 9 VJ 1/10 R.

Die jeweiligen „Brückenpfeiler" dieser Kette (Schädigender Tatbestand, Primärschädigung, Sekundärschädigung) müssen im Vollbeweis vorliegen. Für die sie verbindenden Kausalketten (sog. haftungsbegründende und haftungsausfüllende Kausalität) genügt dagegen die Wahrscheinlichkeit.

Beispiel: Bei einer Gewalttat (= schädigender Tatbestand) wird jemand mit einem Messer verletzt (= Primärschädigung); daraus entwickelt sich eine Blutvergiftung mit bleibenden Schäden (= Sekundärschädigung).

Vollbeweis bedeutet, dass eine Tatsache mit an Sicherheit grenzender Wahrscheinlichkeit nachgewiesen sein muss. Für diesen Beweisgrad ist es zwar nicht notwendig, dass die erforderlichen Tatsachen mit absoluter Gewissheit feststehen. Ausreichend ist ein so hoher Grad der Wahrscheinlichkeit, dass kein vernünftiger, den Sachverhalt überschauender Mensch mehr am Vorliegen der Tatsachen zweifelt, d. h., dass die Wahrscheinlichkeit an Sicherheit grenzt.[35])

Die **Wahrscheinlichkeit** eines Kausalzusammenhangs besteht, wenn mehr für als gegen einen solchen Zusammenhang spricht[36]) ,vgl. jetzt auch explizit § 4 Abs. 4 Satz 1.

Hieran ändert sich unter Geltung des SGB XIV nichts. Die Neufassung der versorgungsmedizinischen Grundsätze nimmt in Teil C diese bisherige Rechtsprechung im Wesentlichen auf.

Eine Neuerung gibt es aber doch: **Bei psychischen Gesundheitsstörungen** wird nach § 4 Abs. 5 die Wahrscheinlichkeit des ursächlichen Zusammenhangs im Einzelfall künftig vermutet, wenn diejenigen medizinischen Tatsachen vorliegen, die nach den Erfahrungen der medizinischen Wissenschaft geeignet sind, einen Ursachenzusammenhang zwischen einem nach Art und Schwere geeigneten schädigenden Ereignis und der gesundheitlichen Schädigung und der Schädigungsfolge zu begründen und diese Vermutung nicht durch einen anderen Kausalverlauf widerlegt wird. Das klingt etwas kompliziert, letztlich formuliert der Gesetzgeber hier aber eine Beweislastumkehr bei der Kausalbeurteilung bestimmter psychischer Störungen. Erfasst ist aber beileibe nicht jede Störung.

---

[35]) Zum Ganzen: BSG, Urteil vom 15.12.1999 – B 9 VS 2/98 R; BSG, Urteil vom 28.06.2000 – B 9 VG 3/99 R; BSG, Urteil vom 05.05.1993 – 9/9a RV 1/92.

[36]) Vgl. beispielsweise BSG, Urteil vom 27.08.1998 – B 9 VJ 2/97 R m .w. N.; BSG, Urteil vom 07.04.2011 – B 9 VJ 1/10 R m. w. N.

Paradeanwendungsbeispiel ist die Posttraumatische Belastungsstörung nach erheblichen Gewalttaten. Schwieriger dürfte es schon bei Depressionen werden, wo sich eine Anwendung aber zumindest im Bereich reaktiver Depressionen aufdrängt. Die Beweislastumkehr ist auch nicht absolut, sondern kann durch einen anderen Kausalverlauf widerlegt werden; wann dies der Fall sein wird, muss künftige Rechtsprechung erst entwickeln.

3.4 Regelversorgung, Kannversorgung

Die soeben dargestellte dreigliedrige Kausalkette gilt für Ansprüche nach der sogenannten Regelversorgung. Eine gewisse Ausnahme – oder besser „Erleichterung" – besteht im Fall der sogenannten Kannversorgung.

Wenn die zur Anerkennung einer Gesundheitsstörung als Schädigungsfolge erforderliche Wahrscheinlichkeit nur deshalb nicht gegeben ist, weil über die Ursache der Gesundheitsstörung in der medizinischen Wissenschaft Ungewissheit besteht, kann mit Zustimmung des Bundesministeriums für Arbeit und Soziales (bzw. in bestimmten Fällen der zuständigen obersten Landesbehörde) die Gesundheitsstörung als Schädigungsfolge anerkannt werden; die Zustimmung kann allgemein erteilt werden.

Es handelt sich hierbei **nicht** um eine Ermessensentscheidung der Behörde. Vielmehr ist die Kannversorgung zu gewähren bei Vorliegen der Voraussetzungen. Die Neufassung des SGB XIV und der VMG haben daran inhaltlich nichts geändert. Vielmehr geben die Versorgungsmedizinischen Grundsätze (VMG in Teil C Ziffer 4) die bisherigen Grundsätze in sprachlich modernisierter Form wieder.

Eine Anerkennung kann gemäß VMG Teil C Ziffer 4.3 in diesen Fällen nur dann erfolgen, wenn die einer Gesundheitsstörung zugrunde liegende Ursache (Ätiologie) nicht durch den aktuellen Stand der medizinischen Wissenschaft gesichert ist und wenn fundierte wissenschaftliche Arbeitshypothesen einen ursächlichen Zusammenhang begründen. Eine von dem aktuellen Stand der medizinischen Wissenschaft abweichende subjektive Auffassung einzelner Wissenschaftler ist nicht mit Ungewissheit in der medizinischen Wissenschaft gleichzusetzen.

Eine Kannversorgung scheidet dagegen aus, wenn Zweifel über den Zeitpunkt der Entstehung der Gesundheitsstörung bestehen, bei mangelnder diagnostischer Klärung, bei unzureichender Sachverhaltsaufklärung oder bei sonstigen Ungewissheiten im Sachverhalt, die nichts mit der Ungewissheit über die Ätiologie zu tun haben (VMG Teil C Ziffer 4.2).

Mit anderen Worten: Bei der Kannversorgung besteht der Unterschied zur Regelversorgung ausschließlich darin, dass bei der zweiten Kausalkette (der haftungsausfüllenden Kausalität bzgl. der Sekundärschädigung) ein milderer Beweismaßstab zur Anwendung kommt, denn an die Stelle der Wahrscheinlichkeit tritt die der bloßen Möglichkeit (wenngleich auch diese medizinwissenschaftlich gestützt sein muss).

3.5 Grad der Schädigungsfolgen und Versorgungsmedizinische Grundsätze

§ 5 Abs. 1 regelt in Nachfolge zu § 30 Abs. 1 BVG den Grad der Schädigungsfolgen (GdS), der nach den allgemeinen Auswirkungen der körperlichen, seelischen, geistigen oder Sinnesbeeinträchtigungen, die durch die als Schädigungsfolge anerkannten Gesundheitsstörungen bedingt sind, in allen Lebensbereichen zu beurteilen ist. Er ist nach Zehnergraden von 10 bis 100 zu bemessen.

Weil nach Satz 4 vorübergehende Gesundheitsstörungen beim GdS nicht zu berücksichtigen sind, müssen diese länger als sechs Monate bestehen, um bemessungsrelevant zu werden (vgl. Satz 5).

Der GdS ist insbesondere relevant für die Höhe von Entschädigungszahlungen. Für andere Leistungen (etwa die Krankenbehandlung) ist demgegenüber kein GdS erforderlich.

Bei geschädigten Kindern und Jugendlichen ist der Grad der Schädigungsfolgen nach dem Grad zu bemessen, der sich bei Erwachsenen mit gleicher Gesundheitsstörung ergibt, soweit damit keine Schlechterstellung der Kinder und Jugendlichen verbunden ist (§ 5 Abs. 1 Satz 6). Anders ausgedrückt: Wenn sich eine Gesundheitsstörung bei Kindern ungünstiger auswirkt als bei Erwachsenen, muss dies GdS-erhöhend berücksichtigt werden.

Zur näheren Feststellung des GdS wird auf die Versorgungsmedizinischen Grundsätze zurückgegriffen, welche sich schon bisher aus der Anlage zur Versorgungsmedizin-Verordnung (VersMedV) ergeben haben. Der Gesetzgeber eröffnet dazu in § 5 Abs. 2 wie bisher die Möglichkeit der Regelung durch Verordnung. Die VMG regeln in Teil A die allgemeinen Grundsätze, aus der GdS-Tabelle in Teil B lassen sich für einzelne Gesundheitsstörungen Erfahrungswerte im Sinne von Regelfällen ableiten; Teil C beschäftigt sich speziell mit der Begutachtung in der SozE, u. a. mit Fragen zur Kausalbeurteilung (siehe Kapitel 3.3 und 3.4).

3.6 Vorrangige Leistungen

§ 27 Satz 1 regelt den aus § 29 BVG bekannten Grundsatz „Reha vor Rente“: Ehe ein Anspruch auf Berufsschadensausgleich entstehen kann, müssen Leistungen zur medizinischen Rehabilitation und zur Teilhabe am Arbeitsleben in Anspruch genommen werden, wenn diese noch erfolgversprechend und zumutbar sind.

Der Verweis in Satz 2 auf § 9 SGB IX ist deklaratorisch. Auch dort ist in Abs. 2 der Grundsatz „Reha vor Rente“ verankert. Abs. 1 enthält bei Beteiligung mehrerer Rehabilitationsträger u. a. die Pflicht zur Koordinierung.

3.7 Anspruchskonkurrenzen und Verhältnis zu Leistungen anderer Träger

Zunächst einmal gehen nach § 28 Abs. 1 die Leistungen der SozE wegen eines schädigenden Ereignisses nach § 1 Abs. 2 den Leistungen anderer Träger, insbesondere anderer Sozialleistungsträger, vor. Ergänzend bestimmt Abs. 2, dass Entschädigungszahlungen nach Kapitel 9 und die Einmalzahlungen nach § 102 Abs. 4 und 5 nicht als Einkommen oder Vermögen auf andere Sozialleistungen oder auf Leistungen nach dem Asylbewerberleistungsgesetz angerechnet werden.

Leistungsansprüche aus privaten Sicherungs- oder Versorgungssystemen sind nach § 28 Abs. 3 auf Leistungen nach diesem Buch nicht anzurechnen.

Diese Grundsätze gelten nach § 28 Abs. 4, soweit das SGB XIV nichts Abweichendes bestimmt. Das tut es aber in § 8 Abs. 3: Dort wird ein **Vorrang** von Ansprüchen aus der Gesetzlichen Unfallversicherung (SGB VII), von Ansprüchen nach dem Soldatenversorgungsgesetz (SVG) und nach der beamtenrechtlichen Unfallfürsorge geregelt, allerdings natürlich nur, soweit die Ansprüche auf derselben Ursache beruhen. In diesen Fällen ruht der Anspruch auf Leistungen nach dem SGB XIV in Höhe der Versorgung aus der gesetzlichen Unfallversicherung oder nach dem SVG und in Höhe des Unterschiedsbetrags zwischen einer Versorgung nach allgemeinen beamtenrechtlichen Bestimmungen und aus der beamtenrechtlichen Unfallfürsorge.

§8 Abs. 1 Satz 1 soll Doppelansprüche vermeiden und bestimmt daher, dass sich die Ansprüche gegen Bund und Länder auf die Leistungen der SozE beschränken, d. h. insbesondere, dass daneben nicht auch noch ein **Amtshaftungsanspruch** besteht. Ausnahmen davon bestimmen aber Satz 2 (für die beamtenrechtliche Unfallfürsorge) und Satz 3 (für ein Zusammentreffen von Ansprüchen wegen Gewalttaten im Sinne des SGB XIV und Schadensersatzansprüchen wegen fahrlässiger Amtspflichtverletzung).

§8 Abs. 2 regelt den Fall, dass Ansprüche aufgrund mehrerer schädigender Ereignisse bestehen (etwa wenn jemand Opfer zweier unterschiedlicher Gewalttaten wird). Treffen also Ansprüche aus mehreren schädigenden Ereignissen zusammen, so ist ein einheitlicher Grad der Schädigungsfolgen festzusetzen. Dies gilt auch, wenn Ansprüche aus dem SGB XIV mit Ansprüchen aus anderen Gesetzen, die eine entsprechende Anwendung dieses Gesetzes vorsehen, zusammentreffen. Für die Gesamt-GdS-Festsetzung ist das Land zuständig, das über die Ansprüche aus dem letzten schädigenden Ereignis entscheidet.

3.8 Pfändungsfreiheit

Eine wichtige Vorschrift stellt §9 dar, nach dem Ansprüche auf Entschädigungszahlungen nach Kapitel 9 nicht gepfändet werden können. Dieser Sonderpfändungsschutz umfasst auch die Geldleistung nach § 144 im Bereich der Besitzstandswahrung.

Umfasst sind insbesondere die Entschädigungszahlungen der §§83 ff. Nicht umfasst ist aber der Berufsschadensausgleich (der nicht mehr im Kapitel 9, sondern im Kapitel 10 geregelt ist).

Auch schützt die Norm nur vor ungewollten Pfändungsmaßnahmen. Es ist den Betreffenden aber durchaus möglich, selbst eine Verfügung zu treffen und die Ansprüche einvernehmlich zu verpfänden oder rechtsgeschäftlich zu übertragen.

3.9 Leistungsformen

Die Leistungen der Sozialen Entschädigung werden nach § 26 Abs. 1 in Form von Dienstleistungen, Sachleistungen und Geldleistungen erbracht; Geldleistungen werden erbracht als Einmalzahlung oder als laufende Zahlungen (Abs. 2).

Bestimmte Leistungen sind im Rahmen eines Persönliches Budgets nach § 29 SGB IX auch budgetfähig: Leistungen der Krankenbehandlung der Sozialen Entschädigung nach Kapitel 5, Leistungen zur Teilhabe nach Kapitel 6, Leistungen bei Pflegebedürftigkeit nach Kapitel 7 sowie Leistungen zur Weiterführung des Haushalts nach § 95.

Die einzelnen Leistungen der neuen SozE werden nunmehr im folgenden Kapitel 4 eingehender angesprochen.

3.10 Dolmetscher und Kommunikationshilfen

Nach § 19 SGB X ist die Amtssprache deutsch, was grundsätzlich bedeutet, dass deutsche Behörden nicht für Dolmetscherkosten aufkommen müssen, wenn jemand nicht ausreichend deutsch spricht. Während § 19 Abs. 1 SGB X nur für Menschen mit Hör- und Sprachbehinderungen Kommunikationshilfen vorsieht, geht das SGB XIV einen Schritt weiter:

Nach § 12 Abs. 1 SGB werden notwendige Aufwendungen für Dolmetscherinnen und Dolmetscher sowie Übersetzerinnen und Übersetzer vom Träger der Sozialen Entschädigung getragen, wenn eine berechtigte oder antragstellende Person ihren gewöhnlichen Aufenthalt seit weniger als fünf Jahren im Geltungsbereich des Gesetzes hat. Für Leistungen in einer Traumaambulanz und psychotherapeutische Leistungen nach Kapitel 5 beträgt diese Frist zehn Jahre. Hat eine antragstellende oder berechtigte Person ihren gewöhnlichen Aufenthalt im Ausland, werden nach Absatz 2 notwendige Aufwendungen für Übersetzerinnen und Übersetzer bei der Antragstellung nach diesem Buch von dem Träger der Sozialen Entschädigung getragen. Bei der Ausführung von Leistungen und im Verwaltungsverfahren werden nach Absatz 3 notwendige Aufwendungen für Kommunikationshilfen nach Maßgabe des § 9 des Behindertengleichstellungsgesetzes in Verbindung mit der Kommunikationshilfenverordnung übernommen.

4 Das Leistungsrecht der SozE

4.1 Schnelle Hilfen, Fallmanagement und Traumaambulanzen versus vorläufige Entscheidungen und vorzeitige Leistungen

Eines der Kernstücke und eine wirkliche Neuerung bilden die Leistungen aus Kapitel 4 des SGB XIV: die **Schnellen Hilfen**. Auch wenn einzelne Bundesländer hier bereits vor Jahren eigene Leistungsprogramme aufstellten, fehlte es doch größtenteils an einer bundeseinheitlichen (verpflichtenden) Regelung. Diese Vorläufermodelle zeigten aber auch: Das System ist wichtig und bewährt sich in der Praxis.

Worum geht es also? Sinn der Schnellen Hilfen ist es, gerade bei aktuellen Traumatisierungen möglichst rasche Unterstützung herbeizuführen, die auf der gesundheitlichen Ebene über Traumaambulanzen erfolgt, auf der organisatorischen über das sogenannte Fallmanagement (vgl. § 29 Abs. 1). § 29 Abs. 2 bezeichnet die Schnellen Hilfen als **Leistungen eigener Art**; das ist wichtig, weil sie dadurch nicht zum Teilhaberecht[37]) samt seinen eigenen Anspruchsvoraussetzungen und Abgrenzungsfragen zählen.

Es ist kein Geheimnis und wissenschaftlich längst gesicherte Erkenntnis, dass Traumatisierungen möglichst zeitnah behandelt werden müssen, um die Entwicklung stärkerer und chronifizierter Störungsbilder vermeiden zu können. Um dies zu bewerkstelligen, werden die Schnellen Hilfen in der Regel im sogenannten **Erleichterten Verfahren** nach § 115 erbracht (dazu mehr in Kapitel 6.2), was im Kern eine nur summarische Prüfung und eine unbürokratische Kostenübernahme bedeutet. Es handelt sich hierbei auch um etwas anderes als die in § 119 geregelten vorzeitigen Leistungen bzw. vorläufigen Entscheidungen (siehe ebenfalls später Kapitel 6.2).

Fallmanagement

Beim Fallmanagement werden die Berechtigten von einer Fallmanagerin oder einem Fallmanager aktivierend und koordinierend durch das Antragsverfahren und Leistungsverfahren begleitet (§ 30 Abs. 1). Das ist mehr, als die §§ 13 ff. SGB I im Rahmen der Aufklärung, Beratung und Auskunft ohnehin gewähren.

[37]) Weder im Sinne des Kapitels 6 noch des SGB IX, vgl. Knickrehm/Mushoff/Schmidt, Das neue Soziale Entschädigungsrecht – SGB XIV Rn. 92.

§30 Abs. 5	Leistungen des Fallmanagements (nicht abschließend!)
Nr. 1	Ermittlung des möglichen Hilfebedarfs, der durch das schädigende Ereignis unter Berücksichtigung der besonderen Umstände des Einzelfalls entstanden ist
Nr. 2	Hinweis auf die in Betracht kommenden Sozialleistungen
Nr. 3	Begleitung der Berechtigten mit dem Ziel des Erhalts zügiger und aufeinander abgestimmter Leistungen, soweit Berechtigte Ansprüche gegen andere Träger von Sozialleistungen nach den Kapiteln 5, 6, 7 und 11 haben oder haben könnten
Nr. 4	Unterstützung bei der Antragstellung, die Aufklärung über die Einleitung und den Ablauf des Verfahrens in der Sozialen Entschädigung
Nr. 5	Begleitung des Verfahrens in der Sozialen Entschädigung

Die Berechtigten müssen dieses Fallmanagement natürlich nicht in Anspruch nehmen (wichtig, da es sich damit um keine Mitwirkungspflicht handelt, die zu einer Versagung oder Entziehung von Leistungen nach §§66 ff. SGB I führen kann!) oder sie können es nur partiell für einzelne Bereiche nutzen.

Umgekehrt hat der Gesetzgeber in §30 Abs. 3 die Leistung als **Ermessensentscheidung** ausgestaltet. Ein sogenanntes intendiertes Ermessen liegt nach Abs. 4 vor, wenn das schädigende Ereignis eine Straftat gegen das Leben oder gegen die sexuelle Selbstbestimmung war oder die Berechtigten bei Eintritt des schädigenden Ereignisses minderjährig waren; hier darf die Behörde nur in atypischen Fällen ein Fallmanagement verweigern.

§30 Abs. 6 ermächtigt die Behörden, **proaktiv** Kontakt mit Personen aufzunehmen, die nicht von sich aus Leistungen oder Schnelle Hilfen beantragt haben, die aber darauf Anspruch haben könnten; gedacht ist daran, dass beispielsweise weitere Familienangehörige bekannt werden, die ebenfalls geschädigt wurden, oder dass die Behörde von sich aus Kontakt mit den Geschädigten von Terroranschlägen[38]) aufnehmen kann.

Datenschutzrechtliche Belange sind in Abs. 2 geregelt.

Im Fall eines **Teilhabeplanverfahrens** nach dem SGB IX regelt § 30 Abs. 7, dass die Leistungen des Fallmanagements nur ergänzend erbracht werden (was wegen § 7 Abs. 2 Satz 1 SGB IX eigentlich ohnehin klar ist).

Traumaambulanzen

Die §§ 31 ff. regeln die Leistungen der Inanspruchnahme von zugelassenen[39]) Traumaambulanzen. Inhaltlich ist damit „psychotherapeutische Intervention" verbunden, um den Eintritt oder die Chronifizierung einer psychischen Gesundheitsstörung zu verhindern. Dem Wortlaut nach schließt dies die Behandlung bereits chronifizierter Erkrankungen eigentlich aus, was bei Beginn der Sitzungen meist aber noch gar nicht klar ist; eine Kostenerstattung bei Nichtvorliegen der Voraussetzungen des § 31 müssen Betroffene aber aufgrund der Regelung in § 34 Abs. 2 kaum befürchten (s. u.). Auch § 11 Abs. 5 schützt insoweit vor einer Kostenerstattung, als die Kosten für die ersten beiden Sitzungen in der Traumaambulanz sowie die erste Kontaktaufnahme durch das Fallmanagement auch dann getragen werden, wenn Ansprüche nach dem SGB XIV nicht bestehen (auch nicht im Erleichterten Verfahren nach § 115).

Der Gesetzgeber unterscheidet in der Folge zwischen **psychotherapeutischer Frühintervention** (§ 32, die erste Sitzung findet innerhalb des ersten Jahres nach der Schädigung statt) und der Intervention in anderen Fällen (§ 33). Gerade § 33 wirft aufgrund seiner juristisch und medizinisch unklaren Formulierung einige Fragen auf: Klar ist, dass ein mehr als ein Jahr zurückliegendes Ereignis zu einer akuten psychischen Belastung geführt haben muss. Zudem muss die erste Sitzung innerhalb von zwölf Monaten nach Auftreten dieser Belastung stattfinden. Was eine „akute" psychische Belastung ist, bleibt aber im Dunkeln; der Gesetzgeber spricht in der Gesetzesbegründung von einer „aktuellen" Belastung[40]), was ein nicht-medizinisches Verständnis der gesetzlichen Formulierung nahelegt.

---

[38]) BT-Drs. 19/13824, S. 184.

[39]) Genauer: Traumaambulanzen, mit denen der Träger der SozE eine Vereinbarung nach § 37 geschlossen hat (§ 31 Abs. 2).

[40]) BT-Drs. 19/13824, S. 186.

Der Leistungsumfang ist in § 34 geregelt und unterscheidet zwischen erwachsenen Berechtigten einerseits und Kindern und Jugendlichen andererseits. Danach haben (erwachsene) Geschädigte sowie Angehörige, Hinterbliebene und Nahestehende Anspruch auf insgesamt bis zu 15 Sitzungen in der Traumaambulanz, sofern die Voraussetzungen nach § 32 oder § 33 vorliegen. Bei Kindern und Jugendlichen beträgt der Höchstanspruch 18 Sitzungen.

Die ersten fünf beziehungsweise bei Kindern und Jugendlichen die ersten acht Sitzungen dienen insbesondere der Abklärung der psychotherapeutischen Behandlungsbedürftigkeit sowie der Durchführung der Diagnostik und der erforderlichen Akutmaßnahmen (sog. **probatorische Sitzungen**). Sie können in Anspruch genommen werden, auch wenn noch keine Entscheidung im Erleichterten Verfahren nach § 115 ergangen ist.

§ 34 Abs. 3 eröffnet Geschädigten sowie Angehörigen, Hinterbliebenen und Nahestehenden einen Anspruch auf bis zu zehn **weitere Sitzungen**, wenn diese erforderlich sind und ein Anspruch auf Leistungen der Traumaambulanz festgestellt wurde. Der Anspruch auf bis zu zehn weitere Sitzungen besteht auch dann, wenn die zuständige Behörde zwei Wochen nach Vorliegen des Antrags keine Entscheidung getroffen hat und die Traumaambulanz die dringende Behandlungsbedürftigkeit sowie die geplante Durchführung der weiteren Sitzungen vorab angezeigt hat.

Ist der Leistungsumfang der Traumaambulanzen aber ausgeschöpft, so verweist der Träger der SozE bei fortbestehendem Behandlungsbedarf die Berechtigten auf weitere psychotherapeutische Angebote (§ 35). Dabei sind die Traumaambulanzen verpflichtet, der zuständigen Behörde den weiteren Bedarf so frühzeitig wie möglich mitzuteilen, um auf diese Art und Weise eine möglichst nahtlose Weiterbehandlung zu ermöglichen (Wartezeiten bei „regulären“ ambulanten Therapieangeboten!).

Auch eine **Fahrtkostenerstattung** ist vorgesehen (zu den Einzelheiten: vgl. § 36).

Den organisatorischen Rahmen hinsichtlich der Traumaambulanzen regeln § 37 (Vereinbarungen zwischen Trägern der SozE und den Ambulanzen) und § 38 (Verordnungsermächtigung zu Details wie Qualifikation des Personals, Dauer der Sitzungen, Erreichbarkeit, Dokumentationspflichten etc.).

Kooperationsvereinbarungen

Im Kapitel der Schnellen Hilfen werden in §§ 39, 40 auch die Kooperationsvereinbarungen mit Organisationen geregelt, die eine umfassende qualitätsgesicherte Beratung und Begleitung der Berechtigten sicherstellen. Berücksichtigt werden Angebote, die sich an Angehörige besonders schutzbedürftiger Personengruppen richten. Die Träger der SozE können diesen Organisationen Sach- und Geldmittel zur Verfügung stellen.

4.2 Krankenbehandlung

Der bisherige Begriff der Heil- und Krankenbehandlung wurde im SGB XIV verschlankt auf den der Krankenbehandlung. Inhaltlich erfolgte eine starke Anpassung an das Recht der Gesetzlichen Krankenversicherung (GKV), was teilweise auch zu einem verkürzten Leistungsumfang im Vergleich zum BVG führt. Weggefallen sind etwa Regelungen wie Versehrtenleibesübungen oder Badekuren. In bestimmten Bereichen gehen die Ansprüche nach der SozE aber über das Recht der GKV hinaus (insbesondere im psychotherapeutischen Bereich oder beim Zahnersatz).

Grundvoraussetzung für einen Anspruch auf Krankenbehandlung ist aber stets das Vorliegen einer behandlungsbedürftigen Gesundheitsstörung, die **als Schädigungsfolge anerkannt** ist, § 41 Abs. 1 (für andere Gesundheitsstörungen greift die gesetzliche oder private Krankenversicherung). Dies bedeutet nicht, dass hierfür ein Grad der Schädigungsfolge (GdS) vorliegen muss, d. h., es ist nicht erforderlich, dass die Gesundheitsstörung länger als sechs Monate besteht; auch vorübergehende Gesundheitsstörungen sind als Schädigungsfolgen krankenbehandlungsbegründend. Nur für Geschädigte mit einem GdS von mindestens 50 gibt es dagegen auch Heilbehandlung für Nichtschädigungsfolgen (§ 42 Abs. 2).

Ist eine Gesundheitsstörung (nur) **im Sinne der** Verschlimmerung als Folge einer Schädigung anerkannt, besteht nach § 41 Abs. 2 Anspruch auf Leistungen der Krankenbehandlung für die gesamte Gesundheitsstörung (dies gilt nur dann nicht, wenn die als Folge einer Schädigung anerkannte Gesundheitsstörung auf den Zustand, der Leistungen der Krankenbehandlung erfordert, ohne Einfluss ist).

Weiter differenziert das Gesetz in § 42 die Berechtigungsgrade aus: Während Geschädigte (§ 2 Abs. 2) die Leistungen der Krankenbehandlung nach dem SGB XIV erhalten (wobei hier immer die Grundsätze des Rechts der GKV aus dem SGB V gelten), erhalten Angehörige (§ 2 Abs. 3) und Hinterbliebene (§ 2 Abs. 4) nur unter extrem eng gefassten Bedingungen Krankenbehandlung über das SGB XIV (insbesondere dürfen sie selbst über keine anderweitige Absicherung im Krankheitsfall verfügen, was in der Praxis kaum vorkommt). Zu den Einzelheiten: vgl. § 42 Abs. 3 und 4.

Übersicht zu den Leistungen:

SGB XIV	Leistungen der Krankenbehandlung
§ 42	Verweis auf das Recht der GKV (SGB V)
§ 43	Ergänzende Leistungen der Krankenbehandlung (über das SGB V hinaus)
§ 46	Hilfsmittel und Pauschbeträge für außergewöhnlichen Verschleiß von Kleidung und Wäsche
§ 47	Krankengeld
§ 48	Beihilfe bei erheblicher Beeinträchtigung der Erwerbsgrundlage
§ 49	Zuschüsse bei Zahnersatz
§§ 50, 51	Spezielle Kostenerstattungsregelungen (bei selbst beschaffter Krankenbehandlung oder bei Behandlung im Ausland)
§ 52	Beitragsübernahme
§ 53	Reisekostenerstattung

Bevor wir uns den einzelnen Leistungen widmen, muss das Grundprinzip der Krankenbehandlung deutlich werden: Es handelt sich – wie bei der GKV – um ein **Sachleistungsprinzip**. Anders als in der GKV erhalten Geschädigte Sachleistungen ohne Beteiligung an den Kosten (keine Eigenbeteiligungen oder Zuzahlungen; § 44 Abs. 2), stets aber nur im medizinisch notwendigen Umfang; eine Kostenbeteiligung ist jedoch als Ausnahmefall weiterhin möglich, wenn es sich um eine Krankenbehandlung für Nichtschädigungsfolgen nach § 42 Abs. 2 handelt. Sachleistungsprinzip bedeutet weiter, dass keine direkte Abrechnung zwischen den Geschädigten und z. B. den Ärzten oder Krankenhäusern erfolgt, sondern dass die entstehenden Kosten zwischen den Behandlern und dem Träger der SozE abgewickelt werden.

§ 45 normiert eine **Nachweispflicht** für Berechtigte gegenüber Ärzten und anderen Leistungserbringern über die Berechtigung der Inanspruchnahme von Krankenleistungen nach dem SGB XIV, was in der Regel über die elektronische Gesundheitskarte (alternativ durch Vorlage von Behandlungsscheinen) erfolgt.

Etwas verkompliziert wird die Verständlichkeit der Leistungserbringung dadurch, dass nach § 57 Abs. 1 die Krankenbehandlung zwar einheitlich durch den Träger der SozE „durchgeführt" wird (Durchführen meint dabei aber nur die rechtliche Verantwortung, was zunächst eine Entscheidung über den Anspruch auf Krankenbehandlung dem Grunde nach betrifft), für die einzelnen Leistungen der Krankenbehandlung im Sinne der tatsächlichen Erbringung gilt das aber nicht: Diese werden entweder durch die zuständigen Krankenkassen, die Unfallkassen der Länder oder tatsächlich durch den Träger der SozE selbst erbracht:

§ 57	Leistungen	Zuständigkeit
Abs. 2	Krankenbehandlung nach § 42 Krankengeld nach § 47 Reisekosten nach § 53	Die eigene GKV bei Mitgliedern einer Krankenkasse und Familienversicherten
Abs. 3, 4	Krankenbehandlung nach § 42 Krankengeld nach § 47 Reisekosten nach § 53	Die wählbare GKV bei Nichtversicherten
Abs. 5	Hilfsmittelversorgung nach § 46 Abs. 1 Nr. 1 (sowie damit in Zusammenhang stehende Reisekosten)	Die Unfallkassen der Länder
Abs. 6	Alle weiteren Leistungen	Die Träger der SozE

Das bedeutet: Über einzelne Leistungen erlassen die nach § 57 Abs. 2–5 zuständigen Behörden den Ausgangsbescheid; im Falle eines Widerspruchsbescheides entscheidet die Widerspruchsbehörde des Trägers der SozE (vgl. § 58).

Nachdem es Fälle gibt, in denen bereits die Grundentscheidung (also die Entscheidung über den Anspruch auf Heilbehandlung dem Grunde nach) längere Zeit benötigt, gleichwohl aber bereits Einzelleistungen erforderlich sind, können auch andere angegangene Sozialleistungsträger in Vorleistung treten. Geschieht auch das nicht, greifen Betroffene manchmal zur Selbsthilfe und beschaffen sich die Leistungen auf eigene Faust; die dafür ins Haus flatternde Rechnung versuchen sie dann beim Träger der SozE geltend zu machen. Dieses Vorgehen ist jedoch aufgrund des oben beschriebenen Sachleistungsprinzips eigentlich unzulässig und führt zu Ablehnungsbescheiden. Eine Ausnahme von diesem Grundsatz regelt § 50, wonach in bestimmten Fällen die **Kosten selbst beschaffter Krankenbehandlung** doch zu erstatten sind. Das Gesetz unterscheidet dabei vier Fallgruppen:

§ 50	Fallgruppe
Abs. 1	Selbstbeschaffung nach Antragstellung – aber vor Anerkennung des Leistungsanspruchs dem Grunde nach
Abs. 2	Selbstbeschaffung vor Antragstellung (aber nur Kosten, die von einer Antragsrückwirkung nach § 11 Abs. 2 noch umfasst sind); die Regelung in Satz 2 hat hauptsächlich klarstellenden Charakter
Abs. 3	Selbstbeschaffung nach Anerkennung des Grundanspruchs auf Heilbehandlung (aber nur sehr eingeschränkt)
Abs. 4	Kosten für selbst beschaffte Leistungen zur medizinischen Rehabilitation nach dem SGB IX (entsprechend § 18 SGB IX)

Zu beachten ist: Diese Durchbrechung des Sachleistungsprinzips gilt nur für die Berechtigtengruppe der unmittelbar Geschädigten (vgl. § 2 Abs. 2).

Die Erstattungsmöglichkeit nach Abs. 1 gilt nur für Kosten im angemessenen Umfang, was de facto dem Leistungsanspruch bei Geltung des Sachleistungsprinzips entspricht (eine Privatarztrechnung kann daher nicht in voller Höhe übernommen werden, sondern allenfalls in Höhe der fiktiven Abrechnungsfähigkeit dieser ärztlichen Leistung gegenüber der GKV).

Die Erstattungsmöglichkeit nach Abs. 2 gilt dagegen in der tatsächlichen Höhe.

Die nach Abs. 3 eröffnete Erstattungsmöglichkeit in ebenfalls tatsächlicher Höhe nach bereits erfolgter Grundanerkennung ist dagegen von strengen Zusatzvoraussetzungen abhängig: Die Leistung muss entweder unaufschiebbar gewesen und nicht rechtzeitig von der zuständigen Krankenkasse, der zuständigen Unfallkasse des Landes oder der zuständigen Verwaltungsbehörde erbracht worden sein oder die Behörden haben zuvor die Leistung zu Unrecht abgelehnt.

Bei Vorliegen der Voraussetzungen kann neben den genannten Kostenerstattungsansprüchen auch ein Anspruch auf Krankengeld bestehen (vgl. § 50 Abs. 5 unter Hinweis auf § 47 Abs. 4).

Zurück zu den Leistungen im Einzelnen: Wie eingangs dargestellt, gilt grundsätzlich das Leistungsspektrum der GKV nach dem SGB V. Aufgrund der besonderen Situation der Geschädigten geht das SGB XIV aber teilweise darüber hinaus. Die Befreiung von Kostenbeteiligungen nach § 44 Abs. 2 wurde bereits genannt. § 43 erweitert den Katalog des SGB V für Geschädigte aber noch einmal erheblich um die sogenannten **ergänzenden Leistungen**. Diese werden nicht automatisch erbracht, sondern nach § 43 Abs. 1 Satz 1 nur dann, wenn diese unter Berücksichtigung der Art und Schwere des Einzelfalls und der besonderen Bedarfe der Geschädigten notwendig sind. Beispielhaft sei hingewiesen auf die Möglichkeiten, besondere psychotherapeutische Leistungen in Anspruch zu nehmen; dies kann sowohl den Umfang der Therapiestunden und die Behandlungsfrequenz betreffen als auch Behandlungsverfahren, die nach dem SGB V nicht anerkannt sind, oder Behandler, die nicht an der vertragsärztlichen Versorgung teilnehmen (vgl. § 43 Abs. 2 Nr. 1). Auch gewisse Mehrleistungen im Bereich der Zahnmedizin können abweichend vom SGB V erbracht werden (vgl. § 43 Abs. 2 Nr. 2). Auch eine besondere Medikation kann über das SGB V hinaus gewährt werden (vgl. § 43 Abs. 2 Nr. 4).

§ 46 regelt die (über die Unfallkassen der Länder abgewickelte) Versorgung mit **Hilfsmitteln** und die Pauschbeträge für außergewöhnlichen Verschleiß von Kleidung und Wäsche. Hilfsmittel sind nach § 31 Abs. 1 Satz 2 SGB VII alle ärztlich verordneten Sachen, die den Erfolg der Heilbehandlung sichern oder die Folgen von Gesundheitsschäden mildern oder ausgleichen; dazu gehören insbesondere Körperersatzstücke, orthopädische und andere Hilfsmittel einschließlich der notwendigen Änderung, Instandsetzung und Ersatzbeschaffung sowie der Ausbildung im Gebrauch der Hilfsmittel.

§ 47 regelt für Geschädigte das **Krankengeld** der SozE und löst damit das bisherige Versorgungskrankengeld unter Erhöhung der Leistungen ab. Es beträgt 80 Prozent des Regelentgelts, darf jedoch das entgangene regelmäßige Nettoarbeitsentgelt nicht übersteigen. Anspruchsauslösend ist eine durch eine anerkannte Schädigungsfolge verursachte Arbeitsunfähigkeit oder eine wegen einer anerkannten Schädigungsfolge erforderliche stationäre Behandlung. Grundsätzlich gelten auch hier die Regelungen des SGB V, allerdings unter den Erleichterungen des § 47 Abs. 2–10 (von denen manche in der Praxis sehr wichtig sein können!). Führen mehrere Erkrankungen zur Arbeitsunfähigkeit, muss die Schädigungsfolge zumindest annähernd gleichwertige Mitursache sein.

§ 48 gewährt schließlich **Beihilfen** für Geschädigte, wenn eine notwendige ambulante oder stationäre Behandlung einer anerkannten Schädigungsfolge zu einer erheblichen Beeinträchtigung der Erwerbsgrundlage führt (Abs. 1) oder wenn infolge bestehender, unabwendbarer finanzieller Verpflichtungen die Einkünfte einschließlich des Krankengeldes der Sozialen Entschädigung nicht ausreichen, den notwendigen Lebensunterhalt zu bestreiten (Abs. 2). Die Gewährung der Beihilfe stellt eine Ermessensentscheidung dar. Sie ist nur in angemessener Höhe zu bezahlen (Abs. 3) und endet spätestens mit dem Wegfall des Krankengeldes der Sozialen Entschädigung (wird kein Krankengeld geleistet, weil Geschädigte kein Einkommen erzielt haben, so endet die Beihilfe spätestens mit dem Zeitpunkt, zu dem, sofern Einkommen erzielt worden wäre, das Krankengeld der Sozialen Entschädigung weggefallen wäre; Abs. 4).

Nach § 49 können Geschädigte (anstelle der Versorgung mit Zahnersatz) Zuschüsse bei Zahnersatz in angemessener Höhe erhalten, wenn sie wegen eines nicht schädigungsbedingten weiteren Zahnverlustes einen erweiterten Zahnersatz anfertigen lassen und es sich bei dem erweiterten Zahnersatz um eine nicht teilbare Leistung handelt.

Eine weitere Erstattungsmöglichkeit eröffnet § 51 für Kosten der **Krankenbehandlung bei vorübergehendem Auslandsaufenthalt,** allerdings nur bis zur Höhe der Vergütung, die die Krankenkassen bei Erbringung als Sachleistung im Inland zu tragen hätten. Was vorübergehend ist, sagt das Gesetz nicht; maßgeblich ist nach der Gesetzesbegründung die beabsichtigte Dauer des Aufenthalts vor Antritt desselben,[41]) was auf jeden Fall nahelegt, dass eine konkrete Rückkehr geplant gewesen sein muss. Eine Erstattung der tatsächlichen (= kompletten) Kosten ist nach Abs. 2 nur möglich, wenn eine

[41]) BT-Drs. 19/13824, S. 193.

dem allgemein anerkannten Stand der medizinischen Erkenntnisse entsprechende Behandlung im Inland nicht möglich ist oder ein unaufschiebbarer Behandlungsbedarf bestand. Abs. 3 ordnet an, dass auch weitere im Zusammenhang mit der Krankenbehandlung anfallende notwendige Kosten für Geschädigte und für eine erforderliche Begleitperson ganz oder teilweise erstattet werden können. Im Falle der Kostenerstattung besteht auch ein Anspruch auf Krankengeld nach § 47 (falls dessen Voraussetzungen vorliegen). Stationäre Krankenhausleistungen im Ausland bedürfen grundsätzlich der vorherigen Zustimmung des Trägers der SozE. Diese kann nur bei Unaufschiebbarkeit samt Hinderungsgründen für eine rechtzeitige Beantragung nachträglich ersetzt werden. Eine andere Sachlage besteht, wenn es sich nicht um einen vorübergehenden Auslandsaufenthalt handelt: Bei Geschädigten **mit Wohnsitz im Ausland** besteht die Sonderregelung des § 101 (siehe Kapitel 4.11).

Nach § 52 werden **Beiträge zur Arbeitsförderung, zur gesetzlichen Rentenversicherung und zur Alterssicherung** für den Zeitraum des Krankengeldbezugs übernommen. Nach § 251 Abs. 1 SGB V werden vom Träger der SozE die Beiträge zur GKV entrichtet, darüber hinaus Beiträge, die zur Teilnahme an Leistungen zur Teilhabe, zur Teilnahme am Arbeitsleben, zur Berufsfindung oder der Arbeitserprobung notwendig sind, sowie Beiträge für den Bezug von Krankengeld und nach § 59 SGB XI zudem Beiträge zur Sozialen Pflegeversicherung.

Berechtigte haben nach § 53 schließlich einen **Anspruch auf Übernahme von Fahrtkosten und anderen Reisekosten**, die im Zusammenhang mit einer Leistung der Krankenbehandlung entstehen. Den Berechtigten werden dabei für sich, eine notwendige Begleitung sowie für Kinder, deren Mitnahme erforderlich ist, weil ihre anderweitige Betreuung nicht sichergestellt ist, die notwendigen Reisekosten einschließlich des Gepäcktransports sowie der Kosten für Verpflegung und Unterkunft in angemessenem Umfang ersetzt. Maßstab für die Angemessenheit ist das Bundesreisekostengesetz. Kein Anspruch auf Ersatz der Reisekosten besteht jedoch, wenn eine stationäre Behandlung ohne zwingenden Grund abgebrochen wird. Dauert eine Maßnahme länger als acht Wochen, so können nach Abs. 2 auch die notwendigen Reisekosten für im Regelfall monatlich zwei Familienheimfahrten oder monatlich zwei Fahrten eines Familienangehörigen zum Aufenthaltsort des Berechtigten übernommen werden. Bei notwendiger Begleitung wird gemäß Abs. 3 Ersatz für entgangenen Arbeitsverdienst in angemessenem Umfang geleistet, wenn der Berechtigte der Begleitperson zur Erstattung verpflichtet ist. Umstritten ist, ob – bei Inanspruchnahme von Fremdleistungen wie Taxifahrten – dennoch das Sachleistungsprinzip gilt[42]) (Folge: die Abrechnung erfolgt direkt zwischen dem Träger der SozE und dem Fremddienstleister) oder ob es sich um einen eigenen Erstattungsanspruch handelt[43]) (Folge: der Geschädigte bezahlt den Fremddienstleister und reicht die Rechnung ein).

Die weiteren Abschnitte des Gesetzes regeln die Vergütung der Leistungserbringer (§§ 54–56), die Zuständigkeit und Datenübermittlung (§§ 57–59) sowie Erstattungen von Aufwendungen und Verwaltungskosten der Krankenkassen und Unfallkassen der Länder (§§ 60, 61).

4.3 Leistungen zur Teilhabe

Die §§ 62 ff. regeln die Leistungen zur Teilhabe und erscheinen im Gesetz damit noch vor den Entschädigungszahlungen und dem Berufsschadensausgleich. Dies entspricht dem Grundgedanken „Reha vor Rente", nach dem zunächst **vorrangig** versucht werden muss, durch Leistungen der medizinischen Rehabilitation und durch Leistungen der Teilhabe am Arbeitsleben berufliche Einschränkungen zu verhindern und abzumildern, ehe Berufsschadensausgleich (BSA) gezahlt wird (vgl. §§ 27, 89 Abs. 1 Nr. 2). Für die Entschädigungszahlungen nach den §§ 83 ff. gilt dieser Vorrang zwar nicht, allerdings soll natürlich auch hier durch die o. g. Maßnahmen versucht werden, Chronifizierungen zu verhindern und Schädigungsfolgen möglichst zu heilen, um so den Grad der Schädigungsfolgen (und damit die Höhe der Entschädigungszahlungen) zu mindern.

§ 62 S. 1	**Umfang der Leistungen zur Teilhabe**
Nr. 1	Leistungen zur Teilhabe am Arbeitsleben (§ 63) sowie unterhaltssichernde und andere ergänzende Leistungen (§ 64)
Nr. 2	Leistungen zur Teilhabe an Bildung (§ 65)
Nr. 3	Leistungen zur Sozialen Teilhabe (§ 66)
Nr. 4	Leistungen zur medizinischen Rehabilitation (Erbringung über die Leistungen der Krankenbehandlung nach §§ 41 ff.)

[42]) So Knickrehm/Mushoff/Schmidt, Das neue Soziale Entschädigungsrecht – SGB XIV Rn. 182.
[43]) So Feddern in: B. Schmidt, SGB XIV – Soziale Entschädigung, § 53 Rn. 4.

Diese Teilhabeleistungen sind bereits aus einem anderen Gesetz bekannt: dem Teilhaberecht des ersten Teils des SGB IX (vgl. dort § 5). Warum bedarf es dann hier einer Wiederholung? Die Antwort ist einfach, wenn auch vielleicht verwirrend: Weil das Teilhaberecht des SGB IX keine eigenen Anspruchsgrundlagen vermittelt. § 7 Abs. 1 SGB IX normiert ausdrücklich, dass die Vorschriften in seinem Teil 1 nur gelten, soweit sich aus den für den jeweiligen Rehabilitationsträger geltenden Leistungsgesetzen nichts Abweichendes ergibt. Die Zuständigkeit und die Voraussetzungen für die Leistungen zur Teilhabe richten sich nach den für den jeweiligen Rehabilitationsträger geltenden Leistungsgesetzen. Das bedeutet konkret, dass das Teilhaberecht des SGB IX überhaupt nur in den Grenzen und unter den Voraussetzungen anwendbar ist, wie es die einzelnen Leistungsgesetze umreißen – in diesem Fall die §§ 62 ff. des SGB XIV.

Das neue Teilhaberecht des SGB XIV ist im Vergleich zum bisherigen Teilhaberecht des BVG eine **echte Verbesserung**: Die Leistungen werden einkommensunabhängig erbracht[44]) und sind nicht mehr von einem gleichzeitigen Anspruch auf Entschädigungszahlungen oder Krankenbehandlung abhängig.

Anders formuliert ist die Grundvoraussetzung für Teilhabeleistungen lediglich, dass Geschädigte einen schädigungsbedingten Teilhabebedarf haben (Rückschluss aus den §§ 4 Abs. 1 und 25). Hinterbliebene erhalten lediglich Leistungen zur Teilhabe am Arbeitsleben nach § 63 Abs. 3.

Weitere Voraussetzung ist ein Antrag nach § 10 Abs. 1, wobei nach § 10 Abs. 3 die Leistungen zur Teilhabe am Arbeitsleben, zur Teilhabe an Bildung und zur Sozialen Teilhabe auch von Amts wegen erbracht werden können (Ermessen). Hinterbliebene müssen nach § 63 Abs. 3 den Antrag innerhalb eines Zeitraums von fünf Jahren nach dem Tod des oder der Geschädigten stellen.

Anders als sonst ist es bei Hinterbliebenen für den Erhalt der Leistungen nicht erforderlich, dass sie eine (drohende) Behinderung aufweisen.[45])

Eine detaillierte Darstellung aller Teilhabeleistungen würde an dieser Stelle zu weit führen.[3] Allerdings soll dennoch auf die ein oder andere Besonderheit hingewiesen werden.

---

[44]) Ausnahme: § 64 Abs. 3 (Unterhaltsbeihilfe).

[45]) BT-Drs. 19/13824, S. 199.

Zunächst regelt § 63 die Leistungen zur Teilhabe am Arbeitsleben in Form von Querverweisungen auf das Teilhaberecht des SGB IX (erst dadurch werden diese Normen zu Anspruchsgrundlagen im Bereich der SozE):

§ 63	Verweisung auf ...	Teilhabeleistung
Abs. 1 Nr. 1	§§ 49–55 SGB IX	Leistungen des breiten Förderspektrums des SGB IX, u. a.: – Hilfen zur Erhaltung oder Erlangung eines Arbeitsplatzes – Berufsvorbereitung einschließlich einer wegen der Behinderung erforderlichen Grundausbildung – Individuelle betriebliche Qualifizierung im Rahmen Unterstützter Beschäftigung – Berufliche Anpassung und Weiterbildung – Berufliche Ausbildung – Förderung der Aufnahme einer selbstständigen Tätigkeit – Sonstige Hilfen zur Förderung der Teilhabe am Arbeitsleben, um Menschen mit Behinderungen eine angemessene und geeignete Beschäftigung oder eine selbstständige Tätigkeit zu ermöglichen und zu erhalten
Abs. 1 Nr. 2	§ 57 SGB IX	Leistungen im Eingangsverfahren und im Berufsbildungsbereich einer anerkannten Werkstatt für behinderte Menschen
Abs. 1 Nr. 3	§§ 58, 59 SGB IX	Leistungen im Arbeitsbereich einer anerkannten Werkstatt für behinderte Menschen einschließlich des Arbeitsförderungsgeldes

§ 63	Verweisung auf ...	Teilhabeleistung
Abs. 1 Nr. 4	§ 60 SGB IX	Leistungen bei anderen Leistungsanbietern
Abs. 1 Nr. 5	§ 61 SGB IX	Leistungen des Budgets für Arbeit
Abs. 1 Nr. 6	§ 61a SGB IX	Leistungen des Budgets für Ausbildung
Abs. 2	§ 49 Abs. 8 S. 1 Nr. 1 SGB IX	Leistungen zum Betrieb, Unterhalt, Unterstellen und Abstellen eines Kraftfahrzeuges (Das geht über die eigentlichen Ansprüche nach der Kfz-Hilfe-VO hinaus!)

§ 64 regelt unterhaltssichernde und ergänzende Leistungen:

§ 64	Verweisung auf ...	Teilhabeleistung
Abs. 1 Nr. 1, Abs. 2	§ 65 Abs. 3, 4 und 7 SGB IX §§ 66–72 SGB IX § 64 Abs. 3 SGB XIV	Übergangsgeld und Unterhaltsbeihilfe
Abs. 1 Nr. 2	§ 73 SGB IX	Reisekosten
Abs. 1 Nr. 3	§§ 74 SGB IX	Haushalts- und Betriebshilfe Kinder-betreuungskosten
Abs. 3	§ 71 Abs. 3, 4 SGB IX entsprechend	Unterhaltsbeihilfe
Abs. 4	./.	Aufwendungserstattung für die Alterssicherung

Bemerkenswert dabei ist die Regelung der Unterhaltsbeihilfe als Spezifikum der Sozialen Entschädigung: Denn diese erhalten nach Abs. 3 auch Geschädigte und Hinterbliebene, die vor Beginn der Leistung zur Teilhabe am Arbeitsleben nicht erwerbstätig gewesen sind und deshalb keinen Anspruch auf Übergangsgeld haben. Eine weitere Besonderheit sieht das Gesetz insofern vor, als für die Bemessung der Unterhaltsbeihilfe § 93 entsprechend anzuwenden ist, allerdings mit der Maßgabe, dass in Fällen des Verbleibs in der eigenen Unterkunft der monatliche Regelbedarf das Zweifache der jeweils maßgebenden Regelbedarfsstufe nach der Anlage zu § 28 SGB XII beträgt.

Die Gewährung von **Leistungen zur Teilhabe an Bildung** steht gemäß § 65 nur Geschädigten zu und ist davon abhängig, dass diese zum leistungsberechtigten Personenkreis im Sinne von § 99 SGB IX gehören, d. h., sie müssen wesentlich in der gleichberechtigten Teilhabe an der Gesellschaft eingeschränkt (wesentliche Behinderung) oder von einer solchen wesentlichen Behinderung bedroht sein, wenn und solange nach der Besonderheit des Einzelfalles Aussicht besteht, dass die Aufgabe der Eingliederungshilfe nach § 90 SGB IX erfüllt werden kann.

Ebenfalls auf Geschädigte beschränkt sind die Leistungen zur Sozialen Teilhabe; auch hier ist eine grundsätzliche Anspruchsberechtigung nach § 99 SGB IX erforderlich. Umfang der Leistungen:

§ 66	Verweisung auf ...	Teilhabeleistung
Abs. 1	§ 113 SGB IX	Leistungen zur Sozialen Teilhabe i. e. S.
Abs. 1	§ 115 SGB IX	Besuchsbeihilfen
Abs. 1	§ 116 SGB IX	Pauschale Geldleistung und gemeinsame Inanspruchnahme
Abs. 2	§ 83 SGB IX	Leistungen zur Mobilität, erweitert um Leistungen zum Betrieb, Unterhalt, Unterstellen und Abstellen eines Kraftfahrzeuges

Eine Sonderregelung enthält § 67 für das **Zusammentreffen** von Teilhabeleistungen mit **Pflegeleistungen in Einrichtungen oder Räumlichkeiten** nach § 43a SGB XI i. V. m. § 71 Abs. 4 SGB XI: In diesen Fällen umfasst die Leistung auch die Pflegeleistung in diesen Einrichtungen oder Räumlichkeiten, und zwar auch für nicht schädigungsbedingte Pflegebedarfe. Stellt der Leistungserbringer fest, dass Berechtigte so pflegebedürftig sind, dass die Pflege in diesen Einrichtungen oder Räumlichkeiten nicht sichergestellt werden kann, vereinbaren nach Satz 4 der Träger der Sozialen Entschädigung und die zuständige

Pflegekasse mit dem Leistungserbringer, dass die Leistung bei einem anderen Leistungserbringer erbracht wird; dabei ist den berechtigten Wünschen der Berechtigten Rechnung zu tragen (Satz 5).

Für das **Zusammentreffen** von Teilhabeleistungen mit **Pflegeleistungen außerhalb der o. g. Einrichtungen oder Räumlichkeiten** bestimmt § 68 Abs. 1 eine Vereinbarung der zuständigen Träger untereinander. Besteht darüber hinaus ein Anspruch auf Leistungen der häuslichen Pflege nach den §§ 64a–64f, 64i und 66 SGB XII, umfassen die Leistungen zur Teilhabe nach § 63 Satz 1 Nr. 1–3 diese Leistungen der häuslichen Pflege nach dem SGB XII, solange die Teilhabeziele erreicht werden können. Das ist insoweit positiv, als dann keine Berücksichtigung von Einkommen und Vermögen erfolgt, allerdings gilt dies nicht, wenn Berechtigte vor Erreichen der Regelaltersgrenze keine Leistungen zur Teilhabe nach § 62 Satz 1 Nr. 1–3 erhalten haben, es sei denn, es handelt sich um einen Teilhabebedarf, der durch ein schädigendes Ereignis verursacht worden ist, welches erst nach Erreichen der Regelaltersgrenze eingetreten ist.

Soweit allerdings keine Konstellation der §§ 67 und 68 vorliegt, werden bei schädigungsbedingten Pflegebedarfen Leistungen bei Pflegebedürftigkeit nach Kapitel 7 des SGB XIV erbracht, bei nicht schädigungsbedingten Pflegebedarfen Leistungen nach dem SGB XI bzw. Leistungen der privaten Pflege-Pflichtversicherung und bei Bedarf ergänzend Leistungen nach dem Kapitel 7 des SGB XII.

Bei der Entscheidung über die Leistungen zur Teilhabe und bei der Ausführung dieser Leistungen wird nach § 69 den berechtigten Wünschen der Berechtigten entsprochen (**Wunsch- und Wahlrecht**). Dabei sind Art und Schwere der Schädigung, Gesundheitszustand und Lebensalter besonders zu berücksichtigen. Im Übrigen gelten die Vorgaben des § 8 SGB IX.

§ 70 ordnet schließlich an, dass sich **Art, Ausmaß und Dauer** der Leistungen zur Teilhabe nach der Besonderheit des Einzelfalls sowie der Art des Bedarfes richten.

4.4 Leistungen bei Pflegebedürftigkeit

Die bislang nach altem Recht (§§ 9 Abs. 1 Nr. 3, 35 BVG) geltende Pflegezulage wird in dieser Form abgeschafft und im SGB XIV durch ein eigenständiges Pflegesystem ersetzt, das aber nah am SGB XI ist bzw. hieraus immer wieder Anleihen nimmt. So gibt es den eigenständigen Begriff der Hilflosigkeit nicht mehr; stattdessen wird in § 72 für den **Begriff** der Pflegebedürftigkeit und für die Einordnung in Pflegegrade auf das SGB XI verwiesen. Wie § 73 zeigt, kann aber – in Abweichung zum SGB XI – auch eine Pflegebedürftigkeit relevant sein, die prognostisch weniger als sechs Monate besteht; dann können (Ermessen!) Kosten im Umfang der Leistungen nach Kapitel 7 des SGB XII übernommen werden (dies gilt nicht, wenn die Pflege durch ein Arbeitgebermodell nach § 76 sichergestellt wird).

Liegt eine **Entscheidung der Pflegekasse** über den Pflegegrad vor, so ist sie für die zuständige Verwaltungsbehörde bindend (§ 72 Abs. 1 Satz 1). Liegt eine Entscheidung nicht vor, so wirkt die zuständige Verwaltungsbehörde auf eine unverzügliche Entscheidung der Pflegekasse hin (Satz 2). Kommt ein Anspruch nach dem SGB XI dagegen gar nicht erst in Betracht, so ermittelt die zuständige Verwaltungsbehörde nach Abs. 3 den Pflegegrad in eigener Verantwortung und kann sich dabei sachverständiger Dritter (also im Regelfall des MDK bzw. MD) bedienen.

Grundvoraussetzung ist nach § 71 Abs. 1, dass die Pflegebedürftigkeit **schädigungsbedingt** ist; es gilt die Theorie der wesentlichen Bedingung.

Der **Leistungsumfang** ist im Bereich des SGB XIV dabei deutlich besser, wie § 74 zeigt: Denn neben den eigentlichen Leistungen nach Kapitel 4 SGB XI (Verweisung in Nr. 1) stehen nach Nr. 2 und 3 zusätzlich auch die ergänzenden Leistungen bei Pflegebedürftigkeit nach § 75 und die Leistungen bei Pflegebedürftigkeit im Arbeitgebermodell nach § 76 zur Verfügung.

Übersicht zu den Leistungen nach § 74 Nr. 1:

§ 28 SGB XI	Umfang der Leistungen bei Pflegebedürftigkeit nach Kapitel 4 des SGB XI
Nr. 1	Pflegesachleistung (§ 36)
Nr. 2	Pflegegeld für selbst beschaffte Pflegehilfen (§ 37)
Nr. 3	Kombination von Geldleistung und Sachleistung (§ 38)

§28 SGB XI	Umfang der Leistungen bei Pflegebedürftigkeit nach Kapitel 4 des SGB XI
Nr. 4	Häusliche Pflege bei Verhinderung der Pflegeperson (§39)
Nr. 5	Pflegehilfsmittel und wohnumfeldverbessernde Maßnahmen (§40)
Nr. 6	Tagespflege und Nachtpflege (§41)
Nr. 7	Kurzzeitpflege (§42)
Nr. 8	Vollstationäre Pflege (§43)
Nr. 9	Pauschalleistung für die Pflege von Menschen mit Behinderungen (§43a)
Nr. 9a	Zusätzliche Betreuung und Aktivierung in stationären Pflegeeinrichtungen (§43b)
Nr. 10	Leistungen zur sozialen Sicherung der Pflegepersonen (§44)
Nr. 11	Zusätzliche Leistungen bei Pflegezeit und kurzzeitiger Arbeitsverhinderung (§44a)
Nr. 12	Pflegekurse für Angehörige und ehrenamtliche Pflegepersonen (§45)
Nr. 12a	Umwandlung des ambulanten Sachleistungsbetrags (§45a)
Nr. 13	Entlastungsbetrag (§45b)
Nr. 14	Leistungen des Persönlichen Budgets nach §29 SGB IX
Nr. 15	Zusätzliche Leistungen für Pflegebedürftige in ambulant betreuten Wohngruppen (§38a)
Nr. 16	Ergänzende Unterstützung bei Nutzung von digitalen Pflegeanwendungen (§39a) und digitale Pflegeanwendungen (§40a)
Nr. 17	Leistungsanspruch beim Einsatz digitaler Pflegeanwendungen (§40b)

Darüber hinaus gewährt das SGB XIV bei Vorliegen der Voraussetzungen zudem **ergänzende Leistungen bei Pflegebedürftigkeit** (§§74 Nr. 2, 75). Das bedeutet, dass die notwendigen und angemessenen

Kosten für schädigungsbedingte Pflegebedarfe, welche über die Leistungen des SGB XI hinausgehen, übernommen werden. Dies gilt jedoch nur bei den in § 75 Abs. 1 Satz 2 ausdrücklich aufgezählten Leistungsarten. Abs. 2 und 3 regeln weitere Beteiligungen. Nach Abs. 4 werden für (nicht krankenversicherte) Geschädigte die Beiträge zur Pflegeversicherung übernommen. Nach Abs. 5 erhalten auch Geschädigte, die weder nach dem SGB XI versichert sind noch nach beamtenrechtlichen Vorschriften einen Anspruch auf Leistungen bei Pflegebedürftigkeit haben, die Leistungen des Kapitels 4 des SGB XI sowie die ergänzenden Leistungen nach § 75 Abs. 1.

Stellen Geschädigte die **häusliche Pflege** durch von ihnen beschäftigte besondere Pflegekräfte auf Grundlage eines Arbeitsvertrages sicher (Arbeitgebermodell), so werden ihnen die hierfür erforderlichen und angemessenen Kosten nach §§ 74 Nr. 3, 76 Abs. 1 erstattet, wobei das Pflegegeld nach § 37 SGB XI angerechnet wird. „Besonders" ist die Pflegekraft nach dieser Vorschrift insofern, als es nicht, wie ansonsten in der häuslichen Pflege bei Pflegenden im Arbeitnehmerstatus vorgesehen, um eine Pflegesachleistung von professionellen Pflegekräften geht (vgl. LSG Baden-Württemberg, Beschluss vom 20.05.2025 – L 6 VE 1517/25 ER-B, Rn. 94); auch Kosten der Beschäftigung von Ehegatten sowie Eltern werden Berechtigten erstattet, wenn dadurch eine fachgerechte Pflege gewährleistet ist. Abs. 2 erweitert die Kostenübernahme für eine besondere Pflegekraft für einen Zeitraum von bis zu drei Monaten, selbst wenn Geschädigte stationär behandelt werden (ggf. ist sogar eine Erstattung über diesen Zeitraum hinaus unter Berücksichtigung der Umstände des Einzelfalls möglich).

Eine Besonderheit gibt es auch hier bei der **Abwicklung** zu beachten (§ 77): Rechtlich verantwortlicher Leistungserbringer für diese Leistungen ist zwar insgesamt der zuständige Träger der SozE (Abs. 1). Für Geschädigte, die Mitglied einer Pflegekasse oder nach § 25 SGB XI familienversichert sind, erbringt nach Abs. 2 ihre Pflegekasse für die zuständige Verwaltungsbehörde die Leistungen bei Pflegebedürftigkeit nach § 74 Nr. 1 und § 75 Abs. 1 Satz 2 Nr. 3 (s. o.). Für Geschädigte, die dagegen weder nach dem SGB XI versichert sind noch nach beamtenrechtlichen Vorschriften einen Anspruch auf Leistungen bei Pflegebedürftigkeit haben, erbringt nach Abs. 3 die Pflegekasse, die der Krankenkasse ihrer Wahl gemäß § 57 Abs. 3 entspricht, für die zuständige Verwaltungsbehörde die Leistungen nach § 74 Nr. 1 und § 75 Abs. 1 Satz 2 Nr. 3. Dementsprechend werden nur die übrigen Leistungen nach §§ 75, 76 vom zuständigen Träger der SozE selbst erbracht.

Das bedeutet weiter: Sofern nicht der Träger der SozE zuständig ist, entscheidet zunächst die o. g. andere Behörde über die Leistungen und erlässt dazu einen Bescheid. Erst im **Widerspruchsverfahren** erfolgt dann nach § 78 wieder eine einheitliche Entscheidung der Widerspruchsstelle des Trägers der SozE, gegen die dann ggf. Klage zum Sozialgericht erhoben werden kann.

4.5 Leistungen bei hochgradiger Sehbehinderung, Blindheit und Taubheit

Ist als Schädigungsfolge **hochgradige Sehbehinderung** nach Teil A Nr. 6 Buchstabe der VMG eingetreten, erhalten Geschädigte gemäß § 82 Abs. 1 unabhängig vom Lebensalter die Hälfte des Betrags nach § 72 Abs. 2 SGB XII, der für blinde Menschen nach Vollendung des 18. Lebensjahres geleistet wird.

Ist als Schädigungsfolge **Blindheit** nach Teil A Nr. 6 Buchstabe a–c der VMG eingetreten, erhalten Geschädigte unabhängig vom Lebensalter den vollen Betrag nach § 72 Abs. 2 SGB XII, der für blinde Menschen nach Vollendung des 18. Lebensjahres geleistet wird. § 72 Abs. 5 SGB XII gilt dabei entsprechend.

Besteht als Schädigungsfolge **Taubblindheit** im Sinne von § 3 Abs. 1 Nr. 8 Schwerbehindertenausweisverordnung, erhalten Geschädigte unabhängig vom Lebensalter den zweifachen Betrag nach § 72 Abs. 2 SGB XII, der für blinde Menschen nach Vollendung des 18. Lebensjahres geleistet wird.

Alle genannten Leistungen sind nach Abs. 4 vorrangig gegenüber landesrechtlichen Leistungen für blindheitsbedingte Mehraufwendungen.

4.6 Entschädigungszahlungen

Im Vergleich zur Rechtslage unter Geltung des BVG nahm der Gesetzgeber im Bereich der neuen Entschädigungszahlungen maßgebliche Korrekturen vor. Insbesondere wurden die Leistungsarten radikal vereinfacht. So wurde etwa aus der bisherigen Grundrente eine monatliche Entschädigungszahlung, die frühere Ausgleichsrente entfällt ersatzlos. War die Ausgleichsrente noch einkommensabhängig, ist dies bei den Entschädigungszahlungen nicht mehr der Fall, zudem besteht komplette Anrechnungsfreiheit etwa auf Grundsicherungsleistungen. Wie bisher hängt die Höhe der Leistungen für Geschädigte vom Grad der Schädigungsfolgen ab.

GdS-Höhe	Höhe der monatlichen Entschädigung in Euro (Geschädigte; Stand 01.07.2025)
0	0
10	0
20	0
30	452
40	452
50	905
60	905
70	1.357
80	1.357
90	1.810
100	2.261 (zzgl. 20 % bei schwersten Schädigungsfolgen)

Die 20-prozentige Erhöhung bei einem GdS von 100 tritt nicht automatisch ein, sondern nur beim Vorliegen **schwerster Schädigungsfolgen**. Dazu benennt § 83 Abs. 2 Satz 1 die Fälle blinder Ohnhänder oder Geschädigter mit Verlust beider Arme im Oberarm und beider Beine im Oberschenkel; Satz 2 führt die weiteren Regelbeispiele der Querschnittsgelähmten mit Blasen- und Mastdarmlähmung, der Hirnbeschädigten mit schweren psychischen und physischen Störungen, der Ohnhänder mit Verlust beider Beine im Oberschenkel, der blinden Doppel-Oberschenkelamputierten und der Blinden mit völligem Verlust einer oberen und einer unteren Gliedmaße. Dass dies nicht abschließend ist, macht Satz 3 deutlich, wobei für eine Zulage auf jeden Fall Vergleichbarkeit mit den genannten Fallgruppen bestehen muss, was nach der Auffassung des Gesetzgebers[46]) nur in Betracht kommt bei einer Kombination schwerster Schädigungsfolgen, die zudem in einem ungünstigen Wechselverhältnis zueinander stehen; dieses bestehe zwar auch bei Taubblinden, wobei deren besonderer Situation bereits durch die Höhe der Leistung des § 82 Abs. 2

[46]) BT-Drs. 19/13824, S. 207.

Rechnung getragen werde, sodass hier keine zusätzliche Erhöhung der monatlichen Entschädigungszahlung in Betracht komme.

Die oben aufgeführten Entschädigungszahlungen sind grundsätzlich **unbefristet**, solange der entsprechende GdS besteht, d. h. bis zu einer etwaigen Nachprüfung, die zu einer Herabsetzung führt. Die Zahlungen enden auch nicht mit Eintritt ins Regelrentenalter, was insofern konsequent ist, als es auch bei der Bemessung des GdS nicht um berufliche Beeinträchtigungen geht, sondern um die allgemeinen Auswirkungen in allen Lebensbereichen (§ 5 Abs. 1 Satz 1).

Gleichwohl wird mit § 84 eine Möglichkeit der **Kapitalisierung** (Abfindung) eröffnet, die im Vergleich zum bisherigen Recht (§§ 72 ff. BVG) weitaus weniger eng ist. Voraussetzung ist lediglich eine Berechtigung zum Erhalt der Entschädigungszahlung nach § 83 und ein Antrag auf Kapitalisierung innerhalb eines Jahres nach Bewilligung der Entschädigung. So einfach das klingen mag, so wenig ist dem Gesetzgeber die Formulierung geglückt: Denn es fragt sich, ob sich die Jahresfrist zum Kapitalisierungsantrag nur auf die Bewilligung eines Erstantrages bezieht[47]) oder ob sie auch in späteren Fünf-Jahres-Abschnitten greift (wofür wiederum nur dann ein Anknüpfungspunkt bestehen könnte, wenn nach § 48 SGB X eine geänderte Weiterbewilligung erfolgt).

Unabhängig davon ist die **gesetzliche Risikoverteilung** zu beachten: Der Geschädigte erhält zwar nach § 84 Abs. 2 Satz 1 das 60-Fache der monatlichen Entschädigungsleistung (Satz 2: unter Anrechnung etwa schon erhaltener monatlicher Entschädigungszahlungen). Allerdings sind nach Abs. 3 damit auch alle Ansprüche auf monatliche Entschädigungsleistungen für die Dauer von fünf Jahren abgegolten (selbst im Falle einer Verschlimmerung der Schädigungsfolgen in diesem Zeitfenster). Umgekehrt muss die Behörde für den Fall einer denkbaren Besserung der Schädigungsfolgen auch rechtzeitig eine Nachprüfung in die Wege leiten und ggf. verbescheiden, da ansonsten die Geschädigten durch einen schnellen zweiten Antrag auf Kapitalisierung für weitere fünf Jahre Leistungen erhalten können. Denn es ist stets zu beachten: Durch eine Kapitalisierung erfolgt keine befristete Leistungserbringung; vielmehr gewährt der Bewilligungsbescheid auf Entschädigungszahlungen unbefristete Leistungen, die nicht einfach nach fünf Jahren enden. Letztlich müssen also die Betroffenen sehr genau abwägen, ob

---

[47]) So im Ergebnis wohl Weber in: B. Schmidt, SGB XIV – Soziale Entschädigung, § 84 Rn. 5.

sich eine Kapitalisierung lohnt: Für den Fall, dass prognostisch von einer Besserung ausgegangen werden kann, dürfte sich die Kapitalisierung anbieten; ggf. auch in Fällen chronifizierter Gesundheitsstörungen, wenn gleichzeitig schnelles Kapital benötigt wird. Problematischer sind Fälle, in denen eine weitere Verschlimmerung im Raume steht. Ebenso problematisch sind Fälle, bei denen Anspruch auf die 20-Prozent-Zulage wegen schwerster Schädigungsfolgen besteht, denn diese wird nach § 84 Abs. 2 Satz 1 explizit nicht mitkapitalisiert[48]). Zu Chancen und Risiken haben die Behörden ausreichend zu beraten (§ 14 SGB I), ggf. auch im Rahmen des neuen Fallmanagements (§ 30). Beratungsfehler können ggf. einen sozialrechtlichen Herstellungsanspruch auslösen.

Entschädigungszahlungen können neben Geschädigten auch **Hinterbliebene** erhalten (§§ 85 ff.):

Hinterbliebene	Höhe der monatlichen Entschädigung in Euro (Hinterbliebene; Stand 01.07.2025)
Witwen/Witwer (§ 85 Abs. 1)	1.193 (zzgl. 56 für jedes minderjährige Kind im Haushalt mit Berechtigung auf Waisenentschädigung)
Partner einer eheähnlichen Gemeinschaft (§ 85 Abs. 2)	1.193
„Halbwaisen“ (§ 87 Abs. 1)	441
„Vollwaisen“ (§ 87 Abs. 2)	690
Hinterbliebene Eltern (ggf. auch Stiefeltern, Pflegeeltern, Großeltern) (§ 88)	Je 170 bzw. 282 (bei zwei noch lebendem bzw. nur einem noch lebenden Elternteil)

[48]) Hier wäre vorher mit der Behörde verbindlich zu klären, ob die Zulage neben einer Kapitalisierung weiterhin monatlich gezahlt wird.

Die tabellarisch dargestellten Werte gelten nicht einschränkungslos, sondern nur bei Erfüllung der **weiteren** Voraussetzungen:

Zunächst müssen sie nach § 10 Abs. 1 explizit **beantragt** werden.

Weiter muss der **Tod** des Geschädigten **schädigungsbedingt** erfolgt sein. Die Schädigungsfolgen müssen also wesentliche Bedingung für den Tod gewesen sein. Die Neuregelung in VMG Teil C Nr. 10 stellt hierzu eingehendere Leitlinien auf. Auch die nach früherem Recht bzw. Rechtsprechung geltende Formel, wonach der Tod bei konkurrierenden (schädigungsfremden) Erkrankungen auch dann als schädigungsbedingt gilt, wenn die geschädigte Person ohne die Schädigungsfolgen wahrscheinlich mindestens ein Jahr länger gelebt hätte, wird in Nr. 10.4 wieder aufgegriffen. Der Erhöhungsbetrag pro Kind ist davon abhängig, dass auch dieses Kind Entschädigungsleistungen für Waisen erhält und im Haushalt des Witwers oder der Witwe lebt (§ 85 Abs. 1 Satz 2). Ansprüche auf Witwer- und Witwenentschädigung erlöschen, sobald eine (Wieder-)Heirat erfolgt (§ 85 Abs. 3).

Partner einer **eheähnlichen Gemeinschaft** erhalten die Entschädigungszahlung nur unter der zusätzlichen Voraussetzung, dass der überlebende Teil unter Verzicht auf eine Erwerbstätigkeit die Betreuung eines gemeinschaftlichen Kindes ausübt, und auch dann nur für die ersten drei Lebensjahre des Kindes (§ 85 Abs. 2).

§ 86 stellt auch hier eine **Abfindung** in Form einer Kapitalisierung zur Verfügung, die Höhe beträgt 143.160 Euro (Abs. 2 Satz 1; unter Anrechnung etwaiger bereits ausbezahlter monatlicher Entschädigungsleistungen, Abs. 2 Satz 2). Dabei ist zu beachten, dass diese entsprechend dem Wortlaut nur für Witwer und Witwen gilt, nicht auch für Partner eheähnlicher Gemeinschaften. Außerdem erlöschen Ansprüche auf weitere Entschädigungen mit der Kapitalisierung gemäß Abs. 3 vollständig (sie leben also – anders als bei Geschädigten – nicht nach dem rechnerischen der Abfindung zugrunde liegenden 10-Jahres-Zeitraum wieder auf). Gerade Hinterbliebene, die Pläne einer Wiederheirat hegen, sollten die Inanspruchnahme einer Abfindung ernstlich ins Auge fassen. Auch hier ist der Antrag innerhalb eines Jahres nach Bewilligung der Entschädigungszahlung zu stellen (Abs. 1 Satz 2).

Halb- und Vollwaisen erhalten nach § 87 monatliche Entschädigungsleistungen, aber nur bis zur Vollendung des 18. Lebensjahres (Abs. 3); darüber hinaus können nur unter den weiteren Voraussetzungen des Abs. 4 (für die Dauer bestimmter Ausbildungen) weitere Leistungen fließen, maximal bis zur Vollendung des 27. Lebensjahres.

Hinterbliebene Eltern erhalten die monatliche Entschädigungsleistung nur, wenn sie voll erwerbsgemindert im Sinne des SGB VI sind oder aus anderen zwingenden Gründen eine zumutbare Erwerbstätigkeit nicht ausüben können oder das 60. Lebensjahr vollendet haben, frühestens jedoch von dem Monat an, in dem der oder die Geschädigte das 18. Lebensjahr vollendet hätte (§ 88 Abs. 1). Nach Abs. 3 werden den Eltern Stiefeltern oder Pflegeeltern gleichgestellt, wenn sie die Geschädigten vor der Schädigung unentgeltlich unterhalten haben. Großeltern werden gleichgestellt, wenn die Verstorbenen ihnen Unterhalt geleistet haben oder hätten.

Alles in allem ist die Rechtslage zur Hinterbliebenenversorgung unter Geltung des SGB XIV nunmehr bedeutend einfacher als noch im BVG, was vor allem auf einer maßgeblichen Straffung der Einzelleistungen beruht.

4.7 Berufsschadensausgleich

Der bereits 2011 etwas vereinfachte Berufsschadensausgleich (BSA) sollte ursprünglich unter Geltung des SGB XIV nochmals deutlich vereinfacht werden, was letztlich aber nicht durchsetzungsfähig war. Gestrichen wurde jedoch die bisherige Regelung des § 30 Abs. 2 BVG, wonach eine Erhöhung des GdS bei besonderer beruflicher Betroffenheit erfolgen konnte. Dies stellte gerade in Fällen eines Anspruchs auf BSA im Grunde genommen eine doppelte Entschädigung dar, weswegen die Streichung im neuen Recht sachgerecht ist.

Der BSA hat Einkommensersatzfunktion, wobei es sich um eine einkommensabhängige Leistung handelt: Berufsschadensausgleich ist der Nettobetrag des Vergleichseinkommens (§ 89 Abs. 5) abzüglich des Nettoeinkommens aus gegenwärtiger oder früherer Erwerbstätigkeit (Abs. 6).

Dabei hat der BSA – egal in welcher Variante – folgende **drei Grundvoraussetzungen** (vgl. § 89 Abs. 1): Erstens muss der Geschädigte wegen einer Schädigungsfolge einen Einkommensverlust erleiden. Zweitens muss ein Grad der Schädigungsfolgen von mindestens 30 bestehen. Drittens dürfen nach dem Grundsatz „Reha vor Rente“ Leistungen zur medizinischen Rehabilitation oder zur Teilhabe am

Arbeitsleben entweder nicht mehr erfolgversprechend oder nicht mehr zumutbar sein.

Ein **Einkommensverlust** besteht nach § 89 Abs. 2 Satz 1 dann, wenn ein (negativer) Unterschiedsbetrag zwischen dem derzeitigen Bruttoeinkommen aus gegenwärtiger oder früherer Tätigkeit (derzeitiges Einkommen) und dem höheren Vergleichseinkommen besteht. Dieses Vergleichseinkommen wird in Abs. 3 bzw. der neuen SGB XIV-BSchAV näher definiert.

Zu den eigentlichen Berechnungsgrößen der Formel des BSA (Abs. 4) sehen Abs. 5 (Nettobetrag des Vergleichseinkommens) und Abs. 6 (Nettoeinkommen aus gegenwärtiger oder früherer Berufstätigkeit) entsprechende Definitionen vor.

§ 89 Abs. 2 Satz 2 und 3 sehen eine Sonderregelung zur Bestimmung eines Einkommensverlustes **für** Rentner vor: Ist die Rente aus der gesetzlichen Rentenversicherung gemindert, weil das Erwerbseinkommen in einem in der Vergangenheit liegenden Zeitraum, der nicht mehr als die Hälfte des Erwerbslebens umfasst, schädigungsbedingt gemindert war, so ist die Rentenminderung abweichend von Satz 1 der Einkommensverlust. Das Ausmaß der Minderung wird ermittelt, indem der Rentenberechnung für Geschädigte Entgeltpunkte zugrunde gelegt werden, die sich ohne Berücksichtigung der Zeiten ergäben, in denen das Erwerbseinkommen der Geschädigten schädigungsbedingt gemindert ist. Allerdings wird der Berufsschadensausgleich nach Abs. 7 nur gezahlt, wenn die Zeiten des Erwerbslebens, in denen das Erwerbseinkommen nicht schädigungsbedingt gemindert war, von einem gesetzlichen oder einem gleichwertigen Alterssicherungssystem erfasst sind.

Die **Nachschadensproblematik** in BSA-Fällen greift Abs. 8 auf (bisher § 30 Abs. 11 BVG): Er regelt die Berechnung des derzeitigen Einkommens beim Hinzutreten einer nachträglichen schädigungsunabhängigen Gesundheitsstörung, um auf diese Art und Weise zu verhindern, dass in Konstellationen, in denen ein – ggf. nur geringfügiger – schädigungsbedingter Einkommensverlust eintrat und zugleich auch eine schädigungsfremde Einbuße vorliegt, diese faktisch mitentschädigt werden muss.[49]) Allerdings gelten Erhöhungen des Einkommensverlustes durch Arbeitslosigkeit oder schädigungs- bzw. altersbedingtes Ausscheiden aus dem Erwerbsleben grundsätzlich nicht als

[49]) Vgl. BT-Drs. 7/4127, S. 55.

Nachschäden (Abs. 8 Satz 3). Sofern die Geschädigten aber schädigungsbedingt aus dem Erwerbsleben ausscheiden, wird der Berufsschadensausgleich nach den Abs. 1– 6 errechnet.

Abs. 9 enthält eine Sonderregelung für den **Haushaltsführungs-BSA**: Geschädigte nach Abs. 1, die einen gemeinsamen Haushalt mit ihrer Ehegattin oder ihrem Ehegatten, einem Verwandten oder einem Stief- oder Pflegekind führen oder ohne die Schädigung führen würden, erhalten als Berufsschadensausgleich einen Betrag in Höhe der Hälfte der wegen der Folgen der Schädigung notwendigen Mehraufwendungen bei der Führung des gemeinsamen Haushalts.

4.8 Besondere Leistungen im Einzelfall

Die Besonderen Leistungen des Kapitels 11 ersetzen im SGV XIV das frühere Fürsorgerecht.

Als gemeinsame Grundvoraussetzung nennt §92 Abs. 1, dass diese Leistungen im Einzelfall erbracht werden (gebundener Anspruch, kein Ermessen!), soweit und solange Geschädigte **nicht oder nicht ausreichend in der Lage** sind, den jeweiligen Bedarf aus ihrem Einkommen und Vermögen zu decken, und dieses Unvermögen durch die Schädigungsfolgen entstanden ist (sog. wirtschaftliche Kausalität). Abs. 3 enthält hierzu eine Vermutungsregelung dahingehend, dass ein Zusammenhang zwischen den Schädigungsfolgen und dem Unvermögen, den jeweils anzuerkennenden Bedarf aus dem eigenen Einkommen und Vermögen zu decken, vermutet wird, sofern nicht das Gegenteil offenkundig oder nachgewiesen ist. Der Zusammenhang ist stets anzunehmen bei minderjährigen Geschädigten sowie Geschädigten, die Entschädigungszahlungen bei einem Grad der Schädigungsfolgen von 100 und einen Berufsschadensausgleich nach Kapitel 10 oder die Leistungen bei Pflegebedürftigkeit nach Kapitel 7 des SGB XIV erhalten.

Auch **Hinterbliebene** haben nach Abs. 6 einen Leistungsanspruch (aber nur auf Leistungen nach Abs. 4 Nr. 1 und 2), soweit und solange sie nicht oder nicht ausreichend in der Lage sind, den jeweiligen Bedarf aus ihrem Einkommen und Vermögen zu decken, und dieses Unvermögen durch den Tod der Geschädigten entstanden ist. Ein Zusammenhang zwischen dem Tod der Geschädigten und diesem Unvermögen wird auch hier vermutet, sofern nicht das Gegenteil offenkundig oder nachgewiesen ist. Der Zusammenhang ist stets anzunehmen bei Hinterbliebenen, die voll erwerbsgemindert im Sinne des SGB VI sind.

Angehörige und Nahestehende haben nach dem Wortlaut des Gesetzes dagegen keinen Anspruch auf Besondere Leistungen.

Abs. 2 und 6 enthalten jeweils eine klare Bezugnahme auf das Kapitel 16, in dem die Grundregeln zum Einsatz von Einkommen und Vermögen beschrieben werden (vgl. die Ausführungen dort); die Leistungen sind damit **einkommens- und vermögensabhängig** (wichtig: dies gilt nach § 105 Abs. 3 nicht bei ausschließlich schädigungsbedingten Bedarfen).

Eine Übersicht zu den Besonderen Leistungen (vgl. auch § 92 Abs. 4):

SGB XIV	Besondere Leistungen
§ 93	Leistungen zum Lebensunterhalt
§ 94	Leistungen zur Ausbildungsförderung
§ 95	Leistungen zur Weiterführung des Haushalts
§ 96	Leistungen in sonstigen Lebenslagen

Erbracht werden die Besonderen Leistungen entweder als **Zuschuss oder** nach § 92 Abs. 5 auch als **Darlehen**, wenn dies unter Berücksichtigung der Ziele der SozE nach den Umständen des Einzelfalls zur Deckung des festgestellten Bedarfs geboten erscheint und die Voraussetzungen für eine Beihilfe nicht oder nicht in voller Höhe vorliegen.

Art, Ausmaß und Dauer der Besonderen Leistungen im Einzelfall richten sich gem. § 98 nach der Besonderheit des Einzelfalls sowie der Art des Bedarfes.

Nach § 97 besteht bei der Entscheidung über die Besonderen Leistungen im Einzelfall und bei der Ausführung dieser Leistungen ein **Wunsch- und Wahlrecht**, d. h., den berechtigten Wünschen der Berechtigten wird entsprochen. Dabei sind Art und Schwere der Schädigung, Gesundheitszustand und Lebensalter besonders zu berücksichtigen. Im Übrigen verweist das SGB XIV auf § 8 SGB IX.

Die Leistungsvoraussetzungen sowie der Umfang ergeben sich aus den o. g. Vorschriften. Allerdings soll auf einige wichtige Punkte an dieser Stelle hingewiesen werden:

Die Leistungen zum Lebensunterhalt nach § 93 sind für Hinterbliebene zeitlich auf einen maximalen Unterstützungszeitraum von fünf Jahren nach dem Tod des Geschädigten begrenzt. Geschädigte selbst erhalten diese bei Vorliegen der Voraussetzungen dagegen unbegrenzt. Für die konkreten Leistungen verweist das Gesetz auf Kapitel 3 und 4 des SGB XII, was bedeutet, dass der Träger der SozE eigenständig diese Vorschriften zu prüfen hat. Trotz dieses Verweises auf das SGB XII ist es keine weitere Voraussetzung, dass die Berechtigten zusätzlich auch erwerbsunfähig sein müssen. Da § 25 allgemein vorschreibt, dass Leistungen nur für schädigungsbedingte Bedarfe gelten, ist dies auch im Rahmen der Leistungen zum Lebensunterhalt zu berücksichtigen. Leistungen zum Lebensunterhalt werden nur erbracht, soweit der Lebensunterhalt nicht aus den übrigen Leistungen nach dem SGB XIV bestritten werden kann (vgl. Abs. 1 Satz 4). Abs. 2 enthält eine Abgrenzung zu Leistungen der Träger der öffentlichen Jugendhilfe, Abs. 3 eine solche zu Leistungen der Ausbildungsförderung. Nach dem nachträglich noch eingefügten neuen Abs. 4 können Ansprüche auf Leistungen zum Lebensunterhalt übrigens nicht abgetreten, übertragen, verpfändet oder gepfändet werden.

Eine Übersicht zu den wichtigsten Leistungen aus dem SGB XII:

SGB XII	Art der Leistung zum Lebensunterhalt im SGB XII
§ 27a	Notwendiger Lebensunterhalt
§ 27b	Notwendiger Lebensunterhalt in Einrichtungen
§ 27c	Sonderregelungen für den Lebensunterhalt
§ 30	Mehrbedarfe
§ 31	Einmalige Bedarfe
§ 32	Bedarfe für Kranken- und Pflegeversicherung
§ 33	Bedarfe für Vorsorge
§ 34	Bedarfe für Bildung und Teilhabe
§ 35	Bedarfe für Unterkunft und Heizung
§ 36	Sonstige Hilfen zur Unterkunftssicherung
§§ 37 ff.	Ergänzende Darlehen

Leistungen der Ausbildungsförderung nach § 94 für Geschädigte und Waisen sind eigens und fristgebunden zu beantragen (vgl. Abs. 1 und 3). Besteht nach dem BAföG eine Förderung, welche nicht als Zuschuss, sondern als Darlehen gewährt wird, übernimmt der Träger der SozE die Rückzahlung des Darlehens (und der Zinsen), wenn der

Förderbedarf schädigungsbedingt war (was bei Waisen unter den Voraussetzungen des Abs. 2 unterstellt wird).

Nach § 95 erhalten Geschädigte **Leistungen zur Weiterführung des Haushalts**, wenn weder sie selbst, noch falls sie mit anderen Haushaltsangehörigen zusammenleben, diese den Haushalt führen können und die Weiterführung des Haushalts geboten ist. Die Leistungen sollen in der Regel nur vorübergehend erbracht werden; unbefristet sind sie zu erbringen, wenn durch die Leistungen die Unterbringung in einer stationären Einrichtung vermieden oder aufgeschoben werden kann oder unwahrscheinlich ist, dass die fehlende Fähigkeit, den Haushalt zu führen, behoben werden kann. Die Leistungen umfassen die persönliche Betreuung von Haushaltsangehörigen sowie die sonstige zur Weiterführung des Haushalts erforderliche Tätigkeit. Geschädigten sind die angemessenen Aufwendungen für eine haushaltsführende Person zu erstatten. Es können auch angemessene Beihilfen geleistet sowie Beiträge der haushaltsführenden Person für eine angemessene Alterssicherung übernommen werden, wenn diese nicht anderweitig sichergestellt ist. Ist neben oder anstelle der Weiterführung des Haushalts die Heranziehung einer besonderen Person zur Haushaltsführung erforderlich oder eine Beratung oder zeitweilige Entlastung der haushaltsführenden Person geboten, sind die angemessenen Kosten zu übernehmen. Die Leistungen können auch durch Übernahme der angemessenen Kosten für eine vorübergehende anderweitige Unterbringung von Haushaltsangehörigen erbracht werden, wenn diese Unterbringung in besonderen Fällen neben oder statt der Weiterführung des Haushalts geboten ist. Auch hier gilt das Wunsch- und Wahlrecht aus § 97.

Schließlich können Geschädigte nach § 96 auch **Leistungen in sonstigen Lebenslagen** erhalten, wenn diese den Einsatz öffentlicher Mittel unter Berücksichtigung der Ziele der Sozialen Entschädigung rechtfertigen. Eine sonstige Lebenslage setzt allerdings einen atypischen Bedarf voraus, nicht einfach nur eine Unterdeckung von Bedarfslagen, die im SGB XIV abgebildet sind. Die Behörde muss hier Ermessen ausüben (also kein gebundener Anspruch).

4.9 Leistungen für Überführung und Bestattung

Während das Sterbegeld nach dem früheren § 37 BVG in dieser Form künftig entfällt, wird § 36 BVG durch die neue Vorschrift des § 99 modifiziert; zudem wurden Teile der Neuerungen bereits ab dem 1.Juli 2018 im Rahmen einer Änderung dieser BVG-Norm vorgezogen.

§ 99 regelt die Übernahme von Kosten für Überführung (Abs. 1) und Bestattung (Abs. 2). Anspruchsberechtigter ist stets die Person, die die Überführung oder Bestattung veranlasst hat. Während für die Überführung die tatsächlich entstandenen Kosten an den Ort der Bestattung übernommen werden, soweit sie erforderlich und angemessen sind, sind die Bestattungskosten gedeckelt auf ein Siebtel der im Zeitpunkt des Todes geltenden jährlichen Bezugsgröße nach § 18 Abs. 1 SGB IV (Stand 2026: 47.460 Euro).

Voraussetzung ist aber jeweils, dass Geschädigte an den Schädigungsfolgen versterben. Nach Abs. 3 gilt der Tod stets als Schädigungsfolge, wenn Geschädigte an einer Gesundheitsstörung sterben, die als Schädigungsfolge anerkannt ist. Ansonsten ist der Kausalzusammenhang im Einzelfall nach der Theorie der wesentlichen Bedingung zu prüfen.

Nach Abs. 4 findet zudem unter Umständen eine Anrechnung einmaliger Leistungen statt, die anlässlich des Todes auf Grund öffentlich-rechtlicher Vorschriften zum Zweck der Übernahme der Kosten der Überführung und Bestattung erbracht werden.

Weiter werden nach Abs. 5 die Kosten der Überführung und Bestattung nicht übernommen, wenn die Voraussetzungen des § 16 oder des § 17 Abs. 1 in der Person der Geschädigten oder derjenigen Person, die die Überführung oder Bestattung veranlasst hat, vorliegen. Nach Abs. 6 können Leistungen bei Überführung und Bestattung ganz oder teilweise versagt werden, wenn die Voraussetzungen des § 17 Abs. 2 in der Person der Geschädigten oder derjenigen Person, die die Kosten veranlasst hat, vorliegen.

4.10 Härtefallregelung

§ 100 sieht eine Möglichkeit für einen Ausgleich in Härtefällen vor (ähnlich wie §§ 89, 64b Abs. 5 BVG nach altem Recht). Erforderlich dafür ist die Zustimmung der zuständigen Oberbehörde, welche nach Abs. 3 auch allgemein erteilt werden kann. Es handelt sich um keinen gebundenen Anspruch; vielmehr muss die Behörde Ermessen bei der Frage ausüben, ob der Härteausgleich gewährt werden soll.

Eine besondere Härte ist nach Abs. 2 gegeben, wenn der Ausschluss von Leistungen insgesamt oder der Ausschluss von einzelnen Leistungen dem Sinn und Zweck dieses Buches widerspricht. Damit kann es sich also um Fälle handeln, in denen überhaupt kein Leistungsanspruch besteht oder bei denen die bewilligten Leistungen nicht ausreichend erscheinen.

Die Norm ist restriktiv anzuwenden, was sich bereits aus der weiter genannten Voraussetzung ergibt, dass der Zustand bei Anwendung der Vorschriften des SGB XIV dem Sinn dieses Gesetzes (§ 1 Abs. 1) widersprechen muss. Nicht jede Lücke und nicht jede Anwendungsgrenze des SGB XIV können daher zur Anwendung des Härteausgleichs führen.

Erfolgt eine Gewährung des Härteausgleichs, ist nach dem Gesetz ein „angemessener Ausgleich" zu erbringen. Eine nähere Definition hierfür fehlt. Letztlich ist die Behörde in ihrer Entscheidung aber frei, solange das so Gewährte angemessen ist, was gerichtlich voll überprüfbar ist.[50])

4.11 Leistungen bei Wohnsitz im Ausland

Ausländer sind im Hinblick auf Ansprüche nach dem SGB XIV zwar mit Deutschen gleichgestellt, allerdings gilt für beide Gruppen, dass die Schädigung im Inland stattgefunden haben muss (falls im Ausland: vgl. § 102) und dass die Betroffenen ihren Wohnsitz oder gewöhnlichen Aufenthalt im Inland haben (§ 30 Abs. 1 SGB I: Territorialitätsprinzip). Dies entspricht dem allgemeinen Grundgedanken, dass kein „Leistungsexport ins Ausland" stattfinden soll. § 101 macht hiervon eine Ausnahme für „Inlandsgeschädigte", die aber im Ausland wohnen oder nach dem schädigenden Ereignis ins Ausland verziehen.

Weil es sich um eine Ausnahmeregelung handelt, erfolgt eine Leistung bei Wohnsitz im Ausland nur unter den eingeschränkten Bedingungen der einzelnen Absätze dieser Norm:

§ 101	Art der Leistung
Abs. 2	Schnelle Hilfen – aber Erbringung nur im Inland (Satz 1) Fahrtkostenerstattung zur nächstgelegenen Traumaambulanz (Satz 2)

[50]) B. Schmidt in: B. Schmidt, SGB XIV – Soziale Entschädigung, § 53 Rn. 4, der auch keinen Raum für ein Auswahlermessen bzgl. der Leistungen sieht, da die Angemessenheit das „Wie" der Leistungserbringung bestimme.

§ 101	Art der Leistung
Abs. 3	Beschränkte Kostenübernahme für medizinisch notwendige und angemessene Leistungen der Krankenbehandlung für Schädigungsfolgen im Umfang der §§ 42, 43 (Satz 1)
	Subsidiaritätsprinzip (= nur, falls keine anderweitige gesetzliche oder private Versicherung die Kosten deckt und keine staatlichen Leistungen im Ausland dafür gewährt werden, Satz 6)
	Auf Antrag Möglichkeit einer Inlandsbehandlung (Satz 3) mit Fahrtkostenerstattung (Satz 4)
	Möglichkeit der Zahlung eines Krankengeldes oder einer Beihilfe bei erheblicher Beeinträchtigung der Erwerbsgrundlage, falls im Ausland keine entsprechende staatliche oder versicherungsmäßige Leistung vorhanden (Satz 8)
Abs. 4	Bei Pflegebedürftigkeit Pflegegeld nach § 37 SGB XI (Satz 1)
	Kostenübernahme für ergänzende Leistungen nach § 75 Abs. 2 nur dann, wenn entsprechende Sachleistungen auch im Wohnsitzstaat vorgesehen sind (Satz 2)
Abs. 5	Leistungen bei Blindheit nach § 82
Abs. 6	Entschädigungszahlungen nach Kapitel 9
	Aber nur, soweit der Leistungszweck erreicht werden kann (nicht, wenn der Aufenthaltsstaat Zahlungen auf eigene Sozialleistungen ganz oder teilweise anrechnet, vgl. Satz 2)
	Und: auch keine Leistungen, wenn ein ausländischer Staat subsidiäre Leistungen als Entschädigung wegen eines schädigenden Ereignisses erbringt, das in Deutschland stattgefunden hat (Satz 3)
Abs. 7	Satz 1: Anspruch auf BSA ausgeschlossen
	Satz 2–4: Abfindungsmöglichkeit, wenn Wohnsitz erst nach dem schädigenden Ereignis ins Ausland verlegt wird
Abs. 8	Leistungen zum Lebensunterhalt nach § 93, soweit keine anderweitigen Leistungen für denselben Leistungszweck, insbesondere aus sozialen Sicherungs- und Fürsorgesystemen des Aufenthaltsstaates
Abs. 9	Leistungen zur Ausbildungsförderung nach § 94

Reicht das so eröffnete Leistungsspektrum im Einzelfall nicht aus, kann ggf. nach § 100 Antrag auf Härteausgleich gestellt werden.

Manche der oben dargestellten Leistungen sind nach dem Wortlaut des Gesetzes nur als Ermessensleistungen ausgestaltet („kann", „können", vgl. Abs. 3 Satz 3, Abs. 4 und 8). Hier wird teilweise vertreten, dass es sich gleichwohl um gebundene Ansprüche handele, weil sich der Gesetzgeber dazu nicht hinreichend klar ausgedrückt habe[51]); ob dies von der Rechtsprechung tatsächlich so ausgelegt werden wird, wird die Zukunft zeigen.

Bzgl. der Behördenzuständigkeit in solchen Fällen: vgl. Kapitel 6.1 und die Auslandszuständigkeitsverordnung (AuslZustV).

4.12 Besonderheiten für einzelne Entschädigungstatbestände

§ 102 regelt als Nachfolgenorm des bisherigen § 3a OEG die Ansprüche bei **Gewalttaten im Ausland**. Diese Art der Leistungsgewährung durchbricht den Grundgedanken der Opferentschädigung insofern, als der deutsche Staat bei Taten im Ausland kein Gewaltmonopol besitzt; Kerngedanke dieser Normen ist damit vorrangig der Fürsorgegedanke[52]).

Der berechtigte Personenkreis ergibt sich aus § 15: Es bedarf eines gewöhnlichen und rechtmäßigen Aufenthalts im Inland und eines maximalen Aufenthalts im Ausland zum Tatzeitpunkt für einen vorübergehenden Zeitraum von längstens sechs Monaten (die Frist verlängert sich auf ein Jahr, wenn der Auslandsaufenthalt dem Besuch einer Schule, Hochschule, der Berufsausbildung oder der Leistung eines Freiwilligen Dienstes dient).

Der Leistungumfang bleibt weiter eingeschränkt, allerdings finden sich Verbesserungen im Vergleich zum früheren Recht des OEG:

§ 102	Umfang der Leistungen
Abs. 2	Schnelle Hilfen – aber Erbringung nur im Inland (Satz 1) Fahrtkostenerstattung zur nächstgelegenen Traumaambulanz (Satz 2)

[51]) B. Schmidt in: B. Schmidt, SGB XIV – Soziale Entschädigung, § 101 Rn. 19, 22, 29.

[52]) BT-Drs. 19/13824, S. 215.

§ 102	Umfang der Leistungen
Abs. 3	Krankenbehandlung nur im Inland (Satz 1) Bei akutem Behandlungsbedarf unmittelbar nach der Tat im Ausland: Kostenübernahme nach § 51 möglich (Satz 2)
Abs. 4	Anstelle von monatlichen Entschädigungszahlungen: Einmalzahlungen GdS 30 und 40: 2.941 Euro GdS 50 und 60: 8.820 Euro GdS 70 und 80: 14.700 Euro GdS 90: 23.521 Euro GdS 100: 32.342 Euro
Abs. 5	Einmalzahlung an Hinterbliebene bei schädigungsbedingtem Tod: Halbwaisen: 2.941 Euro Vollwaisen: 3.958 Euro Weitere Hinterbliebene.: 8.820 Euro
Abs. 6	Schnelle Hilfen im Inland auch für Angehörige und Hinterbliebene
Abs. 7	Anrechnungsvorschriften auf Leistungen nach Abs. 3–6 für Leistungen aus anderen öffentlichen oder privaten Sicherungs- oder Versorgungssystemen (insb. auch im Tat-Auslandsstaat)
Abs. 8	Satz 1: Zügige Leistungserbringung auch bei im Ausland laufenden Verfahren Satz 2: Versagungsmöglichkeit, wenn im Tat-Ausland kein Antrag auf Leistungen für Gewaltopfer gestellt wir

Nach § 103 erhalten Zivildienstgeschädigte bei Vorliegen der Voraussetzungen nach § 23 nach Beendigung des Dienstverhältnisses Leistungen der Sozialen Entschädigung, während des Dienstverhältnisses Leistungen des Kapitels 4 Abschnitt 3 und des Kapitels 9 Abschnitt 1. Nach § 104 kann unter bestimmten Voraussetzungen auch das Krankengeld der SozE bezogen werden.

5 Einsatz von Einkommen und Vermögen, Leistungsdynamisierung

5.1 Einkommens- und Vermögenseinsatz

Grundsätzlich erfolgt für Leistungen der SozE keine Anrechnung von Einkommen und Vermögen. Eine Ausnahme von diesem Grundsatz bestimmt § 105 Abs. 1, der **für die Besonderen Leistungen** im Einzelfall nach Kapitel 11 mit Ausnahme der Leistung zur Förderung einer Ausbildung nach § 94 eine Berücksichtigung anordnet. Nach Auffassung des Gesetzgebers gilt die Pflicht zum Einkommens- und Vermögenseinsatz auch für unterhaltssichernde Leistungen nach § 64 Abs. 3.[53])

Besteht der Bedarf dagegen **ausschließlich** schädigungsbedingt, gilt dies nach § 105 Abs. 3 wiederum nicht. Für alle anderen Fälle enthält Abs. 4 noch ein „Hintertürchen": Leistungen der Sozialen Entschädigung dürfen nicht vom Einsatz von Einkommen oder dem Einsatz oder der Verwertung von Vermögen abhängig gemacht werden, soweit dies im Einzelfall bei Berücksichtigung der besonderen Lage derjenigen Person, die Einkommen oder Vermögen einzusetzen oder zu verwerten hat, oder für ihre unterhaltsberechtigten Angehörigen unbillig wäre.

Die **Regelungssystematik**: Für den Begriff und den Einsatz von Einkommen und Vermögen sowie die Verpflichtungen anderer gelten Kapitel 11 des SGB XII sowie die hierzu erlassenen Verordnungen entsprechend, soweit in den folgenden Vorschriften nichts Abweichendes geregelt ist (§ 105 Abs. 2).

Eine Übersicht zu den abweichenden Vorschriften:

Vom SGB XII (teils) abweichende Regelung im SGB XIV	
§ 106	Vorschriften zur (Nicht-)Berücksichtigung von Einkommen
§ 107	Definition einer Einkommensgrenze, ab deren Überschreiten Einkommen erst einzusetzen ist
§ 108	Vorschriften zur (Nicht-)Berücksichtigung von Vermögen

53) BT-Drs. 19/13824, S. 216.

Vom SGB XII (teils) abweichende Regelung im SGB XIV	
§ 109	Verordnungsermächtigung zum Erlass von Rechtsverordnungen mit Bestimmungen, welche weiteren Einkünfte nicht als Einkommen zu berücksichtigen sind und wie das Einkommen im Einzelnen zu berechnen ist, welche Beträge von dem Einkommen abzusetzen sind sowie welche Vermögensgegenstände als Schonbeträge zu berücksichtigen und in welcher Höhe kleinere Barbeträge oder sonstige Geldwerte nicht als Vermögen einzusetzen oder zu verwerten sind: EVV – Verordnung zum Einkommen und Vermögen im SGB XIV

5.2 Anpassungssystem für Entschädigungszahlungen

Aufgrund des Entfalls u. a. der früheren Ausgleichsrenten hat sich das Anpassungssystem für Entschädigungszahlungen **(Dynamisierung)** vereinfacht: Eine Anpassung erfolgt nach § 110 Abs. 1 jeweils entsprechend dem Prozentsatz, um den sich der aktuelle Rentenwert in der gesetzlichen Rentenversicherung verändert. Regelungstechnisch wird hierzu jeweils eine Rechtsverordnung erlassen (Abs. 3).

Anpassungen wirken sich nach Abs. 4 aber nicht auf bereits ausgezahlte Leistungen aus, insbesondere nicht auf die **Abfindung** nach den §§ 84, 86.

6 Organisation, Durchführung und Verfahren (Zuständigkeiten und Nachweisanforderungen)

6.1 Zuständigkeiten

Nach § 111 sind die Länder die Träger der SozE. Sie bestimmen daher nach § 112 die nach Landesrecht sachlich zuständigen ebenso wie nach § 113 Abs. 1 die örtlich zuständigen Behörden. Die weiteren Absätze regeln dies detaillierter für einzelne Entschädigungstatbestände:

Für die **Opfer beider Weltkriege** sowie für die **Opfer von Gewalttaten** gilt grundsätzlich das Wohnsitz- bzw. Aufenthaltsorts-Prinzip (§ 30 SGB I). Treffen Ansprüche aus mehreren Schädigungen dagegen zusammen, ist nach § 8 Abs. 2 ein einheitlicher GdS festzusetzen; nach § 113 Abs. 3 ist dafür das Land zuständig, das über die Ansprüche aus dem letzten schädigenden Ereignis entscheidet.

Für **Zivildienstgeschädigte** ist nach Abs. 4 dasjenige Land zuständig, in dem die antragstellende Person zum Zeitpunkt des Dienstbeginns ihren Wohnsitz, bei Fehlen eines Wohnsitzes ihren gewöhnlichen Aufenthalt hat.

Im Bereich des **Impfschadenrechts** ist nach Abs. 5 dasjenige Land zuständig, in dem die ursächliche Schutzimpfung oder andere Maßnahme der spezifischen Prophylaxe vorgenommen wurde. Wurde die ursächliche Schutzimpfung oder andere Maßnahme der spezifischen Prophylaxe im Ausland vorgenommen, ist dasjenige Land zuständig, in dem die Antragsteller zum Zeitpunkt der Antragstellung ihren Wohnsitz, bei Fehlen eines Wohnsitzes ihren gewöhnlichen Aufenthalt haben.

Haben Anspruchsberechtigte ihren Wohnsitz oder gewöhnlichen Aufenthalt**im Ausland**, wird das BMAS durch Abs. 6 zum Erlass einer Rechtsverordnung zur Regelung der örtlichen Zuständigkeit ermächtigt (vgl. Auslandszuständigkeitsverordnung – AuslZustV).

6.2 Verfahren

Das Verfahrensrecht des SGB XIV lässt sich grob in vier Subtypen unterscheiden:

Übersicht zu den Verfahren	
§ 115	Erleichtertes Verfahren (nur für Schnelle Hilfen)
§ 116	Weiteres Verfahren (Regelverfahren für alle anderen Leistungen)

Übersicht zu den Verfahren	
§ 119 Abs. 1	Vorzeitige Leistungen (nur bzgl. Krankenbehandlung sowie Leistungen zur Teilhabe und Besondere Leistungen im Einzelfall)
§ 119 Abs. 2	Vorläufige Entscheidungen

Die §§ 115, 116 regeln in Teilen abweichend von den Vorschriften des SGB X das spezielle Verwaltungsverfahren für die Schnellen Hilfen. Dabei wird unterschieden zwischen dem Erleichterten Verfahren und dem weiteren Verfahren.

Ziel des **Erleichterten Verfahrens** ist es, die Hilfen so schnell und so unbürokratisch wie möglich zu den Betroffenen zu bringen, weswegen „in der Regel"[54]) im Erleichterten Verfahren entschieden wird. Dabei genügt es nach § 115 Abs. 2 zunächst, wenn eine summarische Prüfung ergibt, dass die antragstellende Person nach dem Recht der Sozialen Entschädigung anspruchsberechtigt sein kann. Der im Antrag dargelegte Sachverhalt ist als wahr zu unterstellen, wenn nicht dessen Unrichtigkeit offensichtlich ist. Abs. 3 präzisiert dies noch einmal, wenn er klarstellt, dass im Erleichterten Verfahren weder eine Feststellung über die Richtigkeit oder Unrichtigkeit des vorgetragenen Sachverhalts noch über das Bestehen oder Nichtbestehen weiterer, über die Schnellen Hilfen hinausgehende Ansprüche getroffen wird.

Erst zeitlich nach der Entscheidung im Erleichterten Verfahren wird gemäß § 116 Abs. 1 im **Weiteren Verfahren** geprüft, ob (weitere) Ansprüche auf Leistungen der Sozialen Entschädigung bestehen, es sei denn, die antragstellende Person hat den Antrag ausdrücklich auf Schnelle Hilfen beschränkt. Ergibt die weitere Prüfung, dass keine Leistungsansprüche der Sozialen Entschädigung bestehen, wird der Antrag abgelehnt (Abs. 2); zugleich wird der Verwaltungsakt, der zuvor im Erleichterten Verfahren ergangen ist, mit Wirkung für die Zukunft widerrufen (dies schließt Kostenerstattungsansprüche für

[54]) Der Begriff „in der Regel" ist dabei nicht so zu verstehen, dass für die Behörde ein intendiertes Ermessen besteht, im Erleichterten Verfahren zu entscheiden. Gemeint ist nach dem Willen des Gesetzgebers vielmehr, dass die Behörden nur in einfach gelagerten, eindeutigen Ausnahmefällen, in denen ohne zeitliche Verzögerung insgesamt über die in Frage kommenden Ansprüche der Sozialen Entschädigung entschieden werden kann, auch im regulären Verfahren auch über die Leistungen der Schnellen Hilfen entschieden werden kann (vgl. BT-Drs. 19/13824, S. 220).

vergangene Leistungen der Schnellen Hilfen aus)[55]). Ergibt die weitere Prüfung, dass Leistungsansprüche der Sozialen Entschädigung bestehen, erging im Erleichterten Verfahren aber ein nicht begünstigender Verwaltungsakt, wird der im Erleichterten Verfahren ergangene Verwaltungsakt widerrufen und über den Antrag neu entschieden (Abs. 3).

Im Übrigen gelten die **Verfahrensvorschriften des SGB X**, insbesondere der Untersuchungsgrundsatz aus § 20 SGB X (Amtsermittlungspflicht der Behörden) und die Vorschriften der §§ 20 ff. SGB X über Beweismittel. Ebenso sind die **Vorschriften des SGB I** anzuwenden, insbesondere zu den Mitwirkungspflichten nach §§ 60 ff. SGB I.

§ 21 SGB X wird im SGB XIV ergänzt durch § 118: Mit Einwilligung der antragstellenden Person kann die zuständige Verwaltungsbehörde nach Abs. 1 insbesondere Einblick in ärztliche Unterlagen nehmen. Nach Abs. 2 ist die Verwaltungsbehörde befugt, auch von Auskunftspersonen (Zeugen) eine eidesstattliche Versicherung zu verlangen, dass sie nach bestem Wissen die reine Wahrheit gesagt und nichts verschwiegen haben. In gleicher Weise kann von den Sachverständigen die eidesstattliche Versicherung verlangt werden, dass sie das Gutachten unparteiisch und nach bestem Wissen erstattet haben. Abs. 3 schließlich erweitert die Möglichkeiten von Amtsermittlungsgesuchen, wenn die Anhörung vor den zuständigen Verwaltungsbehörden mit Schwierigkeiten verbunden ist (wegen der Entfernung oder bei Gefahr im Verzug).

§ 119 regelt nunmehr die Möglichkeit vorzeitiger Leistungen (bisher § 10 Abs. 8 BVG) und vorläufiger Entscheidungen (bisher § 22 Abs. 4 KOVVFG).

Im Rahmen der vorzeitigen Leistungen können bestimmte Leistungen schon erbracht werden, bevor die Anspruchsvoraussetzungen nach § 4 festgestellt sind (insbesondere in einfach gelagerten Fällen). Auch wenn dann noch nicht alle weiteren Prüfungen (z. B. Begutachtungsverfahren) abgeschlossen sind, kann (Ermessen!) der Träger der SozE den Geschädigten Leistungen der Krankenbehandlung erbringen; weitergehend als das frühere Recht können aber zudem auch Leistungen zur Teilhabe und Besondere Leistungen im Einzelfall gewährt werden.

---

[55]) Auch § 115 Abs. 5 schlägt in dieselbe Kerbe: Die Kosten für die ersten beiden Sitzungen in der Traumaambulanz sowie die erste Kontaktaufnahme durch das Fallmanagement werden stets getragen, selbst wenn Ansprüche nicht bestehen (nicht einmal im Erleichterten Verfahren).

Vorläufige Leistungen können (Ermessen!) dann gewährt werden, wenn nach dem aktuellen Stand der Ermittlungen über den Anspruch oder dessen Umfang noch nicht endgültig entschieden werden kann, wenn allerdings dennoch schon die Voraussetzungen für die Bewilligung einzelner Leistungen mit Wahrscheinlichkeit gegeben sind. Voraussetzung hierfür sind ein Antrag auf vorläufige Entscheidung und ein berechtigtes Interesse (Satz 2). Bescheidtechnisch sind Umfang und Grund der Vorläufigkeit explizit anzugeben (Satz 3). Nach Abschluss der Ermittlungen ist unverzüglich die endgültige Entscheidung zu treffen, die den vorläufigen Bescheid ersetzt[56]).

6.3 Nachweisanforderungen

Im Bereich des SGB XIV gilt grundsätzlich nichts anderes als sonst im Bereich des Sozialrechts: Grundsätzlich trägt die **objektive Beweislast** für eine Tatsache derjenige, dem diese günstig ist, d. h. im Bereich der anspruchsbegründenden Tatsachen die Antragsteller.

Die Beweismaßstäbe der SozE lassen sich in folgender Übersicht schematisch grob darstellen:

Grundtatbestand (schädigendes Ereignis)	
Grundsatz	Vollbeweis
Ausnahme bei Beweisnotstand	Glaubhaftmachung nach § 117
Medizinische Voraussetzungen	
Grundsatz	Primärschädigung und Sekundärschädigung: → Vollbeweis Kausalzusammenhänge: → Wahrscheinlichkeit
Ausnahme bei Kannversorgung	Primärschädigung und Sekundärschädigung: → Vollbeweis Kausalzusammenhang 1: → Wahrscheinlichkeit

[56]) Besteht dabei ein umfangreicherer Anspruch als vorläufig gewährt, haben Nachzahlungen zu erfolgen. Besteht demgegenüber ein geringerer oder überhaupt kein Leistungsanspruch, sind die erhaltenen Leistungen zurückzuzahlen, ohne dass Vertrauensschutz eine Rolle spielt.

Grundtatbestand (schädigendes Ereignis)	
	Kausalzusammenhang 2: → Gute Möglichkeit

Bereits in Kapitel 3.3 wurden die Beweisanforderungen an die medizinischen „Kausalketten" näher dargestellt.

Im Bereich der schädigenden Tatbestände wird grundsätzlich ebenfalls der Vollbeweis für den anspruchsbegründenden Sachverhalt (den Grundtatbestand) verlangt. Vollbeweis bedeutet auch hier, dass eine Tatsache mit an Sicherheit grenzender Wahrscheinlichkeit nachgewiesen sein muss. Für diesen Beweisgrad ist es zwar nicht notwendig, dass die erforderlichen Tatsachen mit absoluter Gewissheit feststehen. Ausreichend ist ein so hoher Grad der Wahrscheinlichkeit, dass kein vernünftiger, den Sachverhalt überschauender Mensch mehr am Vorliegen der Tatsachen zweifelt, d. h., dass die Wahrscheinlichkeit an Sicherheit grenzt.[57])

§ 117 schafft aber – als Nachfolgenorm des § 15 KOVVFG – weitergehende **Beweiserleichterungen**, die aber davon abhängig sind, dass ein sogenannter Beweisnotstand besteht: Sind Beweismittel nicht vorhanden oder nicht zu beschaffen oder ohne Verschulden der antragstellenden Person oder ihrer Hinterbliebenen verloren gegangen, so sind die Angaben der antragstellenden Person, die sich auf die mit der Schädigung im Zusammenhang stehenden Tatsachen beziehen, der Entscheidung zugrunde zu legen, soweit sie nach den Umständen des Falles glaubhaft erscheinen. Nach Abs. 2 ist eine Tatsache glaubhaft, wenn bei mehreren ernstlich in Betracht zu ziehenden Möglichkeiten das Vorliegen einer davon relativ am wahrscheinlichsten ist, weil nach Gesamtwürdigung aller Umstände besonders viel für diese Möglichkeit spricht. Hierzu kann die Verwaltungsbehörde nach Abs. 3 von der antragstellenden Person in besonderen Fällen die Abgabe einer eidesstattlichen Versicherung verlangen (Anmerkung: und nach § 118 Abs. 2 auch von anderen Auskunftspersonen, s. o.).

Ein Beweisnotstand[58]) liegt auch dann vor, wenn im Bereich der Gewaltopferentschädigung der mutmaßliche Täter die Tat bestreitet oder von seinem Aussageverweigerungsrecht Gebrauch macht. Glei-

57) Zum Ganzen: BSG, Urteil vom 15.12.1999 – B 9 VS 2/98 R; BSG, Urteil vom 28.06.2000 – B 9 VG 3/99 R; BSG, Urteil vom 05.05.1993 – 9/9a RV 1/92.

58) Vgl. zum Ganzen: BSG, Urteile vom 17.04.2013 – B 9 V 1/12 R sowie B 9 V 3 /12 R.

ches gilt für Zeugen, die zwar vorhanden sind, aber ggf. ebenfalls von ihrem Zeugnisverweigerungsrecht Gebrauch machen. Nach dem Willen des Gesetzgebers kann dies auch dann der Fall sein, wenn die Ladung des mutmaßlichen Täters für die geschädigte Person nicht zumutbar ist, etwa in Missbrauchsfällen.[59])

Bereits zur Vorgängervorschrift des § 15 KOVVFG wurde – dem Grunde nach auch zutreffend – angenommen, dass die Beweiserleichterung nur dann anwendbar sei, wenn eine "apriorische Ohnmacht" des Betroffenen besteht, geeignete Beweismittel außer der eigenen Einlassung beizubringen, wenn **also von vornherein keine Nachweismöglichkeit** mithilfe anderer Beweismittel als der Einlassung des Betroffenen besteht.[60]) Der Einwand wird von Behördenseite häufig erhoben, wenn Antragsteller in unverjährter Zeit keinen Strafantrag gestellt haben oder OEG-Anträge erst stellen, wenn die beschuldigten Täter oder andere Zeugen bereits verstorben sind.

Diese objektive Betrachtungsweise ist allerdings **um eine subjektive Verschuldenskomponente zu ergänzen**, wenn es zwar zu einem bestimmten Zeitpunkt Beweismittel gab oder hätte geben können (also z. B. zu einem Zeitpunkt, in dem der Beschuldigte noch lebte und daher hätte befragt werden können, oder zu einem Zeitpunkt, in dem noch keine strafrechtliche Verjährung eingetreten war und deshalb ein Strafantrag hätte gestellt werden können), diese Beweismittel aber später durch Zeitablauf weggefallen sind (z. B. durch den Tod des Beschuldigten oder durch Eintritt der strafrechtlichen Verjährung) und Betroffene erst dann einen Antrag nach dem OEG stellen. Das bedeutet, dass eine Verstärkung der Beweisnot jedenfalls dann zu Lasten der Antragsteller geht, wenn kein Grund bestand, den Antrag nicht schon in einer Zeit zu stellen, als noch bessere Beweismöglichkeiten bestanden.[61])

Hierbei sind für die Frage, ob eine **Strafanzeige (subjektiv) möglich und zumutbar** ist, alle relevanten Umstände zu berücksichtigen und einer umfassenden abschließenden Würdigung zu unterziehen:[62])

---

[59]) Vgl. BT-Drs. 19/13824, S. 220.

[60]) BayLSG, Urteil vom 22.11.2011 – L 15 VG 15/10.

[61]) So im Recht der Kriegsopferentschädigung: BSG, Urteil vom 13.12.1994 – 9/9a RV 9/92; auf dem Gebiet der Opferentschädigung: Landessozialgericht Rheinland-Pfalz, Urteil vom 29.06.2016 – L 4 VG 2/16; ebenso Landessozialgericht Rheinland-Pfalz, Urteil vom 27.01.2016 – L 4 VS 6/14 im Bereich der Soldatenentschädigung.

[62]) Vgl. dazu ausführlich: SG Regensburg, Urteil vom 18.09.2018 – S 13 VG 23/17.

Umstände der Gesamtwürdigung	
Persönliche Umstände	Ermittlung, ob eine Strafanzeige aus persönlichen Gründen unmöglich oder unzumutbar war: ▪ Krankheitsbedingte Beeinträchtigungen, die eine Anzeigenerstattung ausschließen oder unzumutbar machen (insbesondere bei psychischen Erkrankungen die glaubhafte Gefahr einer Verschlimmerung o. Ä.) ▪ Konkrete akute und glaubhafte Bedrohungs- oder Gefährdungslage seitens des Beschuldigten (oder Dritter), die eine Anzeigenerstattung unzumutbar machen
Umfeld-Umstände	Auch mittelbare Umfeld-Umstände können die Zumutbarkeit einer Strafanzeige ausschließen: ▪ Bei minderjährigen Betroffenen: mangelnde Unterstützung seitens der Erziehungsberechtigten ▪ Abwägungsrelevant: nahe liegende familiäre Folgen für das Opfer bei Anzeigeerstattung (vor allem, wenn der Beschuldigte ebenfalls Familienmitglied ist) ▪ Abwägungsrelevant: etwaige gesellschaftliche Folgen für das Opfer im Falle einer Anzeigenerstattung (Dies betrifft insbesondere Zeiten, in denen allein das Ansprechen von Sexualdelikten ein gesellschaftliches Tabu darstellte oder das Opfer der Gefahr einer gesellschaftlichen Ausgrenzung ausgesetzt gewesen wäre.)
Rechtliche Umstände	▪ Bereits eingetretene strafrechtliche Verjährung (wenn eine frühere Anzeigenerstattung in nicht verjährter Zeit unzumutbar war)

Umstände der Gesamtwürdigung	
	■ Tod des Beschuldigten (die Staatsanwaltschaft leitet in derartigen Fällen kein Ermittlungsverfahren ein) ■ Abwägungsrelevant: bestehende Zeugnisverweigerungsrechte der Antragsteller selbst bei Taten von Familienangehörigen
Gesamtabwägung der Umstände	Alle diese Umstände führen nicht für sich gesehen zu einer automatischen Verneinung des „Verschuldens eines Beweisnotstands". Vielmehr: Gesamtabwägung aller Umstände des Einzelfalls zu der Frage, ob die Erstattung einer Strafanzeige oder eine frühere OEG-Antragstellung möglich und zumutbar gewesen wäre

Diese Auslegung ergibt sich bereits aus dem Begriff „ohne Verschulden" im früheren § 15 KOVVFG bzw. jetzt in § 117: Verschulden setzt neben der reinen Kausalität auch eine Vorwerfbarkeit voraus, für die stets ein subjektiver Bewertungsmaßstab gilt. Auch der Gesetzgeber des SGB XIV legt diese Auffassung dem neu geschaffenen § 117 zugrunde, wenn er die Beweiserleichterung auch für Fälle angewendet sehen will, in denen die „Ladung des Täters für die geschädigte Person nicht zumutbar ist, etwa in Missbrauchsfällen"[63]).

Diese Auffassung orientiert sich an der Rechtsprechung des Bundessozialgerichts zur Leistungsversagung nach § 2 Abs. 2 OEG a. F: Während dort die genannten Abwägungskriterien im Rahmen der Ermessensausübung („können") zu berücksichtigen waren, fließen diese bei § 117 in die Beurteilung des Verschuldens ein.

[63]) Vgl. BT-Drs. 19/13824, S. 220.

6.4 Sonstiges

§ 120 regelt Ansprüche gegen Schadensersatzverpflichtete, d. h. den Regress gegen die Täter. Denn grundsätzlich gehen diese Ansprüche der Betroffenen auf den Staat nach § 116 SGB X über. Sie dürfen nach § 120 Abs. 2 aber nicht zum Nachteil der Berechtigten durchgesetzt werden. Zudem kann von einem Regress nach Abs. 3 abgesehen werden, wenn er keinen Erfolg verspricht (z. B. vom Täter ohnehin „nichts zu holen" ist).

In § 121 geht es um Erstattungsansprüche des Trägers der SozE gegenüber anderen öffentlich-rechtlichen Leistungsträgern, die nicht Leistungsträger im Sinne von § 12 SGB I sind (der Gesetzgeber nennt hier z. B. Beihilfestellen der öffentlich-rechtlichen Arbeitgeber sowie öffentlich-rechtlich konstituierte berufsständische Versicherungen). Die Vorschrift ergänzt damit die §§ 102 ff. SGB X und § 16 SGB IX.[64])

Schließlich erklärt § 122 die Regelungen des § 118 Abs. 3–4a SGB VI für anwendbar, wenn der Träger der SozE Geldleistungen für die Zeit nach dem Tod der Berechtigten zu Unrecht erbracht hat (etwa, wenn der Tod zu spät gemeldet wurde oder Zahlläufe nicht mehr schnell genug gestoppt werden konnten).

[64]) Zum Ganzen: BT-Drs. 19/13824, S. 222.

7 Übergangsrecht, Besitzstandregelungen, Sonstiges

7.1 Übergangsrecht und Besitzstandregelungen

Nachdem es zwischen dem alten und neuen Recht durchaus teilweise erhebliche Unterschiede gibt, die sowohl die Höhe der Einzelleistungen als auch die Anspruchsberechtigung dem Grunde nach beeinflussen, regeln die §§ 137 bis 141 die maßgeblichen Übergangsvorschriften.

Dabei gilt nach § 137 zunächst der allgemeine Grundsatz, dass das SGB XIV für Anträge auf Leistungen der Sozialen Entschädigung gilt, die ab dem 1. Januar 2024 gestellt werden (**Antragsprinzip**). Weil dieses einfache Abgrenzungskriterium in der Praxis aber dazu führen könnte, dass es zu ungerechtfertigten Besserstellungen kommt[65]), sind in den weiteren Vorschriften abweichende Regelungen enthalten.

Im Bereich der Entschädigung von Gewaltopfern könnte es beispielsweise geschehen, dass eine psychische Gewalttat im Jahr 2022 stattfand, der Antrag aber erst im Jahr 2024 gestellt wird. Nachdem im OEG keine Verjährung existiert, würde nach der Grundregel des § 137 eigentlich das SGB XIV greifen. Dies stellt diese Opfer aber besser also solche, die bereits 2022 oder 2023 einen Antrag nach dem OEG stellten: denn diese können nicht entschädigt werden (vgl. hierzu oben Teil 2.1.).

Deswegen ersetzt § 138 im Bereich der Opferentschädigung das Antragsprinzip durch das **Tatzeitpunktprinzip**.[66]) Grob gesagt: „Altfälle" mit Gewalttaten bis 2023, für die bis 2023 ein Antrag gestellt wurde oder sogar ein bestandskräftiger Bescheid vorliegt, werden gem. § 142 Abs. 1 und 2 grundsätzlich nach altem Recht behandelt (sie erhalten ggf. Besitzstandswahrung oder können das Wahlrecht ausüben). „Altfälle" mit Gewalttaten bis 2023, für die erst ab 2024 ein Antrag gestellt wird, werden nur dann nach dem neuen Recht behandelt, wenn auch nach altem Recht ein Anspruch dem Grunde nach bestand.

---

[65]) So könnten Stalkingopfer aus der Vergangenheit durch eine verzögerte Antragstellung erst ab dem 01.01.2024 unter das SGB XIV fallen. Dies verhindert u. a. § 138.

[66]) Braun in: Schlegel/Voelzke, jurisPK-SGB XIV, 2. Aufl., § 138 OEG Rn. 4, 6.

Zeitlicher Anwendungsbereich des OEG bzw. SGB XIV	
Tatzeitraum	**Antragstellung ab dem 01.01.2024**
Ab 01.01.2024	Ausschließlich nach dem SGB XIV
Zwischen dem 16.05.1976 und dem 31.12.2023	§ 138 Abs. 1: Nach dem SGB XIV, wenn ■ Erfüllung der OEG-Voraussetzungen in der Fassung des Tatzeitpunkts Für Hinterbliebene: § 138 Abs. 2
Zwischen dem 23.05.1949 und dem 15.05.1976	§ 138 Abs. 3: Nach dem SGB XIV, wenn ■ Erfüllung der OEG-Voraussetzungen in der Fassung des Tatzeitpunkts (= § 10a OEG) ■ GdS von mindestens 50 allein infolge dieser Schädigung ■ Bedürftigkeit besteht ■ Wohnsitz oder gewöhnlicher Aufenthalt im Inland Für Hinterbliebene: § 138 Abs. 4 Für Gewalttaten im Gebiet der DDR: vgl. § 138 Abs. 5
Vor dem 23.05.1949	Keine Ansprüche denkbar, § 138 Abs. 6 (weder nach OEG noch nach SGB XIV)

Zeitlicher Anwendungsbereich des OEG bzw. SGB XIV	
Tatzeitraum	**Antragstellung (und/oder bestandskräftiger Leistung) vor dem 01.01.2024**
Zwischen dem 16.05.1976 und dem 31.12.2023	§ 1 OEG; ggf. Besitzstandswahrung nach §§ 142 ff.
Zwischen dem 23.05.1949 und dem 15.05.1976	§ 10a OEG; ggf. Besitzstandswahrung nach §§ 142 ff.
Vor dem 23.05.1949	Keine Ansprüche denkbar (weder nach OEG noch nach SGB XIV)

Eine – für die Praxis durchaus wichtige – Regelung hält § 138 Abs. 1 Satz 2 bereit: Wurde die Schädigung durch mehrere Taten herbeigeführt, findet § 138 Anwendung, wenn die letzte Tat in dem in Satz 1 genannten Zeitraum stattgefunden hat. Über den Sinn dieser Vorschrift wird sicher trefflich gestritten werden, zumal der Gesetzgeber in der Begründung kein Wort dazu verliert. Zunächst einmal deutet der Begriff „die Schädigung" darauf hin, dass es dabei um Mehrfachtaten gehen muss, bei denen nicht klar ist, welche Einzeltaten daraus zu einer konkret abgrenzbaren Primärschädigung geführt haben.[67]) Ob hiermit das (strafrechtlich mittlerweile obsolete) Konstrukt der fortgesetzten Handlung gemeint ist, ist fraglich. Jedenfalls nicht gemeint sind voneinander abgrenzbare, nebeneinanderstehende Taten ohne inneren Bezug zueinander[68]); hier erfolgt die Zuordnung zu altem oder neuem Recht nach § 138 Abs. 1 Satz 1. Maßgeblich wird vielmehr sein, ob diese Mehrfachtaten bei objektiver Betrachtung als einheitliche Gewalttaten mit innerem Zusammenhang (Tatmuster, Täter, engere Tatumstände)[69]) erscheinen. Vor allem Fälle der Vernachlässigung von Kindern oder auch zeitlich längere Stalkingfälle können hiervor betroffen sein. Neues Recht kommt dann zur Anwendung, wenn der letzte Teilakt ab dem 1. Januar 2024 passiert. Umgekehrt ist dann keine Entschädigung möglich, wenn alle

[67]) Kerner in: B. Schmidt, SGB XIV – Soziale Entschädigung, § 138 Rn. 6b.

[68]) Braun in: Schlegel/Voelzke, jurisPK-SGB XIV, 2. Aufl., § 138 OEG Rn. 19.

[69]) So explizit Braun in: Schlegel/Voelzke, jurisPK-SGB XIV, 2. Aufl., § 138 OEG Rn. 20.

Teilakte vor dem 1. Januar 2024 geschahen und wenn schon nach altem Recht keine Entschädigungsmöglichkeit bestand.[70])

Solche – aber zum Glück inhaltlich einfachere – Sonderregelungen gibt es auch für die **drei anderen Grundtatbestände** der SozE:

Sonderregelungen	
Kriegsopfer beider Weltkriege	§ 139: Leistungen nach dem SGB XIV, wenn BVG-Voraussetzungen vorlagen
Zivildienstgeschädigte	§ 140: Leistungen nach dem SGB XIV, wenn ZDG-Voraussetzungen vorlagen
Impfschadensrecht	§ 141: Leistungen nach dem SGB XIV, wenn Voraussetzungen des § 60 IfSG vorlagen

In den Fällen aber, in denen keine Leistungen nach dem SGB XIV gewährt werden, kann unter Umständen eine große Lücke klaffen; umgekehrt gibt es im SGB XIV manche Einzelleistungen aus dem BVG überhaupt nicht mehr. Um diesen Fallgestaltungen gerecht zu werden, erhalten die betroffenen Personen einen Schutz über eine Besitzstandswahrung mit gewissen Dynamisierungen (§ 142 Abs. 1 und 2) .

Wer danach im alten Recht bleiben will, muss die Sonderregelungen der §§ 143 bis 148 beachten. Für die besonders wichtigen Geldleistungen sieht § 144 Abs. 1 Satz 1 vor, dass die bisher bezogenen Leistungen künftig als monatlicher Betrag in einer Summe gezahlt werden. Dabei werden die in Satz 2 genannten Leistungen (u. a. auch die Grund- und Ausgleichsrenten) nach Satz 3 **pauschal um 25 Prozent erhöht**. Eine künftige Dynamisierung erfolgt durch Rechtsverordnung (Grundlage: § 150).

„Besitzständler" nach altem Recht können eine **Neufeststellung** betreiben, d. h. einen Verschlimmerungsantrag stellen, der dann aber nach neuem Recht beurteilt wird (§ 149 Abs. 1 Satz 1). Auch der Träger der SozE kann (Ermessen!) von Amts wegen eine Neufeststellung vornehmen (Satz 2). Führt eine beantragte Neufeststellung zu einem niedrigeren Leistungsumfang nach dem SGB XIV, bewahrt § 149 Abs. 2 Satz 1 die Berechtigten vor den finanziellen Folgen und ordnet

[70]) Kerner in: B. Schmidt, SGB XIV – Soziale Entschädigung, § 138 Rn. 7.

gleichwohl die Weitergeltung des Besitzstandes an; dies gilt nach Satz 2 wiederum dann nicht, wenn sich die Minderung der Leistungen aus der Verringerung des GdS ergibt (Besserungsfälle).

Die Berechtigten nach § 142 können gem. § 152 Abs. 1 aber auch ihr **Wahlrecht** ausüben und einen Wechsel in das Leistungssystem des SGB XIV beantragen. Sie erhalten dann die Leistungen der Kapitel 1–4 und 6–22 (mit Ausnahme der Abfindungsmöglichkeiten der §§ 84, 86). Das Wahlrecht ist nach Abs. 2 innerhalb von zwölf Monaten nach Eintritt der Bestandskraft der Entscheidung über Leistungen nach Kapitel 23 auszuüben; die Ausübung gegenüber dem Träger der SozE ist unwiderruflich und bedarf daher nach § 153 der Schriftform.

§ 154 erweitert die **Anrechnungsfreiheit** auf andere Sozialleistungen und nach dem Asylbewerberleistungsgesetz für die Fälle des Kapitels 23: Anrechnungsfreiheit besteht bis zu einem Betrag, der der Grundrente nach einem GdS von 100 zuzüglich etwaiger Dynamisierungen nach § 150 entspricht.

Zuständig für die Durchführung von Kapitel 23 des SGB XIV bleiben die Träger der SozE, die bis zum 31. Dezember 2023 zuständig waren (§ 157).

7.2. Weitere Regelungsbereiche

Die §§ 123 und 124 schaffen die **Bundesstelle für Soziale Entschädigung**, die der Fachaufsicht des BMAS unterstellt und als Unterstützungsbehörde gedacht ist.

§ 125 regelt den **Fachbeirat Soziale Entschädigung**, der das Bundesministerium für Arbeit und Soziales und die Bundesstelle für Soziale Entschädigung in grundsätzlichen Fragen der Aufgabenwahrnehmung berät. Die Mitglieder sind ehrenamtlich tätig und werden jeweils für einen Zeitraum von drei Jahren ernannt.

In den §§ 126–132 werden die Grundregeln für die **amtlichen Statistiken und Berichte** definiert.

Die **Kostentragung** der Aufwendungen der SozE **durch Bund und Ländern** regeln die §§ 133–136.

7.3 Und der Rest der SozE?

Zum 1. Januar 2024 ist der größte Teil des neuen SGB XIV in Kraft getreten[71]) – und gleichzeitig wurden nach Art. 58, 60 des Gesetzes zur Regelung des Sozialen Entschädigungsrechts viele bisherige Gesetze „in den Ruhestand versetzt", insbesondere das BVG, das OEG, die KOVVFG sowie einzelne Vorschriften aus dem ZDG und IfSG (soweit sie die Soziale Entschädigung betrafen) traten außer Kraft.

Allerdings handelt es sich hierbei vorerst noch um eine Art „vorzeitigen" Ruhestand, gewissermaßen eine Freistellungsphase, in der diese Gesetze zum Teil durchaus noch benötigt werden (wie die Ausführungen in Teil H zum Übergangsrecht und der Besitzstandswahrung zeigen).

Insbesondere wurden aber die weiteren historisch gewachsenen Entschädigungstatbestände der SozE – v. a. die Soldatenentschädigung (SVG) und die Entschädigung für DDR-Unrecht (StrRehaG, VwRehaG, HHG) – nicht Gegenstand des SGB XIV. Die unterlassene Aufnahme der Entschädigungstatbestände für DDR-Unrecht als unmittelbare Entschädigungstatbestände in das SGB XIV hat bereits zu Kritik geführt.[72]) Gleichwohl erfolgen im Rahmen dieser Gesetze Anpassungen an die Rechtslage unter Geltung des SGB XIV; zudem erfolgt bzgl. der Leistungen eine Verweisung auf das SGB XIV (vgl. etwa § 21 StrRehaG, § 3 VwRehaG, § 4 HHG).

Demgegenüber verwies das SVG vorerst weiter auf die entsprechende Anwendung der Vorschriften des BVG (vgl. etwa §§ 80, 85 BVG). Am 1. Januar 2025 trat dann allerdings das neue Soldatenentschädigungsgesetz (SEG) in Kraft, das im Falle von Wehrdienstbeschädigungen (vgl. §§ 3, 4 SEG) insbesondere einen sog. Ausgleich (§ 11 SEG) für geschädigte Soldaten und Soldatinnen vorsieht. Daneben stehen Geschädigten aber auch die unentgeltliche truppenärztliche Versorgung während des Wehrdienstverhältnisses (§ 14 SEG) oder eine medizinische Versorgung nach den §§ 15 ff. SEG außerhalb des Wehrdienstverhältnisses zur Verfügung. Auch das SEG sieht Leistungen zur Teilhabe am Arbeitsleben (§§ 28 ff. SEG), zur sozialen Teilhabe und besondere Leistungen im Einzelfall (§§ 33 ff. SEG) vor, ebenso einen Erwerbsschadensausgleich (§§ 37 ff. SEG) sowie Leistungen für Hinterbliebe (§§ 42 ff. SEG) und für Überführung, Bestattung sowie Sterbegeld (§§ 47–49 SEG).

---

[71]) Soweit nicht vereinzelte Vorschriften daraus bereits früher in Kraft getreten sind, etwa zu den Traumaambulanzen.

[72]) Braun in: Schlegel/Voelzke, jurisPK-SGB XIV, 2. Aufl., Vorbemerkung zu § 21 StrRehaG Bn.10

8. Schlussbemerkung

Das SGB XIV ist als Gesetz eine gute Fortentwicklung des BVG und OEG geworden, auch wenn zahlreiche Fragen der Klärung durch die Rechtsprechung überlassen bleiben.

Trotzdem ist das SGB XIV – im Bereich der Opferentschädigung – kein großer Wurf. Denn es beseitigt in keiner Weise die **tiefer liegenden Probleme**, die sich im Kern auf den Verwaltungsaufwand reduzieren lassen. Das ist aber nicht die Schuld des Gesetzes.

Leistungsrechtlich rechnet der Gesetzgeber mit jährlichen Ausgaben von ca. 900 Millionen Euro (Bund und Länder zusammengerechnet).[73]) Das ist natürlich keine vernachlässigbare Summe, allerdings auch kein Haushaltsposten, der bei Einsparungen als Erster dran ist.

Eine ganz andere Frage ist aber der damit verbundene **Verwaltungsaufwand**. Da es keine eigenständigen Behörden gibt, die sich nur der Opferentschädigung (bzw. der sozialen Entschädigung) verschreiben, erfolgt eine Eingliederung in bestehende Behördenstrukturen der Länder. Praktisch alle diese Behörden stehen unter hohem Arbeits- und Personaleinsparungsdruck. Jeder Mitarbeiter, der im Bereich der SozE beschäftigt ist, fehlt an anderer Stelle.

Dabei ist insbesondere die Opferentschädigung eine **extrem zeit-, personal- und sachaufwendige Angelegenheit**: Zuerst muss der Grundtatbestand ausermittelt werden, optimalerweise durch eine persönliche Einvernahme und weitere Zeugeneinvernahmen (denn oftmals existieren keine strafrechtlichen Ermittlungsvorgänge). Die medizinischen Ermittlungen – zu Schädigungsfolgen sowie etwaigen Vor- und Nachschäden – sollten akribisch sein. Dann müssen Sachverständigengutachten zu den Schädigungsfolgen in Auftrag gegeben, ausgewertet und in Bescheidform gegossen werden. Daran schließen sich gegebenenfalls weitere komplexe Einzelleistungen an, wie der Berufsschadensausgleich. All dies bindet in den Behörden enorme Personalkapazitäten.

Da liegt ein **einfaches Rezept** natürlich auf der Hand: Man lehne Anträge in einem möglichst frühen Verfahrensstadium ab; das spart Sachmittel und bindet weniger Personal. Die meisten Antragsteller geben hier schon frustriert auf. Einige wenige wagen den Gang vor

---

[73]) Vgl. BT-Drs. 19/13824, S. 4, 5.

das Sozialgericht, das dann die Ermittlungsarbeiten (und Kosten) der Behörde übernimmt.

Bei psychisch belasteten Antragstellern trifft diese Problematik auf den sensibelsten Teil der Bevölkerung. Schnell kommt der – zutreffende (!) – Vorwurf auf, es handele sich bei vielen Verfahren der Opferentschädigung um **„sekundäre Viktimisierung"**. Und dieser Eindruck verschlimmert sich, wenn Verwaltungsverfahren nur „vom Schreibtisch aus" nach Aktenlage entschieden werden, ohne echten persönlichen Kontakt zu den Betroffenen, weil dies entweder zu viel Zeit kostet oder für ungeschulte Bearbeiter unangenehm ist.

Um es klar zu sagen: Dies gilt nicht für alle Versorgungsbehörden bzw. Bundesländer. Für viele aber leider durchaus. Um eine echte Wende – auf Grundlage des neuen SGB XIV – herbeizuführen, bedürfte es des politischen Willens der entsprechenden **Landesministerien**, den Versorgungsbehörden hinreichende Personalkapazitäten zur Verfügung zu stellen. Dieses Personal sollte im Bestfall im Umgang mit traumatisierten Menschen geschult werden. Viele Mitarbeiter benötigten auch selbst eine Form der Supervision, da es sich auch für diese Sachbearbeiter um höchst emotionale und herausfordernde Fälle handelt.

Klar ist aber auch: Opferentschädigung ist als Teil des Sozialrechts keine Materie, in der Leistungen ohne weitere Prüfung einfach „auf Zuruf" oder nach Vorlage eines ärztlichen Attests erbracht werden. Der **Nachweisgrundsatz** ist jedem Sozialleistungsgesetz absolut immanent und unabdingbar. Gleichwohl ist es möglich, Verwaltungsverfahren kommunikativ so zu gestalten, dass Antragsteller ihre Selbstwirksamkeit behalten, d. h., ihnen die Überzeugung zu vermitteln, auch schwierige Situationen und Herausforderungen aus eigener Kraft bewältigen zu können.[74]) Das ist nur möglich, wenn Antragsteller von Anfang an und möglichst in persönlichen Gesprächen über die Voraussetzungen und Schwierigkeiten des Verfahrens ehrlich informiert werden und eigene Handlungskompetenzen erhalten.

Jedes Gesetz ist nur so gut, wie es der Wille seines Anwenders zulässt. Alternative Lösungen zum aktuellen Grundkonzept des SGB XIV sind nicht leicht zu finden. Sie bedürften außerdem großen politischen Mutes und einer Abkehr von althergebrachten Grundsätzen, was ge-

[74]) Dazu gehört es auch, durch eigene Entscheidung ein Antragsverfahren auf Opferentschädigung unterbrechen oder beenden zu können – ohne nur passiv auf den Bescheid einer Behörde zu warten. Auch dies setzt aber eine funktionierende und ehrliche Kommunikation zwischen Behörde und Antragsteller voraus.

rade auch Opferschutzverbänden schwerfällt. Bis es so weit ist, sollten alle Beteiligten das Beste aus dem SGB XIV machen. Der Gesetzgeber gibt dazu alle Möglichkeiten – die Versorgungsverwaltungen der Länder müssen diese nur nutzen.

9 Gesetzliche Grundlagen

Sozialgesetzbuch Vierzehntes Buch – Soziale Entschädigung – (Vierzehntes Buch Sozialgesetzbuch – SGB XIV)

Vom 12. Dezember 2019 (BGBl. I S. 2652)

Zuletzt geändert durch
Verordnung zur Anpassung der Entschädigungszahlungen nach dem Vierzehnten Buch Sozialgesetzbuch zum 1. Juli 2026 vom 17. Juni 2026 (BGBl. I Nr. 179)

Inhaltsübersicht

Kapitel 1
Allgemeine Vorschriften

§ 1 Aufgabe und Anwendungsbereich der Sozialen Entschädigung

(1) Die Soziale Entschädigung unterstützt Menschen, die durch ein schädigendes Ereignis, für das die staatliche Gemeinschaft eine besondere Verantwortung trägt, eine gesundheitliche Schädigung erlitten haben, bei der Bewältigung der dadurch entstandenen Folgen.

(2) Schädigende Ereignisse sind:

1. Gewalttaten nach Kapitel 2 Abschnitt 2 Unterabschnitt 1,
2. Kriegsauswirkungen beider Weltkriege nach Kapitel 2 Abschnitt 2 Unterabschnitt 2 sowie
3. Ereignisse im Zusammenhang mit der Ableistung des Zivildienstes nach Kapitel 2 Abschnitt 2 Unterabschnitt 3 sowie
4. Schutzimpfungen oder andere Maßnahmen der spezifischen Prophylaxe nach Kapitel 2 Abschnitt 2 Unterabschnitt 4,

die eine gesundheitliche Schädigung verursacht haben.

(3) Das schädigende Ereignis kann ein zeitlich begrenztes, ein wiederkehrendes oder ein über längere Zeit einwirkendes Ereignis sein.

§ 2 Berechtigte der Sozialen Entschädigung

(1) Berechtigte sind Geschädigte sowie deren Angehörige, Hinterbliebene und Nahestehende.

(2) Geschädigte sind Personen, die durch ein schädigendes Ereignis nach diesem Buch unmittelbar eine gesundheitliche Schädigung erlitten haben.

(3) $_{1}$Angehörige sind Ehegatten sowie Kinder und Eltern von Geschädigten. $_{2}$Als Kinder gelten auch in den Haushalt Geschädigter aufgenommene Stiefkinder sowie Pflegekinder im Sinne des § 2 Absatz 1 Satz 1 Nummer 2 des Bundeskindergeldgesetzes.

(4) $_{1}$Hinterbliebene sind

1. Witwen, Witwer und Waisen,
2. Eltern sowie
3. Betreuungsunterhaltsberechtigte

einer an den Folgen einer Schädigung verstorbenen Person. $_{2}$Als Waisen gelten auch in den Haushalt der an den Folgen einer Schädigung verstorbenen Person aufgenommene Stiefkinder sowie Pflegekinder im Sinne des § 2 Absatz 1 Satz 1 Nummer 2 des Bundeskindergeldgesetzes.

(5) Nahestehende sind Geschwister sowie Personen, die mit Geschädigten eine Lebensgemeinschaft führen, die der Ehe ähnlich ist.

§ 3 Leistungen der Sozialen Entschädigung

Die Soziale Entschädigung umfasst:

1. Leistungen des Fallmanagements und Leistungen in einer Traumaambulanz als Schnelle Hilfen nach Kapitel 4,
2. die Krankenbehandlung der Sozialen Entschädigung nach Kapitel 5,
3. Leistungen zur Teilhabe nach Kapitel 6,
4. Leistungen bei Pflegebedürftigkeit nach Kapitel 7,
5. Leistungen bei Blindheit nach Kapitel 8,
6. Entschädigungszahlungen nach Kapitel 9,
7. den Berufsschadensausgleich nach Kapitel 10,
8. Besondere Leistungen im Einzelfall nach Kapitel 11,
9. Leistungen bei Überführung und Bestattung nach Kapitel 12,
10. den Ausgleich in Härtefällen nach Kapitel 13,
11. Leistungen bei Wohnsitz oder gewöhnlichem Aufenthalt im Ausland nach Kapitel 14 sowie
12. Leistungen nach den Vorschriften zu Besitzständen nach Kapitel 23.

Kapitel 2
Anspruch auf Leistungen der Sozialen Entschädigung

Abschnitt 1
Allgemeine Voraussetzungen

§ 4 Anspruch auf Leistungen für Geschädigte

(1) $_{1}$Geschädigte haben Anspruch auf Leistungen der Sozialen Entschädigung wegen der anerkannten gesundheitlichen und der wirtschaftlichen Folgen einer gesundheitlichen Schädigung, die ursächlich auf ein schädigendes Ereignis zurückzuführen ist. $_{2}$Das Vorliegen der in Satz 1 genannten Anspruchsvoraussetzungen ist auf Antrag festzustellen.

(2) Ein Anspruch entsprechend Absatz 1 besteht auch bei gesundheitlichen Schädigungen, die

1. herbeigeführt worden sind durch einen Unfall von Geschädigten
   a) auf einem Hin- oder Rückweg, der notwendig ist, um Leistungen nach diesem Buch in Anspruch zu nehmen,
   b) bei Inanspruchnahme der ihnen nach diesem Buch zustehenden Leistungen oder
   c) bei der unverzüglichen Erstattung einer Strafanzeige oder auf dem Hin- oder Rückweg hiervon,

2. eine Person bei einem Unfall im Sinne von Nummer 1 bei der notwendigen Begleitung einer geschädigten Person erleidet.

(3) Ein Anspruch entsprechend Absatz 1 besteht auch bei Beschädigung oder Verlust eines im oder am Körper getragenen Hilfsmittels.

(4) 1Zur Anerkennung einer Gesundheitsstörung als Schädigungsfolge genügt die Wahrscheinlichkeit des ursächlichen Zusammenhangs. 2Sie ist gegeben, wenn nach dem aktuellen Stand der medizinischen Wissenschaft mehr für als gegen einen ursächlichen Zusammenhang spricht.

(5) Bei psychischen Gesundheitsstörungen wird die Wahrscheinlichkeit des ursächlichen Zusammenhangs im Einzelfall vermutet, wenn diejenigen medizinischen Tatsachen vorliegen, die nach den Erfahrungen der medizinischen Wissenschaft geeignet sind, einen Ursachenzusammenhang zwischen einem nach Art und Schwere geeigneten schädigenden Ereignis und der gesundheitlichen Schädigung und der Schädigungsfolge zu begründen und diese Vermutung nicht durch einen anderen Kausalverlauf widerlegt wird.

(6) 1Wenn die zur Anerkennung einer Gesundheitsstörung als Schädigungsfolge erforderliche Wahrscheinlichkeit nur deshalb nicht gegeben ist, weil über die Ursache der Gesundheitsstörung in der medizinischen Wissenschaft Ungewissheit besteht, kann mit Zustimmung des Bundesministeriums für Arbeit und Soziales die Gesundheitsstörung als Schädigungsfolge anerkannt werden. 2In den Fällen nach Kapitel 2 Abschnitt 2 Unterabschnitt 4 tritt an die Stelle der Zustimmung des Bundesministeriums für Arbeit und Soziales die Zustimmung der zuständigen obersten Landesbehörde. Die Zustimmung kann allgemein erteilt werden.

§ 5 Grad der Schädigungsfolgen, Verordnungsermächtigung

(1) 1Der Grad der Schädigungsfolgen ist nach den allgemeinen Auswirkungen der körperlichen, seelischen, geistigen oder Sinnesbeeinträchtigungen, die durch die als Schädigungsfolge anerkannten Gesundheitsstörungen bedingt sind, in allen Lebensbereichen zu beurteilen. 2Er ist nach Zehnergraden von zehn bis 100 zu bemessen. 3Ein bis zu fünf Grad geringerer Grad der Schädigungsfolgen wird vom höheren Zehnergrad mit umfasst. 4Vorübergehende Gesundheitsstörungen sind nicht zu berücksichtigen. 5Als vorübergehend gilt ein Zeitraum von bis zu sechs Monaten. 6Bei geschädigten Kindern und Jugendlichen ist der Grad der Schädigungsfolgen nach dem Grad zu bemessen, der sich bei Erwachsenen mit gleicher Gesundheitsstörung ergibt, soweit damit keine Schlechterstellung der Kinder und Jugendlichen verbunden ist.

(2) Das Bundesministerium für Arbeit und Soziales wird ermächtigt, durch Rechtsverordnung mit Zustimmung des Bundesrates

1. die Grundsätze aufzustellen, die für die Bewertung des Grades der Schädigungsfolgen im Sinne des Absatzes 1 maßgebend sind,
2. die Grundsätze aufzustellen, die für die Anerkennung einer Gesundheitsstörung als Schädigungsfolge nach § 4 Absatz 4 bis 6 maßgebend sind sowie
3. das Verfahren für die Aufstellung und Fortentwicklung der in Nummer 1 und 2 genannten Grundsätze zu regeln.

§ 6 Anspruch auf Leistungen für Angehörige, Hinterbliebene und Nahestehende

(1) Angehörige, Hinterbliebene und Nahestehende erhalten Schnelle Hilfen nach Maßgabe der Vorschriften des Kapitels 4 sowie besondere psychotherapeutische Leistungen nach § 43 Absatz 2 Nummer 1 in Verbindung mit § 43 Absatz 4.

(2) Hinterbliebene erhalten darüber hinaus Leistungen zur Teilhabe am Arbeitsleben nach § 63 Absatz 3, Entschädigungszahlungen an Hinterbliebene nach Kapitel 9 Abschnitt 2, Leistungen zum Lebensunterhalt nach § 93 Absatz 1 Satz 2 und die Leistung zur Förderung einer Ausbildung nach § 94.

§ 7 Anspruch auf Leistungen für Ausländerinnen und Ausländer

Ausländerinnen und Ausländer haben dieselben Ansprüche wie Deutsche.

§ 8 Konkurrenz von Ansprüchen

(1) 1Berechtigte haben wegen eines schädigenden Ereignisses nach diesem Buch gegen den Bund oder die Länder nur die auf diesem Buch beruhenden Ansprüche. 2Jedoch finden die Vorschriften der beamtenrechtlichen Unfallfürsorge in der jeweils geltenden Fassung Anwendung. 3Trifft ein Entschädigungsanspruch aufgrund eines schädigenden Ereignisses nach Kapitel 2 Abschnitt 2 Unterabschnitt 1 mit einem Schadensersatzanspruch aufgrund fahrlässiger Amtspflichtverletzung zusammen, so wird der Anspruch nach § 839 Absatz 1 des Bürgerlichen Gesetzbuchs nicht dadurch ausgeschlossen, dass die Voraussetzungen für den Entschädigungsanspruch bestehen.

(2) 1Treffen Ansprüche aus mehreren schädigenden Ereignissen nach § 1 Absatz 2 zusammen, so ist ein einheitlicher Grad der Schädigungsfolgen festzusetzen. 2Dies gilt auch, wenn Ansprüche aus diesem Gesetz mit Ansprüchen nach dem Soldatenentschädigungsgesetz oder aus anderen Gesetzen, die eine entsprechende Anwendung dieses Gesetzes vorsehen, zusammentreffen.

(3) $_{1}$Ansprüche nach dem Siebten Buch, nach dem Soldatenentschädigungsgesetz oder nach der beamtenrechtlichen Unfallfürsorge gehen den Ansprüchen nach diesem Buch vor, soweit beide Ansprüche auf derselben Ursache beruhen. $_{2}$Der Anspruch auf Leistungen nach diesem Buch ruht in Höhe der Versorgung aus der gesetzlichen Unfallversicherung oder nach dem Soldatenentschädigungsgesetz und in Höhe des Unterschiedsbetrags zwischen einer Versorgung nach allgemeinen beamtenrechtlichen Bestimmungen und aus der beamtenrechtlichen Unfallfürsorge, soweit beide Ansprüche auf derselben Ursache beruhen.

§ 9 Ausschluss der Pfändbarkeit von Ansprüchen

Ansprüche auf Entschädigungszahlungen nach Kapitel 9 und die Geldleistung nach § 144 können nicht gepfändet werden.

§ 10 Antragserfordernis

(1) Leistungen der Sozialen Entschädigung werden auf Antrag erbracht, soweit dieses Buch nichts Abweichendes regelt.

(2) $_{1}$Von Amts wegen werden Besondere Leistungen im Einzelfall nach Kapitel 11 erbracht. $_{2}$Hiervon ausgenommen ist die Leistung nach § 94.

(3) Von Amts wegen können erbracht werden:

1. Leistungen der Krankenbehandlung nach Kapitel 5,
2. Leistungen zur Teilhabe am Arbeitsleben nach § 63,
3. Leistungen zur Teilhabe an Bildung nach § 65 und
4. Leistungen zur Sozialen Teilhabe nach § 66.

(4) Sind Geschädigte gesetzlich krankenversichert, gelten Anträge auf Leistungen nach Kapitel 5 zugleich als Anträge auf die entsprechenden Leistungen ihrer Krankenkasse, Anträge auf Leistungen ihrer Krankenkasse zugleich als Anträge auf die entsprechenden Leistungen nach Kapitel 5.

(5) $_{1}$Für Leistungen der Traumaambulanz genügt es, wenn unverzüglich nach der zweiten Sitzung ein Antrag gestellt wird. $_{2}$Bei Kontaktaufnahme des Fallmanagements mit möglicherweise berechtigten Personen genügt es, wenn nach der Kontaktaufnahme ein Antrag gestellt wird.

(6) Der Antrag auf Leistungen der Sozialen Entschädigung als Opfer einer Gewalttat nach Abschnitt 2 Unterabschnitt 1 kann auch gestellt werden über eine Unterstützungsbehörde eines anderen Mitgliedstaates der Europäischen Union im Sinne des Artikels 3 Absatz 1 der Richtlinie 2004/80/EG des Rates vom 1. April 2004 zur Entschädigung der Opfer von Straftaten (ABl. L 261 vom 6.8.2004, S. 15).

§ 11 Beginn der Leistungserbringung, Kostenregelung für die erste Inanspruchnahme Schneller Hilfen

(1) Leistungen, die auf Antrag erbracht werden, sind ab dem Monat zu erbringen, in dem die Voraussetzungen für die Inanspruchnahme vorliegen, frühestens ab dem Monat, in dem der Antrag auf diese Leistungen gestellt wird.

(2) $_{1}$Abweichend von Absatz 1 sind für Zeiträume vor der Antragstellung Leistungen zu erbringen, wenn der Antrag innerhalb eines Jahres nach dem schädigenden Ereignis gestellt war. $_{2}$War die anspruchsberechtigte Person ohne ihr Verschulden an der Antragstellung verhindert, so verlängert sich diese Frist um den Zeitraum der Verhinderung.

(3) Leistungen, die von Amts wegen erbracht werden, sind frühestens ab dem Monat zu erbringen, in dem der zuständigen Behörde die der Leistung zugrundeliegenden Tatsachen bekannt geworden sind.

(4) $_{1}$Leistungen der Schnellen Hilfen werden für Zeiträume vor der Antragstellung nicht erbracht. $_{2}$Dies gilt nicht für die Inanspruchnahme der ersten beiden Sitzungen in der Traumaambulanz sowie die Kontaktaufnahme des Fallmanagements mit möglicherweise berechtigten Personen.

(5) Die Kosten für die ersten beiden Sitzungen in der Traumaambulanz sowie die erste Kontaktaufnahme durch das Fallmanagement werden auch dann getragen, wenn Ansprüche nach diesem Buch nicht bestehen, auch nicht im Erleichterten Verfahren nach § 115.

§ 12 Übernahme der Aufwendungen für Dolmetscherinnen und Dolmetscher, Übersetzerinnen und Übersetzer sowie Kommunikationshilfen

(1) $_{1}$Bei der Ausführung von Leistungen nach diesem Buch und im Verwaltungsverfahren werden notwendige Aufwendungen für Dolmetscherinnen und Dolmetscher sowie Übersetzerinnen und Übersetzer von dem Träger der Sozialen Entschädigung getragen, wenn eine berechtigte oder antragstellende Person ihren gewöhnlichen Aufenthalt seit weniger als fünf Jahren im Geltungsbereich dieses Buches hat. $_{2}$Für Leistungen in einer Traumaambulanz und psychotherapeutische Leistungen nach Kapitel 5 beträgt diese Frist zehn Jahre.

(2) Hat eine antragstellende oder berechtigte Person ihren gewöhnlichen Aufenthalt im Ausland, werden notwendige Aufwendungen für Übersetzerinnen und Übersetzer bei der Antragstellung nach diesem Buch von dem Träger der Sozialen Entschädigung getragen.

(3) Bei der Ausführung von Leistungen nach diesem Buch und im Verwaltungsverfahren werden not-

wendige Aufwendungen für Kommunikationshilfen nach Maßgabe des § 9 des Behindertengleichstellungsgesetzes in Verbindung mit der Kommunikationshilfenverordnung übernommen.

Abschnitt 2 Entschädigungstatbestände

Unterabschnitt 1 Gewalttaten

§ 13 Opfer von Gewalttaten

(1) Als Opfer einer Gewalttat erhält bei Vorliegen der Voraussetzungen nach § 4 Absatz 1 Leistungen der Sozialen Entschädigung, wer im Inland oder auf einem deutschen Schiff oder in einem deutschen Luftfahrzeug eine gesundheitliche Schädigung erlitten hat durch

1. einen vorsätzlichen, rechtswidrigen, unmittelbar gegen ihre oder seine Person gerichteten tätlichen Angriff (körperliche Gewalttat) oder durch dessen rechtmäßige Abwehr oder
2. ein sonstiges vorsätzliches, rechtswidriges, unmittelbar gegen die freie Willensentscheidung einer Person gerichtetes schwerwiegendes Verhalten (psychische Gewalttat).

(2) Ein Verhalten im Sinne von Absatz 1 Nummer 2 ist in der Regel schwerwiegend, wenn es den Tatbestand des sexuellen Missbrauchs (§§ 174 bis 176d des Strafgesetzbuchs), des sexuellen Übergriffs, der sexuellen Nötigung, der Vergewaltigung (§§ 177 und 178 des Strafgesetzbuchs), des Menschenhandels (§§ 232 bis 233a des Strafgesetzbuchs), der Nachstellung (§ 238 Absatz 2 und 3 des Strafgesetzbuchs), der Geiselnahme (§ 239b des Strafgesetzbuchs) oder der räuberischen Erpressung (§ 255 des Strafgesetzbuchs) erfüllt oder von mindestens vergleichbarer Schwere ist.

§ 14 Gleichstellungen

(1) Einer Gewalttat stehen gleich:

1. die vorsätzliche Beibringung von Gift,
2. das Fehlgehen der Gewalttat, so dass sie eine andere Person trifft als die Person, gegen die sie gerichtet war,
3. ein Angriff in der irrtümlichen Annahme des Vorliegens eines Rechtfertigungsgrundes,
4. die wenigstens fahrlässige Herbeiführung einer Gefahr für Leib und Leben eines anderen durch ein mit gemeingefährlichen Mitteln begangenes Verbrechen,
5. die erhebliche Vernachlässigung von Kindern und
6. die Herstellung, Verbreitung und öffentliche Zugänglichmachung von Kinderpornografie nach § 184b Absatz 1 Satz 1 Nummer 1, 3 und 4 des Strafgesetzbuchs.

(2) $_1$Den Opfern von Gewalttaten stehen Personen gleich, die in Folge des Miterlebens der Tat oder des Auffindens des Opfers eine gesundheitliche Schädigung erlitten haben. $_2$Den Opfern von Gewalttaten stehen weiterhin Personen gleich, die durch die Überbringung der Nachricht vom Tode oder der schwerwiegenden Verletzung des Opfers eine gesundheitliche Schädigung erlitten haben, wenn zwischen diesen Personen und dem Opfer im Sinne des § 13 oder des Absatzes 1 eine enge emotionale Beziehung besteht. $_3$Eine solche Beziehung besteht in der Regel mit Angehörigen und Nahestehenden.

§ 15 Anspruch auf Leistungen bei Gewalttaten im Ausland

$_1$Personen, die durch ein schädigendes Ereignis nach den §§ 13 und 14 im Ausland eine gesundheitliche Schädigung erleiden, erhalten wegen der gesundheitlichen und wirtschaftlichen Folgen auf Antrag Leistungen nach Maßgabe des § 102, wenn sie

1. ihren gewöhnlichen und rechtmäßigen Aufenthalt im Geltungsbereich dieses Gesetzes haben und
2. sich zum Tatzeitpunkt für einen vorübergehenden Zeitraum von längstens sechs Monaten außerhalb des Geltungsbereichs dieses Gesetzes aufgehalten haben.

$_2$Die Frist nach Satz 1 Nummer 2 verlängert sich auf ein Jahr, wenn der Auslandsaufenthalt dem Besuch einer Schule, Hochschule, der Berufsausbildung oder der Leistung eines freiwilligen Dienstes im Sinne des § 32 Absatz 4 Satz 1 Nummer 2 Buchstabe d des Einkommensteuergesetzes dient.

§ 16 Ausschluss von Ansprüchen und Leistungen

(1) Von Ansprüchen nach diesem Buch ist ausgeschlossen, wer das schädigende Ereignis in vorwerfbarer Weise verursacht hat.

(2) Leistungen sind so zu erbringen, dass sie nicht der Person wirtschaftlich zugutekommen, die das schädigende Ereignis verursacht hat.

§ 17 Versagung von Leistungen

(1) Leistungen sind zu versagen, wenn es aus in dem eigenen Verhalten der Antragstellerin oder des Antragstellers liegenden Gründen unbillig wäre, Leistungen der Sozialen Entschädigung zu erbringen.

(2) Leistungen können ganz oder teilweise versagt werden, wenn Geschädigte es unterlassen haben, das ihnen Mögliche und Zumutbare zur Aufklärung des Sachverhalts und zur Verfolgung der Täterin oder des Täters beizutragen.

§ 18 Ansprüche bei Gebrauch eines Kraftfahrzeugs

Wird eine Gewalttat im Sinne des § 13 durch den Gebrauch eines Kraftfahrzeugs oder eines Anhängers verübt, werden Leistungen nach diesem Buch erbracht.

§ 19 Ausschluss von Ansprüchen und Leistungen für Angehörige, Hinterbliebene und Nahestehende, Konkurrenzen

(1) Angehörige, Hinterbliebene und Nahestehende sind von Ansprüchen nach diesem Buch ausgeschlossen, wenn die Voraussetzungen des § 16 in der eigenen Person oder in der Person der oder des Geschädigten vorliegen.

(2) § 18 gilt entsprechend.

§ 20 Versagung von Leistungen für Angehörige, Hinterbliebene und Nahestehende

(1) Leistungen für Angehörige, Hinterbliebene und Nahestehende sind zu versagen, wenn die Voraussetzungen des § 17 Absatz 1 in der eigenen Person oder in der Person der oder des Geschädigten vorliegen.

(2) Leistungen für Angehörige, Hinterbliebene und Nahestehende können ganz oder teilweise versagt werden, wenn die Voraussetzungen des § 17 Absatz 2 in der eigenen Person oder in der Person der oder des Geschädigten vorliegen.

Unterabschnitt 2
Kriegsauswirkungen beider Weltkriege

§ 21 Opfer von Kriegsauswirkungen beider Weltkriege

Wer im Inland durch Auswirkungen kriegerischer Vorgänge im Zusammenhang mit einem der beiden Weltkriege, die einen kriegseigentümlichen Gefahrenbereich hinterlassen haben, eine gesundheitliche Schädigung erlitten hat, erhält bei Vorliegen der Voraussetzungen nach § 4 Absatz 1 Leistungen der Sozialen Entschädigung.

§ 22 Versagung, Entziehung und Minderung der Leistung

(1) $_1$Leistungen der Sozialen Entschädigung sind zu versagen, wenn Geschädigte während der Herrschaft des Nationalsozialismus gegen die Grundsätze der Menschlichkeit oder Rechtsstaatlichkeit verstoßen haben. $_2$Anhaltspunkte, die eine besonders intensive Überprüfung erforderlich machen, ob Geschädigte durch ihr individuelles Verhalten gegen Grundsätze der Menschlichkeit oder Rechtsstaatlichkeit verstoßen haben, können sich insbesondere aus einer freiwilligen Mitgliedschaft in der SS ergeben.

(2) Leistungen sind mit Wirkung für die Zukunft ganz oder teilweise zu entziehen, wenn ein Versagungsgrund im Sinne des Absatzes 1 vorliegt und das Vertrauen der Geschädigten auf eine fortwährende Erbringung der Leistungen im Einzelfall auch angesichts der Schwere der begangenen Verstöße nicht überwiegend schutzbedürftig ist.

(3) Soweit in den Fällen des Absatzes 2 die sofortige Entziehung oder Minderung der Leistungen zu unbilligen Härten führt, soll die Entziehung oder Minderung nach einer angemessenen Übergangsfrist erfolgen.

(4) Die Absätze 1 bis 3 gelten entsprechend für Leistungen aus Ansprüchen, die sich von Geschädigten im Sinne von Absatz 1 ableiten.

Unterabschnitt 3
Ereignisse im Zusammenhang mit der Ableistung des Zivildienstes

§ 23 Geschädigte durch Ereignisse im Zusammenhang mit der Ableistung des Zivildienstes

(1) Wer im Zusammenhang mit der Ableistung eines Zivildienstes eine gesundheitliche Schädigung durch eine Tätigkeit, einen Unfall, einen Angriff auf seine Person oder in sonstiger Weise erlitten hat (Zivildienstgeschädigter), erhält bei Vorliegen der Voraussetzungen nach § 4 Absatz 1 Leistungen der Sozialen Entschädigung.

(2) Ein Zusammenhang mit der Ableistung des Zivildienstes besteht auch bei gesundheitlichen Schädigungen, die herbeigeführt worden sind

1. auf dem unmittelbaren Weg von und zu der Dienststelle,
2. auf dem unmittelbaren Hin- oder Rückweg bei Antritt und Beendigung des Zivildienstes,
3. auf einem vom unmittelbaren Weg abweichenden Weg, um
   a) ein Kind, das mit dem Dienstleistenden in einem Haushalt lebt, wegen des Zivildienstes fremder Obhut anzuvertrauen oder
   b) mit anderen Dienstleistenden oder Berufstätigen oder in der gesetzlichen Unfallversicherung versicherten Personen gemeinsam ein Fahrzeug zu benutzen,
4. auf dem Weg von und nach der ständigen Familienwohnung, wenn der Dienstleistende wegen der Entfernung seiner Familienwohnung vom Dienstort oder wegen der Pflicht zum Wohnen in einer dienstlichen Unterkunft am Dienstort oder in dessen Nähe eine Unterkunft hat.

(3) Ein Zusammenhang mit der Ableistung des Zivildienstes besteht auch bei gesundheitlichen

Schädigungen, die im Zusammenhang mit der Behandlung oder dem Bezug von Leistungen für eine Zivildienstschädigung herbeigeführt worden sind.

Unterabschnitt 4
Schutzimpfungen oder andere Maßnahmen der spezifischen Prophylaxe

§ 24 Geschädigte durch Schutzimpfungen oder andere Maßnahmen der spezifischen Prophylaxe

1Wer durch eine Schutzimpfung nach § 2 Nummer 9 des Infektionsschutzgesetzes oder durch eine andere Maßnahme der spezifischen Prophylaxe nach § 2 Nummer 10 des Infektionsschutzgesetzes,

1. die von einer zuständigen Landesbehörde nach § 20 Absatz 3 des Infektionsschutzgesetzes öffentlich empfohlen und in ihrem Bereich vorgenommen wurde,
2. die auf Grundlage eines Anspruchs nach einer Rechtsverordnung nach § 20i Absatz 3 des Fünften Buches vorgenommen wurde oder, im Fall einer Schutzimpfung, gegenüber einer Person, die in der privaten Krankenversicherung versichert ist, in einem dem Anspruch nach einer Rechtsverordnung nach § 20i Absatz 3 des Fünften Buches entsprechenden Umfang vorgenommen wurde,
3. die von Gesundheitsämtern nach § 20 Absatz 5 des Infektionsschutzgesetzes unentgeltlich durchgeführt wurde oder
4. die auf Grund einer Rechtsverordnung nach § 20 Absatz 6 oder 7 des Infektionsschutzgesetzes angeordnet wurde oder sonst auf Grund eines Gesetzes vorgeschrieben war,

eine gesundheitliche Schädigung erlitten hat, die über das übliche Ausmaß einer Reaktion auf eine Schutzimpfung oder andere Maßnahme der spezifischen Prophylaxe hinausgeht, erhält bei Vorliegen der Voraussetzungen nach § 4 Absatz 1 Leistungen der Sozialen Entschädigung. 2Dies gilt auch, wenn die Schutzimpfung mit vermehrungsfähigen Erregern durchgeführt und eine andere als die geimpfte Person geschädigt wurde.

Kapitel 3
Leistungsgrundsätze

§ 25 Voraussetzungen

Leistungen der Sozialen Entschädigung werden für schädigungsbedingte Bedarfe erbracht.

§ 26 Leistungsformen

(1) Leistungen der Sozialen Entschädigung werden erbracht in Form von Dienstleistungen, Sachleistungen und Geldleistungen.

(2) Geldleistungen werden erbracht als Einmalzahlung oder als laufende Zahlungen.

(3) Auf Antrag werden bei Vorliegen der Voraussetzungen nach § 29 des Neunten Buches durch ein Persönliches Budget folgende Leistungen erbracht:

1. Krankenbehandlung der Sozialen Entschädigung nach Kapitel 5,
2. Leistungen zur Teilhabe nach Kapitel 6,
3. Leistungen bei Pflegebedürftigkeit nach Kapitel 7 sowie
4. Leistungen zur Weiterführung des Haushalts nach § 95.

§ 27 Vorrang von Leistungen zur Teilhabe

1Leistungen zur medizinischen Rehabilitation und zur Teilhabe am Arbeitsleben, die erfolgversprechend und zumutbar sind, haben Vorrang vor dem Berufsschadensausgleich nach Kapitel 10. 2Im Übrigen gelten die Regelungen des § 9 des Neunten Buches.

§ 28 Verhältnis zu Leistungen anderer Träger

(1) Die Leistungen nach diesem Buch wegen eines schädigenden Ereignisses nach § 1 Absatz 2 gehen Leistungen anderer Träger, insbesondere anderer Sozialleistungsträger vor.

(2) Entschädigungszahlungen nach Kapitel 9 und die Einmalzahlungen nach § 102 Absatz 4 und 5 werden nicht als Einkommen oder Vermögen auf andere Sozialleistungen oder auf Leistungen nach dem Asylbewerberleistungsgesetz angerechnet.

(3) Leistungsansprüche aus privaten Sicherungs- oder Versorgungssystemen sind auf Leistungen nach diesem Buch nicht anzurechnen.

(4) Die Absätze 1 bis 3 gelten, soweit dieses Buch nichts Abweichendes bestimmt.

Kapitel 4
Schnelle Hilfen

Abschnitt 1
Leistungen der Schnellen Hilfen

§ 29 Leistungen und Leistungsart

(1) Die Leistungen der Schnellen Hilfen umfassen Leistungen des Fallmanagements und Leistungen in einer Traumaambulanz.

(2) Die Leistungen der Schnellen Hilfen stellen eine Leistung eigener Art dar.

Abschnitt 2
Fallmanagement

§ 30 Leistungen des Fallmanagements

(1) Beim Fallmanagement werden die Berechtigten von einer Fallmanagerin oder einem Fallmanager aktivierend und koordinierend durch das Antragsverfahren und Leistungsverfahren begleitet.

(2) 1Leistungen des Fallmanagements werden mit Einwilligung der Berechtigten erbracht, die auch die erforderlichen Datenerhebungen erfasst. 2Die Einwilligung ist schriftlich zu dokumentieren.

(3) Berechtigte können ein Fallmanagement erhalten.

(4) Geschädigte sollen ein Fallmanagement erhalten, wenn

1. das schädigende Ereignis eine Straftat gegen das Leben oder gegen die sexuelle Selbstbestimmung war oder
2. sie bei Eintritt des schädigenden Ereignisses minderjährig waren.

(5) Das Fallmanagement umfasst insbesondere:

1. die Ermittlung des möglichen Hilfebedarfs, der durch das schädigende Ereignis unter Berücksichtigung der besonderen Umstände des Einzelfalls entstanden ist,
2. den Hinweis auf die in Betracht kommenden Sozialleistungen,
3. die Begleitung der Berechtigten mit dem Ziel des Erhalts zügiger und aufeinander abgestimmter Leistungen, soweit Berechtigte Ansprüche gegen andere Träger von Sozialleistungen nach den Kapiteln 5, 6, 7 und 11 haben oder haben könnten,
4. die Unterstützung bei der Antragstellung, die Aufklärung über die Einleitung und den Ablauf des Verfahrens in der Sozialen Entschädigung sowie
5. die Begleitung des Verfahrens in der Sozialen Entschädigung.

(6) Das Fallmanagement kann die Kontaktaufnahme mit möglicherweise berechtigten Personen umfassen.

(7) Soweit eine Bedarfsermittlung und ein Teilhabeplanverfahren nach den Kapiteln 2 bis 4 des Neunten Buches durchzuführen sind, werden Leistungen des Fallmanagements ergänzend erbracht.

Abschnitt 3
Traumaambulanz

§ 31 Leistungen in einer Traumaambulanz

(1) In einer Traumaambulanz wird psychotherapeutische Intervention erbracht, um den Eintritt einer psychischen Gesundheitsstörung oder deren Chronifizierung zu verhindern.

(2) Psychotherapeutische Intervention wird nur in Traumaambulanzen erbracht, mit denen die Träger der Sozialen Entschädigung eine Vereinbarung nach § 37 geschlossen haben.

§ 32 Psychotherapeutische Frühintervention

(1) Geschädigte sollen psychotherapeutische Frühintervention in einer Traumaambulanz erhalten, wenn die erste Sitzung innerhalb von zwölf Monaten nach dem schädigenden Ereignis oder nach Kenntnisnahme hiervon erfolgt.

(2) Angehörige, Hinterbliebene und Nahestehende sollen psychotherapeutische Frühintervention in einer Traumaambulanz erhalten, wenn die erste Sitzung innerhalb von zwölf Monaten erfolgt, nachdem sie von dem schädigenden Ereignis Kenntnis erlangt haben.

§ 33 Psychotherapeutische Intervention in anderen Fällen

Geschädigte sowie Angehörige, Hinterbliebene und Nahestehende sollen psychotherapeutische Intervention in einer Traumaambulanz erhalten, wenn ein mehr als zwölf Monate zurückliegendes schädigendes Ereignis zu einer akuten psychischen Belastung geführt hat und die erste Sitzung innerhalb von zwölf Monaten nach Auftreten der akuten Belastung erfolgt.

§ 34 Leistungsvoraussetzungen und Leistungsumfang

(1) 1Geschädigte sowie Angehörige, Hinterbliebene und Nahestehende haben Anspruch auf insgesamt bis zu 15 Sitzungen in der Traumaambulanz nach Maßgabe der folgenden Absätze, sofern die Voraussetzungen nach § 32 oder § 33 vorliegen. 2Bei Kindern und Jugendlichen beträgt der Höchstanspruch 18 Sitzungen.

(2) 1Die ersten fünf beziehungsweise bei Kindern und Jugendlichen die ersten acht Sitzungen dienen insbesondere der Abklärung der psychotherapeutischen Behandlungsbedürftigkeit, der Durchführung der Diagnostik und der erforderlichen Akutmaßnahmen. 2Sie können in Anspruch genommen werden, auch wenn noch keine Entscheidung im Erleichterten Verfahren nach § 115 ergangen ist.

(3) 1Geschädigte sowie Angehörige, Hinterbliebene und Nahestehende haben Anspruch auf bis zu zehn weitere Sitzungen, wenn diese erforderlich sind und ein Anspruch auf Leistungen der Traumaambulanz festgestellt wurde. 2Der Anspruch auf bis zu zehn weitere Sitzungen besteht auch dann, wenn die zuständige Behörde zwei Wochen nach Vorliegen des Antrags keine Entscheidung getroffen hat

und die Traumaambulanz die dringende Behandlungsbedürftigkeit sowie die geplante Durchführung der weiteren Sitzungen vorab angezeigt hat.

§ 35 Weiterer Bedarf nach Betreuung in der Traumaambulanz

(1) Besteht bei Personen, die die Betreuung in der Traumaambulanz in Anspruch nehmen, auch nach dieser Betreuung weiterer psychotherapeutischer Behandlungsbedarf, so verweist der Träger der Sozialen Entschädigung sie auf weitere psychotherapeutische Angebote.

(2) 1Die Traumaambulanz ist verpflichtet, der zuständigen Behörde den weiteren Bedarf so frühzeitig wie möglich mitzuteilen. 2Die nach Landesrecht zuständigen Behörden legen in den nach § 37 zu schließenden Vereinbarungen die Konsequenzen eines Verstoßes gegen die Informationspflicht aus Satz 1 fest.

§ 36 Fahrkosten

(1) 1Übernommen werden die erforderlichen Fahrkosten zur nächstgelegenen Traumaambulanz. 2Gleiches gilt für die erforderlichen Fahrkosten einer notwendigen Begleitperson sowie für Kinder, deren Mitnahme erforderlich ist, weil ihre Betreuung nicht sichergestellt ist. 3Übernommen werden auch die notwendigen Betreuungskosten für zu pflegende oder zu betreuende Familienangehörige sowohl für die Berechtigten als auch für die notwendigen Begleitpersonen für Kinder und Jugendliche.

(2) 1Die Fahrkosten werden in Höhe des Betrages zu Grunde gelegt, der bei der Beförderung in der niedrigsten Klasse des zweckmäßigsten öffentlichen Verkehrsmittels zu zahlen ist. 2Bei der Beförderung in einem anderen Verkehrsmittel wird ein Betrag in Höhe der Wegstreckenentschädigung nach § 5 Absatz 1 Satz 2 des Bundesreisekostengesetzes zu Grunde gelegt.

§ 37 Vereinbarungen mit Traumaambulanzen

(1) 1Die nach Landesrecht zuständigen Behörden schließen Vereinbarungen mit Traumaambulanzen, die die Voraussetzungen nach diesem Abschnitt erfüllen. 2Am 1. Januar 2021 bestehende Vereinbarungen bleiben hiervon für die Dauer ihrer Laufzeit unberührt.

(2) 1Die Vereinbarung muss die wesentlichen Anforderungen an die Traumaambulanz sowie die wesentlichen Leistungsmerkmale festlegen. 2In der Vereinbarung muss sich die Traumaambulanz verpflichten, nach § 32 und § 33 berechtigte Personen im Rahmen des vereinbarten Leistungsangebotes psychotherapeutisch zu betreuen. 3Darüber hinaus enthält die Vereinbarung als Mindestinhalt Regelungen über

1. den psychotherapeutisch zu betreuenden Personenkreis,
2. Art und Ziel der Leistung,
3. die Anforderungen an die personelle Ausstattung und an die Qualifikation des Personals,
4. die im Zusammenhang mit der Leistungserbringung bestehenden Pflichten der Traumaambulanz,
5. den Datenschutz sowie
6. die Vergütung der von der Traumaambulanz erbrachten Leistungen.

§ 38 Verordnungsermächtigung

1Das Nähere zu den Vereinbarungen nach § 37 regelt eine vom Bundesministerium für Arbeit und Soziales mit Zustimmung des Bundesrates zu erlassende Rechtsverordnung, die zum 1. Januar 2024 in Kraft tritt. 2Mindestinhalt der Verordnung sind Bestimmungen

1. zur Qualifikation des Personals der Traumaambulanz, das die Sitzungen durchführt,
2. zur Dauer der einzelnen Sitzung,
3. zur Erreichbarkeit der Traumaambulanz und zum Zeitraum, in welchem die Betroffenen einen Termin dort erhalten müssen, unter Berücksichtigung der örtlichen Gegebenheiten,
4. zu den Dokumentationspflichten,
5. zum Abrechnungsverfahren einschließlich der sich daraus ergebenden Datenübermittlungswege,
6. zur Schweigepflichtentbindung und
7. zur Vertraulichkeit.

Abschnitt 4
Kooperationsvereinbarungen

§ 39 Kooperationsvereinbarungen für Beratungs- und Begleitangebote

1Die Träger der Sozialen Entschädigung können Kooperationsvereinbarungen mit Organisationen schließen, die eine umfassende qualitätsgesicherte Beratung und Begleitung der Berechtigten sicherstellen. 2Dabei berücksichtigen sie Angebote, die sich an Angehörige besonders schutzbedürftiger Personengruppen richten. 3Sie können diesen Organisationen Sach- und Geldmittel zur Verfügung stellen.

§ 40 Verordnungsermächtigung

1Das Bundesministerium für Arbeit und Soziales wird ermächtigt, durch Rechtsverordnung, die der Zustimmung des Bundesrates bedarf, die qualitativen Anforderungen an Kooperationsvereinbarungen zu regeln. 2Mindestinhalte der Verordnung sind:

1. die Anforderungen an die Qualifikation der Organisationen, mit denen Kooperationsvereinbarungen geschlossen werden können, sowie
2. die Anforderungen an die Qualifikation der Mitarbeiterinnen und Mitarbeiter der Organisation nach Nummer 1.

Kapitel 5 Krankenbehandlung der Sozialen Entschädigung

Abschnitt 1 Leistungen und Nachweispflicht

§ 41 Anspruch auf Leistungen der Krankenbehandlung der Sozialen Entschädigung

(1) Geschädigte haben für anerkannte Schädigungsfolgen Anspruch auf Leistungen der Krankenbehandlung der Sozialen Entschädigung nach den Vorschriften dieses Kapitels.

(2) $_1$Ist eine Gesundheitsstörung im Sinne einer Verschlimmerung als Folge einer Schädigung anerkannt, besteht abweichend von Absatz 1 Anspruch auf Leistungen der Krankenbehandlung der Sozialen Entschädigung für die gesamte Gesundheitsstörung. $_2$Dies gilt nicht, wenn die als Folge einer Schädigung anerkannte Gesundheitsstörung auf den Zustand, der Leistungen der Krankenbehandlung erfordert, ohne Einfluss ist.

§ 42 Krankenbehandlung

(1) $_1$Geschädigte erhalten für anerkannte Schädigungsfolgen

1. Leistungen der Krankenbehandlung entsprechend dem Dritten Kapitel, Fünfter Abschnitt Erster Titel und Siebter Abschnitt des Fünften Buches und
2. weitere Leistungen der Krankenbehandlung in den Leistungsbereichen nach Nummer 1 entsprechend der jeweiligen Satzung der nach § 57 Absatz 2 oder Absatz 3 zuständigen Krankenkasse.

$_2$Dabei gelten die Grundsätze der Leistungserbringung des Rechts der gesetzlichen Krankenversicherung.

(2) Geschädigte mit einem Grad der Schädigungsfolgen von 50 oder höher können für Nichtschädigungsfolgen Leistungen entsprechend dem Dritten Kapitel des Fünften Buches erhalten, wenn sie keine anderweitige Absicherung im Krankheitsfall haben oder diese auf Grund der Schädigungsfolgen nicht mehr unterhalten können und das Versagen von Leistungen eine unbillige Härte bedeuten würde.

(3) Angehörige nach § 2 Absatz 3 und Nahestehende nach § 2 Absatz 5 von Geschädigten, die einen Grad der Schädigungsfolgen von 50 oder höher haben, können Leistungen entsprechend dem Dritten Kapitel des Fünften Buches erhalten, wenn sie keine anderweitige Absicherung im Krankheitsfall haben oder diese auf Grund der Schädigungsfolgen nicht mehr unterhalten können und das Versagen von Leistungen eine unbillige Härte bedeuten würde.

(4) Hinterbliebene nach § 2 Absatz 4 können Leistungen entsprechend dem Dritten Kapitel des Fünften Buches erhalten, wenn sie keine anderweitige Absicherung im Krankheitsfall haben oder diese auf Grund der Schädigungsfolgen nicht mehr unterhalten können und das Versagen von Leistungen eine unbillige Härte bedeuten würde.

(5) Absatz 1 gilt, soweit dieses Buch nichts Abweichendes bestimmt.

§ 43 Ergänzende Leistungen der Krankenbehandlung

(1) $_1$Geschädigte erhalten für anerkannte Schädigungsfolgen auf Antrag über die Leistungen der Krankenbehandlung nach § 42 hinaus ergänzende Leistungen, wenn diese unter Berücksichtigung der Art und Schwere des Einzelfalls und der besonderen Bedarfe der oder des Geschädigten notwendig sind. $_2$Die Krankenkassen sollen der zuständigen Verwaltungsbehörde Fälle mitteilen, in denen die Erbringung einer ergänzenden Leistung der Krankenbehandlung durch die zuständige Verwaltungsbehörde angezeigt ist.

(2) Ergänzende Leistungen sind insbesondere

1. besondere psychotherapeutische Leistungen, die
   a) über die nach dem Leistungskatalog des Fünften Buches anerkannten Behandlungsverfahren hinausgehen,
   b) die zulässigen Höchstgrenzen der maximalen Stundenzahl für das jeweilige Verfahren und die Behandlungsfrequenz je Woche überschreiten oder
   c) von psychotherapeutisch tätigen Ärztinnen und Ärzten oder Psychotherapeutinnen und Psychotherapeuten, die nicht an der vertragsärztlichen Versorgung teilnehmen, oder von Heilpraktikerinnen und Heilpraktikern, die eine Qualifizierung im Bereich der Psychotherapie nachweisen, erbracht werden,
2. besondere zahnärztliche, implantologische, kieferchirurgische und kieferorthopädische Leistungen sowie Mehrleistungen für Zahnersatz,
3. besondere heilpädagogische Leistungen nach Vollendung des 18. Lebensjahres,

4. besondere verschreibungspflichtige Arzneimittel oder besondere nicht verschreibungspflichtige apothekenpflichtige Arzneimittel,
5. besondere über die allgemeinen Krankenhausleistungen hinausgehende ärztliche und nichtärztliche Leistungen im Rahmen einer stationären Behandlung.

(3) Kosten für in Absatz 2 Nummer 2 genannte Leistungen, die in Umfang, Material oder Ausführung über das schädigungsbedingt Notwendige hinausgehen, sind von den Geschädigten selbst zu tragen.

(4) Angehörige, Hinterbliebene und Nahestehende erhalten auf Antrag besondere psychotherapeutische Leistungen nach Absatz 2 Nummer 1, wenn diese Leistungen

1. zum Ausgleich von psychischen Beeinträchtigungen erforderlich sind, die mittelbar auf das schädigende Ereignis zurückzuführen sind,
2. im Rahmen der individuellen Absicherung im Krankheitsfall nicht oder nicht in ausreichendem Maße erbracht werden und
3. zur Erreichung oder Sicherung des Behandlungserfolges notwendig sind.

§ 44 Sachleistungsprinzip, Kostenbeteiligung

(1) Leistungen der Krankenbehandlung werden als Sachleistungen erbracht, soweit sich aus diesem Buch, dem Fünften Buch oder dem Neunten Buch nichts Abweichendes ergibt.

(2) 1Geschädigte erhalten Sachleistungen ohne Beteiligung an den Kosten. 2Dies gilt nicht für nach § 42 Absatz 2 erbrachte Sachleistungen.

§ 45 Nachweispflicht

1Für den Nachweis der Berechtigung zur Inanspruchnahme von Leistungen der Krankenbehandlung der Sozialen Entschädigung nach § 42 gilt § 15 Absatz 2 bis 6 des Fünften Buches entsprechend. 2Abweichend von Satz 1 legitimieren sich Berechtigte, die über keine elektronische Gesundheitskarte nach § 291 des Fünften Buches verfügen, durch Vorlage von Behandlungsscheinen. 3Diese werden den Berechtigten von der nach § 57 Absatz 3 oder 4 zuständigen Krankenkasse ausgestellt.

§ 46 Versorgung mit Hilfsmitteln, Pauschbetrag für außergewöhnlichen Verschleiß von Kleidung und Wäsche

(1) 1Geschädigte erhalten für anerkannte Schädigungsfolgen

1. die in § 31 Absatz 1 des Siebten Buches genannten Hilfsmittel sowie
2. einen Pauschbetrag für außergewöhnlichen Verschleiß von Kleidung und Wäsche.

2Zahnersatz gilt nicht als Hilfsmittel.

(2) 1Art und Umfang der Hilfsmittel sowie der Pauschbetrag richten sich nach

1. der Rechtsverordnung nach § 31 Absatz 2 des Siebten Buches in der jeweils geltenden Fassung und
2. den gemeinsamen Richtlinien der Verbände der Unfallversicherungsträger über die Hilfsmittelversorgung im Bereich der gesetzlichen Unfallversicherung nach § 31 Absatz 2 Satz 2 des Siebten Buches.

2Dabei gelten die Grundsätze der Leistungserbringung des Rechts der gesetzlichen Unfallversicherung.

§ 47 Krankengeld der Sozialen Entschädigung

(1) Geschädigte erhalten bei einer durch eine anerkannte Schädigungsfolge verursachten Arbeitsunfähigkeit oder bei einer wegen einer anerkannten Schädigungsfolge erforderlichen stationären Behandlung Krankengeld der Sozialen Entschädigung entsprechend den Regelungen zum Krankengeld des Fünften Buches nach Maßgabe der Absätze 2 bis 9.

(2) Krankengeld der Sozialen Entschädigung erhalten auch

1. hauptberuflich selbständige Erwerbstätige, die keine Wahlerklärung nach § 44 Absatz 2 Satz 1 Nummer 2 des Fünften Buches abgegeben haben,
2. Beschäftigte, die keine Wahlerklärung nach § 44 Absatz 2 Satz 1 Nummer 3 Satz 1 des Fünften Buches abgegeben haben und
3. geringfügig Beschäftigte, deren Beschäftigung keine Versicherungspflicht nach § 5 Absatz 1 des Fünften Buches begründet sowie Familienversicherte nach § 10 des Fünften Buches.

(3) Als arbeitsunfähig im Sinne des § 44 Absatz 1 des Fünften Buches sind auch Geschädigte anzusehen, die ohne arbeitsunfähig zu sein, wegen einer Maßnahme der Krankenbehandlung der Sozialen Entschädigung keine ganztägige Erwerbstätigkeit ausüben können.

(4) 1Das Krankengeld der Sozialen Entschädigung beträgt 80 Prozent des Regelentgelts, darf jedoch das entgangene regelmäßige Nettoarbeitsentgelt nicht übersteigen. 2Das Regelentgelt wird bis zur Höhe der jeweils geltenden Leistungsbemessungsgrenze berücksichtigt. 3Leistungsbemessungsgrenze ist der 360. Teil der jährlichen Beitragsbemessungsgrenze der allgemeinen Rentenversicherung.

(5) Haben Geschädigte von einem anderen Rehabilitationsträger Krankengeld, Versorgungskrankengeld, Krankengeld der Soldatenentschädigung, Verletztengeld oder Übergangsgeld bezogen und ist ihnen im Anschluss daran Krankengeld der Sozialen Entschädigung zu zahlen, so ist bei dessen Berechnung von dem bisher zugrunde gelegten Entgelt auszugehen.

(6) 1Für die nach dem Künstlersozialversicherungsgesetz Versicherten sowie für Versicherte, die eine Wahlerklärung nach § 44 Absatz 2 Satz 1 Nummer 2 des Fünften Buches abgegeben haben, entsteht der Anspruch auf Krankengeld der Sozialen Entschädigung zu den in § 46 Satz 1 des Fünften Buches geregelten Zeiten. 2§ 46 Satz 2 bis 4 des Fünften Buches findet keine Anwendung.

(7) Für Versicherte, die eine Wahlerklärung nach § 44 Absatz 2 Satz 1 Nummer 3 des Fünften Buches abgegeben haben, ruht der Anspruch auf Krankengeld der Sozialen Entschädigung abweichend von § 49 Absatz 1 Nummer 7 des Fünften Buches in den ersten sechs Wochen der Arbeitsunfähigkeit nicht.

(8) Das Krankengeld der Sozialen Entschädigung endet nicht vor dem Ende einer stationären Behandlung.

(9) 1Das Krankengeld der Sozialen Entschädigung ist bis zum Beginn von Leistungen zur Teilhabe am Arbeitsleben oder einer weiteren medizinischen Maßnahme weiter zu zahlen, wenn die Leistungen zur Teilhabe am Arbeitsleben oder eine weitere medizinische Maßnahme

1. nach Abschluss der Krankenbehandlung erforderlich sind und
2. aus Gründen, die die Geschädigten nicht zu vertreten haben, nicht unmittelbar anschließend durchgeführt werden können.

2Satz 1 gilt nur, wenn Geschädigte arbeitsunfähig sind und ihnen kein Anspruch auf Krankengeld nach dem Fünften Buch zusteht oder ihnen nach Wiedererlangung der Arbeitsfähigkeit keine zumutbare Beschäftigung vermittelt werden kann.

(10) 1Ein wegen anerkannter Schädigungsfolgen erkranktes Kind, das dadurch bedingt der Beaufsichtigung, Betreuung oder Pflege bedarf, hat für den betreuenden Elternteil Anspruch auf Krankengeld der Sozialen Entschädigung. 2Es gilt § 45 des Fünften Buches entsprechend mit der Maßgabe, dass das Krankengeld der Sozialen Entschädigung

1. abweichend von § 45 Absatz 2 Satz 3 des Fünften Buches 100 Prozent des ausgefallenen Nettoarbeitsentgeltes des betreuenden Elternteils beträgt, aber den 360. Teil der jährlichen Beitragsbemessungsgrenze der allgemeinen Rentenversicherung nicht übersteigen darf,
2. abweichend von § 45 Absatz 2 Satz 4 des Fünften Buches 80 Prozent des erzielten regelmäßigen Arbeitseinkommens des betreuenden Elternteils bis zum 360. Teil der jährlichen Beitragsbemessungsgrenze der allgemeinen Rentenversicherung beträgt und
3. sich in Fällen des § 45 Absatz 4 des Fünften Buches nach Absatz 4 berechnet.

§ 48 Beihilfe bei erheblicher Beeinträchtigung der Erwerbsgrundlage

(1) Führt eine notwendige ambulante oder stationäre Behandlung einer anerkannten Schädigungsfolge zu einer erheblichen Beeinträchtigung der Erwerbsgrundlage der oder des Geschädigten, so kann ihr oder ihm eine Beihilfe gezahlt werden.

(2) 1Eine Beihilfe kann einer oder einem Geschädigten auch gezahlt werden, wenn infolge bestehender, unabwendbarer finanzieller Verpflichtungen die Einkünfte einschließlich des Krankengeldes der Sozialen Entschädigung nicht ausreichen, den notwendigen Lebensunterhalt zu bestreiten. 2Sie ist ausgeschlossen, wenn die finanziellen Belastungen auf einer Verpflichtung beruhen, durch die die Grundsätze wirtschaftlicher Lebensführung verletzt worden sind.

(3) 1Die Beihilfe ist in angemessener Höhe zu zahlen. 2Sie soll pro Tag den 720. Teil der jährlichen Bezugsgröße nach § 18 Absatz 1 des Vierten Buches nicht übersteigen.

(4) 1Die Beihilfe endet spätestens mit dem Wegfall des Krankengeldes der Sozialen Entschädigung. 2Wird kein Krankengeld der Sozialen Entschädigung geleistet, weil Geschädigte kein Einkommen erzielt haben, so endet die Beihilfe spätestens mit dem Zeitpunkt, zu dem, sofern Einkommen erzielt worden wäre, das Krankengeld der Sozialen Entschädigung weggefallen wäre.

§ 49 Zuschüsse bei Zahnersatz

Anstelle der Versorgung mit Zahnersatz können Geschädigte für die Beschaffung eines Zahnersatzes wegen anerkannter Schädigungsfolgen einen Zuschuss in angemessener Höhe erhalten, wenn

1. sie wegen eines nicht schädigungsbedingten weiteren Zahnverlustes einen erweiterten Zahnersatz anfertigen lassen und
2. es sich bei dem erweiterten Zahnersatz um eine nicht teilbare Leistung handelt.

§ 50 Erstattung von Kosten bei selbst beschaffter Krankenbehandlung

(1) 1Entstehen Geschädigten Kosten für eine selbst beschaffte notwendige Behandlung von Schädigungsfolgen, bevor ihr Anspruch auf Leistungen der Sozialen Entschädigung anerkannt worden ist, so werden ihnen diese Kosten in angemessenem Umfang erstattet. 2Dies gilt auch, wenn nach Abschluss der Krankenbehandlung keine Gesundheitsstörung mehr vorliegt. 3Als angemessen gelten die Kosten, die bei der Inanspruchnahme der Sachleistung angefallen wären.

(2) 1Entstehen Geschädigten Kosten für die selbst beschaffte notwendige Behandlung von Schädigungsfolgen in dem Zeitraum, für den sie nach § 11

Absatz 2 Leistungen erhalten können, bevor sie ihren Anspruch auf Leistungen der Sozialen Entschädigung geltend gemacht haben, so werden ihnen diese Kosten in der entstandenen Höhe erstattet. 2Dies gilt auch, wenn die Geschädigten durch Umstände, die außerhalb ihres Willens lagen, daran gehindert waren, diesen Anspruch vor Beginn der Behandlung geltend zu machen.

(3) Entstehen Geschädigten Kosten für eine selbst beschaffte notwendige Behandlung von Schädigungsfolgen, nachdem ihr Anspruch auf Leistungen der Sozialen Entschädigung anerkannt worden ist, so werden ihnen diese Kosten in der entstandenen Höhe erstattet, wenn

1. die Leistung unaufschiebbar war und nicht rechtzeitig von der zuständigen Krankenkasse, der zuständigen Unfallkasse des Landes oder der zuständigen Verwaltungsbehörde erbracht werden konnte oder
2. die zuständige Krankenkasse, die zuständige Unfallkasse des Landes oder die zuständige Verwaltungsbehörde die Leistung zu Unrecht abgelehnt hat.

(4) Die Kosten für selbst beschaffte Leistungen zur medizinischen Rehabilitation nach dem Neunten Buch werden nach § 18 des Neunten Buches erstattet.

(5) Werden Geschädigten die Kosten nach Absatz 1, 2, 3 oder 4 erstattet, so haben sie unter den Voraussetzungen des § 47 Anspruch auf Krankengeld der Sozialen Entschädigung.

§ 51 Erstattung von Kosten für Krankenbehandlung bei vorübergehendem Auslandsaufenthalt

(1) 1Geschädigten werden bei einem vorübergehenden Aufenthalt im Ausland die Kosten der notwendigen Krankenbehandlung anerkannter Schädigungsfolgen erstattet. 2Der Anspruch auf Erstattung besteht bis zur Höhe der Vergütung, die die Krankenkassen bei Erbringung als Sachleistung im Inland zu tragen hätten.

(2) Abweichend von Absatz 1 können die Kosten bis zur Höhe der tatsächlich entstandenen Kosten erstattet werden, wenn

1. eine dem allgemein anerkannten Stand der medizinischen Erkenntnisse entsprechende Behandlung nicht im Inland möglich ist oder
2. ein unaufschiebbarer Behandlungsbedarf bestand.

(3) Bei einer Erstattung der Kosten nach Absatz 1 oder 2 können auch weitere im Zusammenhang mit der Krankenbehandlung anfallende notwendige Kosten für Geschädigte und für eine erforderliche Begleitperson ganz oder teilweise erstattet werden.

(4) Werden Geschädigten Kosten nach Absatz 1 oder 2 erstattet, so haben sie bei Vorliegen der Voraussetzungen des § 47 Anspruch auf Krankengeld der Sozialen Entschädigung.

(5) 1Geschädigte können stationäre Krankenhausleistungen im Ausland in Anspruch nehmen, wenn zuvor die zuständige Verwaltungsbehörde zugestimmt hat. 2Die Zustimmung darf nur versagt werden, wenn die gleiche Behandlung oder eine Behandlung, die für Geschädigte ebenso wirksam ist und dem allgemein anerkannten Stand der medizinischen Erkenntnisse entspricht, rechtzeitig bei einem Vertragspartner der zuständigen Krankenkasse im Inland erlangt werden kann. 3War die stationäre Krankenhausbehandlung im Ausland unaufschiebbar, so darf den Geschädigten das Fehlen der vorherigen Zustimmung nicht entgegengehalten werden, soweit und solange sie daran gehindert waren, die Zustimmung einzuholen.

§ 52 Beiträge zur Arbeitsförderung, zur gesetzlichen Rentenversicherung und zur Alterssicherung

(1) Für Geschädigte werden für die Zeit, in der sie Krankengeld der Sozialen Entschädigung erhalten, folgende Beiträge entrichtet:

1. Beiträge zur Arbeitsförderung bei bestehender Versicherungspflicht nach § 26 Absatz 2 Nummer 1 des Dritten Buches und
2. Beiträge zur gesetzlichen Rentenversicherung bei bestehender Versicherungspflicht nach § 3 Satz 1 Nummer 3 des Sechsten Buches.

(2) 1Geschädigten, die nicht rentenversicherungspflichtig sind oder von der Rentenversicherungspflicht befreit sind, werden auf Antrag für die Zeit, in der sie Krankengeld der Sozialen Entschädigung erhalten, die Aufwendungen für die Alterssicherung erstattet. 2Aufwendungen für die Alterssicherung sind insbesondere

1. freiwillige Beiträge zur gesetzlichen Rentenversicherung,
2. Beiträge zu öffentlich-rechtlichen berufsständischen Versicherungs- und Versorgungseinrichtungen sowie
3. Beiträge zu öffentlichen oder privaten Versicherungsunternehmen auf Grund von Lebensversicherungsverträgen, die der Alterssicherung dienen.

3Die Erstattung erfolgt bis zur Höhe der Beiträge, die zur gesetzlichen Rentenversicherung für die Zeit des Bezugs von Krankengeld der Sozialen Entschädigung zu entrichten wären, wenn die Geschädigten rentenversicherungspflichtig wären.

(3) In Fällen des § 47 Absatz 10 werden

1. abweichend von Absatz 1 die Beiträge für den Elternteil entrichtet, für den das geschädigte Kind Anspruch auf Krankengeld der Sozialen Entschädigung hat oder
2. abweichend von Absatz 2 dem nicht rentenversicherungspflichtigen oder von der Rentenversicherungspflicht befreiten Elternteil, für den das geschädigte Kind Anspruch auf Krankengeld der Sozialen Entschädigung hat, die Aufwendungen für die Alterssicherung erstattet.

(4) Die Krankenkasse

1. benennt der zuständigen Verwaltungsbehörde vierteljährlich die Personen, die Krankengeld der Sozialen Entschädigung beziehen,
2. macht gegenüber der zuständigen Verwaltungsbehörde vierteljährlich die für die Entrichtung der Beträge erforderlichen Angaben und
3. legt der zuständigen Verwaltungsbehörde auf Anfrage Nachweise für die nach den Nummern 1 und 2 gemachten Meldungen vor.

§ 53 Reisekosten

(1) 1Berechtigte haben Anspruch auf Übernahme von Fahrkosten und anderen Reisekosten, die im Zusammenhang mit einer Leistung der Krankenbehandlung entstehen. 2Den Berechtigten werden für sich, eine notwendige Begleitung sowie für Kinder, deren Mitnahme erforderlich ist, weil ihre anderweitige Betreuung nicht sichergestellt ist, die notwendigen Reisekosten einschließlich des Gepäcktransports sowie der Kosten für Verpflegung und Unterkunft in angemessenem Umfang ersetzt. 3Maßstab für die Angemessenheit ist das Bundesreisekostengesetz. 4Kein Anspruch auf Ersatz der Reisekosten besteht, wenn eine stationäre Behandlung ohne zwingenden Grund abgebrochen wird.

(2) Dauert eine Maßnahme länger als acht Wochen, so können auch die notwendigen Reisekosten für im Regelfall monatlich zwei Familienheimfahrten oder monatlich zwei Fahrten eines Familienangehörigen zum Aufenthaltsort des Berechtigten übernommen werden.

(3) Bei notwendiger Begleitung wird Ersatz für entgangenen Arbeitsverdienst in angemessenem Umfang geleistet, wenn der Berechtigte der Begleitperson zur Erstattung verpflichtet ist.

Abschnitt 2
Vergütung der Leistungserbringer

§ 54 Vergütung für Leistungen der Krankenbehandlung

(1) Die Leistungserbringer der Krankenbehandlung nach § 42 haben Anspruch auf die Vergütung, die für die Krankenbehandlung der Versicherten der gesetzlichen Krankenkassen zu zahlen ist.

(2) Der Anspruch ist bei der nach § 57 Absatz 2 und Absatz 3 zuständigen Krankenkasse geltend zu machen.

§ 55 Vergütung für ergänzende Leistungen

(1) 1Die Erbringer der in § 43 Absatz 1 genannten ergänzenden Leistungen haben Anspruch auf Vergütung. 2Der Anspruch ist bei der zuständigen Verwaltungsbehörde geltend zu machen.

(2) 1Die Höhe der Vergütung für besondere psychotherapeutische Leistungen nach § 43 Absatz 2 Nummer 1 richtet sich

1. nach § 21 Psychotherapeutenausbildungsreformgesetz (PsychThGAusbRefG) und
2. nach der Gebührenordnung für Ärzte in der jeweils geltenden Fassung. 2§ 11 der Gebührenordnung für Ärzte findet keine Anwendung.

(3) Die Höhe der Vergütung für besondere zahnärztliche, implantologische, kieferchirurgische und kieferorthopädische Leistungen sowie für Mehrleistungen für Zahnersatz nach § 43 Absatz 2 Nummer 2 richtet sich

1. nach der Gebührenordnung für Zahnärzte in der jeweils geltenden Fassung und
2. nach der Bundeseinheitlichen Benennungsliste für zahntechnische Leistungen (BEB).

(4) 1Ist eine Leistung nicht von einer in den Absätzen 2 und 3 genannten Gebührenordnung erfasst, so erfolgt eine angemessene Vergütung in Anlehnung an die genannten Gebührenordnungen. 2Dabei sind die Besonderheiten des Einzelfalls sowie Art und Umfang der erbrachten Leistungen zu berücksichtigen.

(5) Für besondere heilpädagogische Leistungen nach § 43 Absatz 2 Nummer 3 erhalten die Leistungserbringer eine angemessene Vergütung.

(6) 1Die Höhe der Vergütung für besondere verschreibungspflichtige Arzneimittel nach § 43 Absatz 2 Nummer 4 richtet sich nach der Arzneimittelpreisverordnung in der jeweils geltenden Fassung. 2Kosten für besondere nicht verschreibungspflichtige Arzneimittel und Arzneimittel, bei denen der Festbetrag überschritten wird, werden in voller Höhe übernommen.

(7) Die Höhe der Vergütung für besondere über die allgemeinen Krankenhausleistungen hinausgehende ärztliche und nichtärztliche Leistungen im Rahmen einer stationären Behandlung nach § 43 Absatz 2 Nummer 5 richtet sich nach § 17 des Gesetzes über die Entgelte für vollstationäre und teilstationäre Krankenhausleistungen in der jeweils geltenden Fassung.

§ 56 Vergütung für die Versorgung mit Hilfsmitteln

(1) Leistungserbringer der Versorgung mit Hilfsmitteln nach § 46 haben Anspruch auf die Vergütung, die für die Versorgung Versicherter der gesetzlichen Unfallversicherung zu zahlen ist.

(2) Der Anspruch ist bei der zuständigen Unfallkasse des Landes geltend zu machen.

Abschnitt 3
Zuständigkeit und Datenübermittlung

§ 57 Zuständigkeit

(1) Die Krankenbehandlung der Sozialen Entschädigung wird von der zuständigen Verwaltungsbehörde durchgeführt.

(2) Für Geschädigte, die Mitglied einer Krankenkasse oder nach § 10 des Fünften Buches familienversichert sind, erbringt ihre Krankenkasse für die zuständige Verwaltungsbehörde

1. die Krankenbehandlung nach § 42,
2. das Krankengeld der Sozialen Entschädigung nach § 47 und
3. die Leistungen nach § 53, die mit der Inanspruchnahme einer Hauptleistung nach § 42 in Zusammenhang stehen.

(3) 1Geschädigte, die weder Mitglied einer Krankenkasse noch nach § 10 des Fünften Buches familienversichert sind, wählen eine nach § 173 des Fünften Buches wählbare Krankenkasse, die für die zuständige Verwaltungsbehörde

1. die Krankenbehandlung nach § 42,
2. das Krankengeld der Sozialen Entschädigung nach § 47 und
3. die Leistungen nach § 53, die mit der Inanspruchnahme einer Hauptleistung nach § 42 in Zusammenhang stehen,

erbringt. 2Die Wahl der Krankenkasse nach Satz 1 ist innerhalb von zwei Wochen nach Bekanntgabe der Entscheidung über den Anspruch auf Leistungen der Sozialen Entschädigung auszuüben. 3Wird sie nicht fristgerecht ausgeübt, gilt das Verfahren nach § 175 Absatz 3 Satz 2 des Fünften Buches entsprechend. 4§ 175 Absatz 4 Satz 1 bis 5 des Fünften Buches gilt entsprechend. 5Kein Recht auf Wahl der Krankenkasse besteht für Geschädigte, für die bereits eine Krankenkasse nach § 264 Absatz 1 Satz 2 oder Absatz 3 des Fünften Buches zuständig ist. 6Diese Krankenkasse ist verpflichtet, die Leistungen nach Satz 1 zu erbringen.

(4) Das Wahlrecht nach Absatz 3 gilt entsprechend für Angehörige, Hinterbliebene und Nahestehende, die Leistungen nach § 42 Absatz 3 oder Absatz 4 erhalten.

(5) 1Die Versorgung mit Hilfsmitteln nach § 46 Absatz 1 Satz 1 Nummer 1 erbringt die zuständige Unfallkasse des Landes für die zuständige Verwaltungsbehörde. 2Hierzu zählt auch die Wahrnehmung der sich aus dem Medizinprodukterecht ergebenden Pflichten. 3Sie erbringt auch die Leistungen nach § 53, die mit der Inanspruchnahme einer Hauptleistung nach § 46 Absatz 1 Satz 1 Nummer 1 in Zusammenhang stehen.

(6) 1Alle weiteren Leistungen erbringt die zuständige Verwaltungsbehörde. 2§ 18 Absatz 6 Satz 2 und 3 des Neunten Buches bleiben unberührt.

§ 58 Zuständigkeit zur Entscheidung über Widersprüche

Über Widersprüche gegen Verwaltungsakte, die im Rahmen der Leistungserbringung von Krankenkassen nach § 57 Absatz 2, 3 und 4 und von Unfallkassen der Länder nach § 57 Absatz 5 erlassen werden, entscheidet die für die zuständige Verwaltungsbehörde zuständige Widerspruchsbehörde.

§ 59 Datenübermittlung

(1) Die Leistungserbringer der Krankenbehandlung sind verpflichtet, der zuständigen Krankenkasse oder der zuständigen Verwaltungsbehörde die in den §§ 294, 294a, 295, 295a Absatz 3, §§ 298, 300, 301, 302 und 303 des Fünften Buches genannten Daten zu übermitteln, soweit dies für die Erfüllung der Aufgaben der zuständigen Krankenkasse oder der zuständigen Verwaltungsbehörde erforderlich ist.

(2) Die Leistungserbringer der Krankenbehandlung sind verpflichtet, der zuständigen Unfallkasse des Landes die in den §§ 201 und 203 des Siebten Buches genannten Daten zu übermitteln, soweit dies für die Erfüllung der Aufgaben der zuständigen Unfallkasse des Landes erforderlich ist.

Abschnitt 4
Erstattungen von Aufwendungen und Verwaltungskosten

§ 60 Erstattung an Krankenkassen

(1) Den Krankenkassen werden von der zuständigen Verwaltungsbehörde halbjährlich die Aufwendungen erstattet, die ihnen nach § 57 Absatz 2, 3 und 4, den §§ 143 und 151 entstehen.

(2) 1Für Aufwendungen der Jahre 2024 bis 2029 werden die Erstattungsansprüche der Krankenkassen nach Absatz 1 pauschal abgegolten. 2Grundlage für die Festsetzung des Pauschalbetrages eines Kalenderjahres ist die Erstattung der Aufwendungen des Vorjahres. 3Die Festsetzung des Pauschalbetrages für das Jahr 2024 erfolgt dabei auf Grundlage der für die Aufwendungen im Sinne des Absatzes 1 nach § 20 Absatz 1 des Bundesversor-

gungsgesetzes oder nach Gesetzen, die § 20 des Bundesversorgungsgesetzes ganz oder teilweise für entsprechend anwendbar erklärt haben, jeweils für das Jahr 2023 gezahlten Erstattungsbeträge. 4Der sich daraus ergebende Betrag wird einmalig für das Jahr 2024 um 10 Prozent erhöht. 5Der für das Jahr 2024 erhöhte Betrag sowie in den Folgejahren der Betrag nach Satz 2 werden um den Prozentsatz verändert, um den sich die Zahl der Empfängerinnen und Empfänger von Leistungen nach Kapitel 9, den §§ 144 und 148 am 1. Juli des Jahres im Vergleich zum 1. Juli des Vorjahres verändert hat. 6Dieses Ergebnis wird danach um den Prozentsatz verändert, um den sich die Ausgaben der Krankenkassen je Mitglied und Rentner einschließlich der Familienangehörigen für Leistungen der Krankenbehandlung, mit Ausnahme für Leistungen der Hilfsmittelversorgung, nach dem Dritten Kapitel, Fünfter Abschnitt Erster und Zweiter Titel sowie Siebter und Achter Abschnitt des Fünften Buches jeweils im ersten Halbjahr gegenüber dem ersten Halbjahr des Vorjahres verändert haben.

(3) 1Der von den einzelnen Ländern zu tragende Anteil am Pauschalbetrag nach Absatz 2 bestimmt sich nach deren Anteil an der Zahl der Empfängerinnen und Empfänger von Leistungen nach Kapitel 9, den §§ 144 und 148 am 1. Juli des jeweiligen Jahres. 2Das Bundesministerium für Arbeit und Soziales gibt die von den Ländern zu zahlenden jährlichen Anteile am Pauschalbetrag bekannt. 3Die zuständige Verwaltungsbehörde zahlt ihren jeweiligen Anteil am Pauschalbetrag in Teilbeträgen an den Spitzenverband Bund der Krankenkassen. 4Der jeweils für das erste Kalenderhalbjahr zu zahlende Teilbetrag wird als Abschlagszahlung in Höhe von 40 Prozent des Pauschalbetrages des Vorjahres zum 1. Juli des Jahres geleistet. 5Der verbleibende Restbetrag ist zum Ende des Kalenderjahres zu leisten.

(4) 1Der Spitzenverband Bund der Krankenkassen verteilt den Pauschalbetrag nach Absatz 2 in Höhe von 75 Prozent auf die Krankenkassen nach ihrem Anteil an den risikoadjustierten Zuweisungen aus dem Gesundheitsfonds nach § 266 des Fünften Buches. 2Der Spitzenverband Bund der Krankenkassen verteilt den Pauschalbetrag in Höhe von 25 Prozent nach ihrem jeweiligen Anteil an den Anspruchsberechtigten nach § 57 Absatz 3 und 4 und den §§ 143 und 151, die weder Mitglied einer Krankenkasse noch nach § 10 des Fünften Buches familienversichert sind. 3Die Ermittlung des Anteils einer Krankenkasse an den risikoadjustierten Zuweisungen erfolgt auf Grundlage der Ergebnisse des zum Zeitpunkt der Verteilung aktuell abgeschlossenen Jahresausgleichs nach § 266 Absatz 7 Satz 3 des Fünften Buches. 4Für die landwirtschaftliche Krankenkasse ist aus dem Anteil an dem Pauschalbetrag nach Absatz 2, der nach risikoadjustierten Zuweisungen aus dem Gesundheitsfonds verteilt wird, vorab ein Anteil abzuziehen, der sich nach dem Verhältnis der Anzahl der Versicherten dieser Krankenkasse zu der Anzahl der Versicherten aller Krankenkassen am 1. Juli des Vorjahres bemisst und an die landwirtschaftliche Krankenkasse auszuzahlen ist. 5Die Krankenkassen melden dem Spitzenverband Bund der Krankenkassen nach Aufforderung die Anzahl der Anspruchsberechtigten nach § 57 Absatz 3 und 4 und den §§ 143 und 151. 6Maßgebend für die Anzahl der Anspruchsberechtigten sind jeweils die Verhältnisse zum 1. Juli des Vorjahres.

(5) 1Für Aufwendungen ab dem Jahr 2030 werden die Erstattungsansprüche der Krankenkassen nach Absatz 1 ebenfalls pauschal abgegolten. 2Der Berechnung des Pauschalbetrages sind valide Daten zugrunde zu legen.

(6) 1Näheres zu den Pauschalabgeltungen nach den Absätzen 2 und 5, einschließlich der zu deren Einführung erforderlichen Melde- und Datenaustauschverfahren sowie die Einzelheiten zur Durchführung der Verfahren, regelt eine Verwaltungsvereinbarung, die die Bundesstelle für Soziale Entschädigung mit dem Spitzenverband Bund der Krankenkassen abschließt. 2Die Vereinbarung bedarf der Zustimmung des Bundesministeriums für Arbeit und Soziales, des Bundesministeriums für Gesundheit und der Länder.

(7) 1Können sich die Bundesstelle für Soziale Entschädigung und der Spitzenverband Bund der Krankenkassen nicht auf eine Verwaltungsvereinbarung nach Absatz 6 einigen oder stimmen das Bundesministerium für Arbeit und Soziales, das Bundesministerium für Gesundheit oder die Länder einer Verwaltungsvereinbarung nicht zu, können die Bundesstelle für Soziale Entschädigung oder der Spitzenverband Bund der Krankenkassen ein Schiedsstellenverfahren einleiten. 2Die Schiedsstelle legt den Vereinbarungsinhalt fest. 3Entsprechendes gilt, wenn die Bundesstelle für Soziale Entschädigung oder der Spitzenverband Bund der Krankenkassen eine Anpassung der Verwaltungsvereinbarung nach Absatz 6 verlangt und eine Einigung hierüber nicht zustande kommt. 4Die Entscheidung der Schiedsstelle bedarf der Zustimmung des Bundesministeriums für Arbeit und Soziales sowie des Bundesministeriums für Gesundheit. 5Die Schiedsstelle besteht aus einem oder einer unparteiischen Vorsitzenden, zwei weiteren unparteiischen Mitgliedern sowie je fünf Vertretern oder Vertreterinnen der Länder und des Spitzenverbandes Bund der Krankenkassen. 6Der oder die Vorsitzende und die unparteiischen Mitglieder werden von den Ländern und dem Spitzenverband Bund der

Krankenkassen gemeinsam bestellt. $_{7}$Können sich die Länder und der Spitzenverband Bund der Krankenkassen nicht auf einzelne oder mehrere unparteiische Mitglieder einigen, werden diese vom Bundesministerium für Arbeit und Soziales im Einvernehmen mit dem Bundesministerium für Gesundheit bestellt. $_{8}$Die Kosten des Schiedsverfahrens tragen die Länder und der Spitzenverband Bund der Krankenkassen zu gleichen Teilen.

(8) $_{1}$Die Schiedsstelle gibt sich eine Geschäftsordnung. $_{2}$Die Mitglieder der Schiedsstelle führen ihr Amt als Ehrenamt. $_{3}$Sie sind an Weisungen nicht gebunden. $_{4}$Jedes Mitglied hat eine Stimme. $_{5}$Die Entscheidungen werden mit der Mehrheit der Mitglieder getroffen. $_{6}$Ergibt sich keine Mehrheit, gibt die Stimme der oder des Vorsitzenden den Ausschlag. $_{7}$Die Rechtsaufsicht über die Schiedsstelle führt das Bundesministerium für Arbeit und Soziales.

(9) Soweit es ab dem Jahr 2030 an einer Regelung für die Festsetzung des Pauschalbetrages nach Absatz 5 fehlt, gelten die Absätze 2 bis 4 sowie 10 entsprechend.

(10) Den Krankenkassen werden von der zuständigen Verwaltungsbehörde kalenderhalbjährlich Verwaltungskosten in Höhe von 5 Prozent der Pauschalbeträge nach den Absätzen 2 und 5 erstattet.

§ 60a Datenerhebung

(1) $_{1}$Die zuständige Verwaltungsbehörde übermittelt für erstmals ab dem 1. Januar 2024 bewilligte Leistungen nach Kapitel 5 dieses Buches an die nach § 57 Absatz 2 bis 4 zuständige Krankenkasse folgende Daten:

1. den Namen und Vornamen des Berechtigten,
2. das Geburtsdatum und den Geburtsort des Berechtigten,
3. die Anschrift des Berechtigten,
4. das Aktenzeichen der zuständigen Verwaltungsbehörde,
5. die Krankenversichertennummer des Berechtigten,
6. die Rechtsgrundlage und den Zeitpunkt des festgestellten Anspruchs und
7. die anerkannte Schädigungsfolge.

$_{2}$Zusätzlich übermittelt die zuständige Verwaltungsbehörde eine Kopie des aktuellen Anerkennungsbescheides. $_{3}$Die Übermittlung der Daten und der Kopie des Anerkennungsbescheides erfolgt unverzüglich nach Feststellung des Anspruches auf Leistungen der Krankenbehandlung der Sozialen Entschädigung. $_{4}$Die Verwaltungsbehörde informiert die Krankenkasse unverzüglich über ihr bekannte Änderungen der in Satz 1 genannten Daten. $_{5}$Bei Änderung der Anspruchsvoraussetzungen übermittelt sie der Krankenkasse unverzüglich eine Kopie des Neufeststellungsbescheides.

(2) $_{1}$Werden der Krankenkasse Tatsachen bekannt, die zu einer Änderung der nach Absatz 1 übermittelten Daten führen können, so teilt sie dies unverzüglich der zuständigen Verwaltungsbehörde mit. $_{2}$Die Verwaltungsbehörde prüft, ob eine Änderung der nach Absatz 1 übermittelten Daten angezeigt ist und meldet Änderungen nach Absatz 1.

(3) $_{1}$Für Berechtigte, die einen Anspruch auf Leistungen der Krankenbehandlung der Sozialen Entschädigung gemäß § 143 Absatz 1 haben und eine monatliche Zahlung nach § 83 oder § 144 beziehen, ist Absatz 1 mit der Maßgabe anzuwenden, dass eine erstmalige Übermittlung der Daten bis zum 31. Dezember 2024 zu erfolgen hat. $_{2}$Absatz 2 gilt entsprechend.

(4) $_{1}$Die zuständige Krankenkasse meldet der zuständigen Verwaltungsbehörde bis zum 31. Dezember 2024 die ihr bekannten Berechtigten, die einen Anspruch auf eine Absicherung gegen Krankheit nach § 151 Absatz 1 haben, sowie die nicht von Absatz 3 umfassten Berechtigten, die weder Mitglied einer Krankenkasse noch nach § 10 des Fünften Buches familienversichert sind. $_{2}$Für diese Fälle übermittelt die zuständige Verwaltungsbehörde der zuständigen Krankenkasse bis zum 31. Dezember 2025 die in Absatz 1 Satz 1 Nummer 1 bis 6 genannten Daten und eine Kopie des aktuellen Anerkennungsbescheides.

(5) $_{1}$Für die Jahre 2026 bis 2028 teilen die Krankenkassen den zuständigen Verwaltungsbehörden kalenderhalbjährlich mit:

1. die nach den Absätzen 1, 3 und 4 gemeldeten Personen, die Leistungen der Krankenbehandlung der Sozialen Entschädigung erhalten,
2. die Leistungen der Krankenbehandlung der Sozialen Entschädigung, einschließlich des Diagnoseschlüssels, oder als Absicherung gegen Krankheit, die in den Fällen nach Nummer 1 erbracht werden und
3. die Aufwendungen, die bei der Leistungserbringung der Krankenkassen entstanden sind.

$_{2}$Für Datenübermittlungen zwischen den Leistungserbringern der Krankenbehandlung und den Krankenkassen gilt die Mitteilung nach Satz 1 als Aufgabe im Sinne von § 59. $_{3}$Zugleich übermitteln die Krankenkassen die Daten nach Satz 1 in anonymisierter Form an den Spitzenverband Bund der Krankenkassen.

(6) $_{1}$Die Bundesstelle für Soziale Entschädigung stellt den zuständigen Verwaltungsbehörden, dem Spitzenverband Bund der Krankenkassen, dem Bundesministerium für Arbeit und Soziales und dem Bundesministerium für Gesundheit anonymi-

sierte Auswertungen über die auftragsgemäße Erbringung der Krankenbehandlung nach diesem Buch zur Verfügung. 2Bei der Bundesstelle für Soziale Entschädigung werden hierfür folgende Daten anonymisiert erfasst:

1. Anzahl der gemeldeten Leistungsfälle aufgegliedert nach
   a) Ländern,
   b) Krankenkassen,
   c) Diagnoseschlüsseln und
   d) Leistungsbereichen sowie
2. die Höhe der Aufwendungen der Krankenkassen.

3Die zuständigen Verwaltungsbehörden übermitteln der Bundesstelle für Soziale Entschädigung die von den Krankenkassen zur Verfügung gestellten Angaben nach Absatz 5 in strukturierter und anonymisierter Form. 4Die Bundesstelle für Soziale Entschädigung legt das strukturierte Format für die anonymisierte Übermittlung der Daten einheitlich fest und erstellt auf dieser Grundlage halbjährlich, erstmals zum 1. Juli 2027 und letztmalig zum 1. Juli 2029, eine Auswertung der von den zuständigen Landesbehörden übermittelten Daten.

(7) 1Die Krankenkassen melden die in Absatz 5 Satz 1 genannten Daten ab dem Jahr 2029 in anonymisierter Form an den Spitzenverband Bund der Krankenkassen. 2Für die Datenmeldung legt der Spitzenverband Bund der Krankenkassen das strukturierte Format für die anonymisierte Übermittlung der Daten fest.

§ 61 Erstattung an Unfallkassen der Länder

(1) Den Unfallkassen der Länder werden von der zuständigen Verwaltungsbehörde die Aufwendungen erstattet, die ihnen nach § 57 Absatz 5 entstehen.

(2) 1Den Unfallkassen der Länder werden von der zuständigen Verwaltungsbehörde Verwaltungskosten in Höhe von 10 Prozent des Erstattungsbetrages nach Absatz 1 erstattet. 2Die Höhe der Pauschale wird nach Ablauf von zwei Jahren nach Inkrafttreten der Regelung von den Trägern der Sozialen Entschädigung und der Deutschen Gesetzlichen Unfallversicherung e. V. evaluiert. 3Diese treffen zu den Einzelheiten der Evaluierung eine Vereinbarung.

(3) 1Die Länder können mit den Unfallkassen Vereinbarungen zur Durchführung des Verfahrens nach den Absätzen 1 und 2 treffen. 2Haben die Vereinbarungen finanzielle Auswirkungen für den Bund, bedürfen sie der Zustimmung des Bundesministeriums für Arbeit und Soziales.

Kapitel 6
Leistungen zur Teilhabe

§ 62 Leistungsumfang

1Leistungen zur Teilhabe sind

1. Leistungen zur Teilhabe am Arbeitsleben sowie unterhaltssichernde und andere ergänzende Leistungen,
2. Leistungen zur Teilhabe an Bildung,
3. Leistungen zur Sozialen Teilhabe und
4. Leistungen zur medizinischen Rehabilitation.

2Handelt es sich bei den Leistungen nach Satz 1 Nummer 1 bis 3 um eine Versorgung mit Hilfsmitteln, werden diese entsprechend § 46 Absatz 1 Satz 1 Nummer 1 und Absatz 2 erbracht. 3Die §§ 56 und 57 Absatz 5, die §§ 58 und 59 Absatz 2 und § 61 gelten entsprechend. 4Die Leistungen nach Nummer 4 einschließlich der erforderlichen unterhaltssichernden und anderen ergänzenden Leistungen werden im Rahmen der Leistungen der Krankenbehandlung nach Kapitel 5 erbracht.

§ 63 Leistungen zur Teilhabe am Arbeitsleben

(1) Geschädigte erhalten als Leistungen zur Teilhabe am Arbeitsleben

1. Leistungen nach den §§ 49 bis 55 des Neunten Buches,
2. Leistungen im Eingangsverfahren und im Berufsbildungsbereich einer anerkannten Werkstatt für behinderte Menschen nach § 57 des Neunten Buches,
3. Leistungen im Arbeitsbereich einer anerkannten Werkstatt für behinderte Menschen nach § 58 des Neunten Buches einschließlich des Arbeitsförderungsgeldes nach § 59 des Neunten Buches,
4. Leistungen bei anderen Leistungsanbietern nach § 60 des Neunten Buches,
5. ein Budget für Arbeit nach § 61 des Neunten Buches und
6. ein Budget für Ausbildung nach § 61a des Neunten Buches.

(2) Die Leistungen zur Teilhabe am Arbeitsleben umfassen zudem Leistungen zum Betrieb, Unterhalt, Unterstellen und Abstellen eines Kraftfahrzeuges.

(3) Hinterbliebene erhalten Leistungen zur Teilhabe am Arbeitsleben, soweit der Antrag innerhalb eines Zeitraums von fünf Jahren nach dem Tod des oder der Geschädigten gestellt wird.

§ 64 Unterhaltssichernde und andere ergänzende Leistungen

(1) 1Geschädigte und Hinterbliebene, die Leistungen zur Teilhabe am Arbeitsleben nach § 63 erhal-

ten, erhalten auch die folgenden unterhaltssichernden und anderen ergänzenden Leistungen:

1. Übergangsgeld nach § 65 Absatz 3, 4 und 7 des Neunten Buches sowie nach den §§ 66 bis 72 des Neunten Buches oder Unterhaltsbeihilfe unter den Voraussetzungen des Absatzes 3,
2. Reisekosten nach § 73 des Neunten Buches und
3. Haushalts- oder Betriebshilfe und Kinderbetreuungskosten nach § 74 des Neunten Buches.

2Übergangsgeld nach Satz 1 Nummer 1 wird nicht erbracht beim Bezug von Leistungen im Arbeitsbereich einer anerkannten Werkstatt nach § 63 Absatz 2 des Neunten Buches oder beim Bezug von Leistungen nach § 63 Absatz 3 Satz 2 des Neunten Buches.

(2) Für die Berechnung des Übergangsgeldes während der Teilnahme an Leistungen zur Teilhabe am Arbeitsleben ist Leistungsbemessungsgrenze im Sinne des § 67 Absatz 4 des Neunten Buches der 360. Teil der jährlichen Beitragsbemessungsgrenze der allgemeinen Rentenversicherung.

(3) 1Geschädigte und Hinterbliebene, die vor Beginn der Leistung zur Teilhabe am Arbeitsleben nicht erwerbstätig gewesen sind, erhalten anstelle des Übergangsgeldes Unterhaltsbeihilfe. 2§ 71 Absatz 3 und Absatz 4 Satz 1 des Neunten Buches ist anzuwenden. 3Für die Bemessung der Unterhaltsbeihilfe ist § 93 entsprechend anzuwenden mit der Maßgabe, dass in Fällen des Verbleibs in der eigenen Unterkunft der monatliche Regelbedarf das Zweifache der jeweils maßgebenden Regelbedarfsstufe nach der Anlage zu § 28 des Zwölften Buches beträgt.

(4) 1Geschädigten und Hinterbliebenen, die nicht rentenversicherungspflichtig oder von der Rentenversicherungspflicht befreit sind, werden für die Zeit, in der sie Übergangsgeld erhalten, die Aufwendungen für die Alterssicherung erstattet. 2Die Erstattung erfolgt bis zur Höhe der Beiträge, die für die Zeit, in der die Geschädigten und Hinterbliebenen Übergangsgeld beziehen, zur gesetzlichen Rentenversicherung zu entrichten wären, wenn die Geschädigten und Hinterbliebenen rentenversicherungspflichtig wären. 3Aufwendungen für die Alterssicherung sind insbesondere

1. freiwillige Beiträge zur gesetzlichen Rentenversicherung,
2. Beiträge zu öffentlich-rechtlichen berufsständischen Versicherungs- und Versorgungseinrichtungen sowie
3. Beiträge zu öffentlichen oder privaten Versicherungsunternehmen auf Grund von Lebensversicherungsverträgen, die der Alterssicherung dienen.

(5) § 64 Absatz 2 Satz 1 des Neunten Buches gilt für Geschädigte und Hinterbliebene entsprechend.

§ 65 Leistungen zur Teilhabe an Bildung

Geschädigte, die auf Grund der Schädigungsfolgen zum leistungsberechtigten Personenkreis im Sinne von § 99 des Neunten Buches gehören, erhalten Leistungen zur Teilhabe an Bildung entsprechend Teil 2 Kapitel 5 des Neunten Buches.

§ 66 Leistungen zur Sozialen Teilhabe

(1) Geschädigte, die auf Grund der Schädigungsfolgen zum leistungsberechtigten Personenkreis im Sinne von § 99 des Neunten Buches gehören, erhalten Leistungen zur Sozialen Teilhabe entsprechend Teil 2 Kapitel 6 des Neunten Buches.

(2) 1Abweichend von Absatz 1 werden Leistungen zur Mobilität nach § 83 des Neunten Buches erbracht. 2Sie umfassen zudem Leistungen zum Betrieb, Unterhalt, Unterstellen und Abstellen eines Kraftfahrzeuges.

§ 67 Zusammentreffen von Teilhabeleistungen mit Pflegeleistungen in Einrichtungen oder Räumlichkeiten im Sinne des § 43a des Elften Buches in Verbindung mit § 71 Absatz 4 des Elften Buches

1Werden Leistungen zur Teilhabe nach § 62 Satz 1 Nummer 1 bis 3 in Einrichtungen oder Räumlichkeiten im Sinne des § 43a des Elften Buches in Verbindung mit § 71 Absatz 4 des Elften Buches erbracht, so umfasst die Leistung auch die Pflegeleistung in diesen Einrichtungen oder Räumlichkeiten. 2Satz 1 gilt auch für nicht schädigungsbedingte Pflegebedarfe. 3In den Fällen der Sätze 1 und 2 gilt § 75 Absatz 3. 4Stellt der Leistungserbringer fest, dass Berechtigte so pflegebedürftig sind, dass die Pflege in diesen Einrichtungen oder Räumlichkeiten nicht sichergestellt werden kann, vereinbaren der Träger der Sozialen Entschädigung und die zuständige Pflegekasse mit dem Leistungserbringer, dass die Leistung bei einem anderen Leistungserbringer erbracht wird. 5Dabei ist den berechtigten Wünschen der Berechtigten Rechnung zu tragen.

§ 68 Zusammentreffen von Teilhabeleistungen mit Pflegeleistungen außerhalb von Einrichtungen oder Räumlichkeiten im Sinne des § 43a des Elften Buches in Verbindung mit § 71 Absatz 4 des Elften Buches

(1) Treffen außerhalb von Einrichtungen oder Räumlichkeiten im Sinne des § 43a des Elften Buches in Verbindung mit § 71 Absatz 4 des Elften Buches Leistungen zur Teilhabe nach § 62 Satz 1 Nummer 1 bis 3 und Leistungen der sozialen Pfle-

geversicherung zusammen, so gilt § 13 Absatz 4 Satz 1 bis 3 und Absatz 4a des Elften Buches für den zuständigen Träger der Sozialen Entschädigung und für die zuständige Pflegekasse entsprechend.

(2) 1Werden Leistungen zur Teilhabe nach § 62 Satz 1 Nummer 1 bis 3 außerhalb von Einrichtungen oder Räumlichkeiten im Sinne des Absatzes 1 erbracht und besteht darüber hinaus ein Anspruch auf Leistungen der häuslichen Pflege nach den §§ 64a bis 64f, 64i und 66 des Zwölften Buches, so umfassen die Leistungen zur Teilhabe nach § 63 Satz 1 Nummer 1 bis 3 diese Leistungen der häuslichen Pflege nach dem Zwölften Buch, solange die Teilhabeziele erreicht werden können. 2Satz 1 gilt entsprechend in den Fällen, in denen Berechtigte vorübergehend Leistungen nach den §§ 64g und 64h des Zwölften Buches in Anspruch nehmen. 3Die Sätze 1 und 2 gelten nicht, wenn Berechtigte vor Vollendung des für die Regelaltersgrenze im Sinne des Sechsten Buches erforderlichen Lebensjahres keine Leistungen zur Teilhabe nach § 62 Satz 1 Nummer 1 bis 3 erhalten haben, es sei denn, es handelt sich um einen Teilhabebedarf, der durch ein schädigendes Ereignis verursacht worden ist, welches erst nach Vollendung des für die Regelaltersgrenze im Sinne des Sechsten Buches erforderlichen Lebensjahres eingetreten ist.

§ 69 Wunsch- und Wahlrecht

1Bei der Entscheidung über die Leistungen zur Teilhabe und bei der Ausführung dieser Leistungen wird den berechtigten Wünschen der Berechtigten entsprochen. 2Dabei sind Art und Schwere der Schädigung, Gesundheitszustand und Lebensalter besonders zu berücksichtigen. 3Im Übrigen gilt § 8 des Neunten Buches.

§ 70 Besonderheiten der Leistungsbemessung

Art, Ausmaß und Dauer der Leistungen zur Teilhabe richten sich nach der Besonderheit des Einzelfalls sowie der Art des Bedarfes.

Kapitel 7
Leistungen bei Pflegebedürftigkeit

Abschnitt 1
Anspruch und Pflegebedürftigkeit

§ 71 Anspruch auf Leistungen bei Pflegebedürftigkeit

(1) Geschädigte haben Anspruch auf Leistungen bei Pflegebedürftigkeit, wenn sie auf Grund der anerkannten Schädigungsfolgen pflegebedürftig sind.

(2) Anspruch auf Leistungen bei Pflegebedürftigkeit besteht auch, wenn

1. Gesundheitsstörungen, die keine Schädigungsfolge sind, im Zusammenwirken mit anerkannten Schädigungsfolgen Pflegebedürftigkeit verursachen und
2. die Auswirkungen der Schädigungsfolgen für die Beurteilung der Pflegebedürftigkeit den anderen Gesundheitsstörungen annähernd gleichwertig sind.

§ 72 Pflegebedürftigkeit und Pflegegrad

(1) Für den Begriff der Pflegebedürftigkeit, für das Verfahren zur Ermittlung des Pflegegrades und für die Einordnung in die Pflegegrade gilt das Zweite Kapitel des Elften Buches.

(2) 1Liegt eine Entscheidung der Pflegekasse über den Pflegegrad vor, so ist sie für die zuständige Verwaltungsbehörde bindend. 2Liegt eine Entscheidung nicht vor, so wirkt die zuständige Verwaltungsbehörde auf eine unverzügliche Entscheidung der Pflegekasse hin.

(3) 1Kommt ein Anspruch nach dem Elften Buch nicht in Betracht, so ermittelt die zuständige Verwaltungsbehörde den Pflegegrad in eigener Verantwortung. 2Sie kann sich dabei sachverständiger Dritter bedienen.

§ 73 Kostenübernahme vor Pflegebedürftigkeit im Sinne des Elften Buches

1Für Geschädigte, bei denen auf Grund eines schädigenden Ereignisses voraussichtlich nur weniger als sechs Monate eine Einschränkung der Selbständigkeiten oder der Fähigkeiten vorliegt und daher eine Pflegebedürftigkeit im Sinne des Elften Buches nicht gegeben ist, können Kosten im Umfang der Leistungen nach dem Siebten Kapitel des Zwölften Buches übernommen werden. 2Dies gilt nicht, wenn die Pflege durch ein Arbeitgebermodell nach § 76 sichergestellt wird.

Abschnitt 2
Umfang der Leistungen bei Pflegebedürftigkeit

§ 74 Leistungen bei Pflegebedürftigkeit

Geschädigte erhalten bei schädigungsbedingter Pflegebedürftigkeit im Sinne des Abschnitts 1

1. Leistungen bei Pflegebedürftigkeit entsprechend dem Vierten Kapitel des Elften Buches,
2. ergänzende Leistungen bei Pflegebedürftigkeit nach § 75,
3. Leistungen bei Pflegebedürftigkeit im Arbeitgebermodell nach § 76.

§ 75 Ergänzende Leistungen bei Pflegebedürftigkeit

(1) 1Werden schädigungsbedingte Bedarfe nach § 74 Nummer 1 nur teilweise gedeckt, werden die über die Leistungen des Vierten Kapitels des Elften

Buches hinausgehenden, notwendigen und angemessenen Kosten übernommen. 2Dies gilt bei folgenden Leistungsarten:

1. Pflegesachleistung nach § 36 des Elften Buches,
2. Häusliche Pflege bei Verhinderung der Pflegeperson nach § 39 des Elften Buches,
3. Pflegehilfsmittel und wohnumfeldverbessernde Maßnahmen nach § 40 des Elften Buches,
4. Tagespflege und Nachtpflege nach § 41 des Elften Buches,
5. Kurzzeitpflege nach § 42 des Elften Buches,
6. Vollstationäre Pflege nach § 43 des Elften Buches.

(2) Bei Kombination von Geldleistung und Sachleistung nach § 38 des Elften Buches wird der prozentuale Anteil übernommen, der auf die Sachleistung entfällt.

(3) Bei Pflege in Einrichtungen oder Räumlichkeiten im Sinne des § 43a des Elften Buches in Verbindung mit § 71 Absatz 4 des Elften Buches werden 15 Prozent der Vergütung übernommen.

(4) Für Geschädigte, die einen Anspruch nach § 4 Absatz 1 haben, trägt die zuständige Verwaltungsbehörde die Beiträge zur sozialen Pflegeversicherung, so lange sie nach § 21 des Elften Buches pflegeversichert sind.

(5) 1Geschädigte, die weder nach dem Elften Buch versichert sind noch nach beamtenrechtlichen Vorschriften einen Anspruch auf Leistungen bei Pflegebedürftigkeit haben, erhalten die Leistungen des Vierten Kapitels des Elften Buches sowie die Leistungen nach Absatz 1. 2Absatz 2 bis 4 gilt entsprechend.

§ 76 Häusliche Pflege im Arbeitgebermodell

(1) 1Stellen Geschädigte die häusliche Pflege durch von ihnen beschäftigte besondere Pflegekräfte auf Grundlage eines Arbeitsvertrages sicher (Arbeitgebermodell), so werden ihnen die hierfür erforderlichen und angemessenen Kosten erstattet. 2Bei der Erstattung ist das Pflegegeld nach § 37 des Elften Buches anzurechnen. 3Kosten der Beschäftigung von Ehegatten sowie Eltern werden Berechtigten erstattet, wenn dadurch eine fachgerechte Pflege gewährleistet ist.

(2) 1Während einer stationären Behandlung werden den Geschädigten die erforderlichen und angemessenen Kosten für die besondere Pflegekraft für einen Zeitraum von bis zu drei Monaten weiter erstattet. 2Eine Erstattung über diesen Zeitraum hinaus kann unter Berücksichtigung der Umstände des Einzelfalls erfolgen.

(3) Die angemessenen Kosten umfassen auch die Arbeitgeber- und Arbeitnehmerbeiträge zur Sozialversicherung und zur Arbeitsförderung, die auf das Arbeitsentgelt der besonderen Pflegekraft entfallen.

(4) 1Aufwendungen für die Erfüllung der Pflichten der Geschädigten als Arbeitgeber können in angemessener Höhe erstattet werden. 2Als angemessen gilt in der Regel ein Betrag in Höhe von bis zu 35 Euro monatlich.

Abschnitt 3
Zuständigkeit und Erstattung

§ 77 Zuständigkeit

(1) Leistungen bei Pflegebedürftigkeit nach diesem Buch werden von der zuständigen Verwaltungsbehörde nach Maßgabe der folgenden Absätze erbracht.

(2) Für Geschädigte, die Mitglied einer Pflegekasse oder nach § 25 des Elften Buches familienversichert sind, erbringt ihre Pflegekasse für die zuständige Verwaltungsbehörde die Leistungen bei Pflegebedürftigkeit nach § 74 Nummer 1 und § 75 Absatz 1 Satz 2 Nummer 3.

(3) 1Für Geschädigte, die weder nach dem Elften Buch versichert sind noch nach beamtenrechtlichen Vorschriften einen Anspruch auf Leistungen bei Pflegebedürftigkeit haben, erbringt die Pflegekasse, die der Krankenkasse ihrer Wahl gemäß § 57 Absatz 3 entspricht, für die zuständige Verwaltungsbehörde Leistungen bei Pflegebedürftigkeit nach § 74 Nummer 1 und § 75 Absatz 1 Satz 2 Nummer 3. 2§ 57 Absatz 3 gilt entsprechend.

(4) Die übrigen Leistungen nach § 75 und § 76 erbringt die zuständige Verwaltungsbehörde.

§ 78 Widersprüche

Über Widersprüche gegen Verwaltungsakte, die im Rahmen der Leistungserbringung von Pflegekassen nach § 77 Absatz 2 und 3 erlassen werden, entscheidet die für die Verwaltungsbehörde zuständige Widerspruchsbehörde.

§ 79 Datenübermittlung

Für die Erbringer von Leistungen bei Pflegebedürftigkeit gelten die §§ 104 bis 106 des Elften Buches in entsprechender Anwendung, soweit dies für die Erfüllung der Aufgaben der zuständigen Pflegekasse oder der zuständigen Verwaltungsbehörde erforderlich ist.

Abschnitt 4
Erstattungen von Aufwendungen und Verwaltungskosten

§ 80 Erstattung an Pflegekassen

(1) Den Pflegekassen werden von der zuständigen Verwaltungsbehörde halbjährlich die Aufwendungen erstattet, die ihnen nach § 77 Absatz 2 und 3 entstehen.

(2) Den Pflegekassen werden von der zuständigen Verwaltungsbehörde halbjährlich Verwaltungskos-

ten in Höhe von 5 Prozent des Erstattungsbetrages nach Absatz 1 erstattet.

(3) 1Ab dem 1. Januar des dritten auf das Inkrafttreten dieses Gesetzes nach Artikel 60 Absatz 7 des Gesetzes zur Regelung des Sozialen Entschädigungsrechts folgenden Kalenderjahres werden die Erstattungsansprüche der Pflegekassen nach Absatz 1 pauschal abgegolten. 2Ab diesem Zeitpunkt werden den Pflegekassen Verwaltungskosten in Höhe von 5 Prozent des Pauschalbetrages nach Satz 1 erstattet. 3Näheres zur Pauschalabgeltung regelt eine Verwaltungsvereinbarung, die die Bundesstelle für Soziale Entschädigung mit dem Spitzenverband Bund der Krankenkassen als Spitzenverband Bund der Pflegekassen abschließt. 4Die Verwaltungsvereinbarung kann auch eine vorläufige Regelung treffen. 5Die Vereinbarung bedarf der Zustimmung des Bundesministeriums für Arbeit und Soziales, des Bundesministeriums für Gesundheit und der Länder.

(4) 1Können sich die Bundesstelle für Soziale Entschädigung und der Spitzenverband Bund der Pflegekassen bis zu dem in Absatz 3 Satz 1 genannten Zeitpunkt nicht auf eine Verwaltungsvereinbarung einigen, entscheidet eine Schiedsstelle über die Einzelheiten der Pauschalabgeltung. 2Die Entscheidung der Schiedsstelle bedarf der Zustimmung des Bundesministeriums für Arbeit und Soziales, des Bundesministeriums für Gesundheit und der Länder. 3Die Schiedsstelle besteht aus einem oder einer unparteiischen Vorsitzenden, zwei weiteren unparteiischen Mitgliedern sowie je zwei Vertretern und Vertreterinnen der Bundesstelle für Soziale Entschädigung und des Spitzenverbandes Bund der Pflegekassen. 4Der oder die Vorsitzende und die unparteiischen Mitglieder werden von der Bundesstelle für Soziale Entschädigung und dem Spitzenverband Bund der Pflegekassen gemeinsam bestellt. 5Können sich die Bundesstelle für Soziale Entschädigung und der Spitzenverband Bund der Pflegekassen nicht auf einzelne oder alle unparteiischen Mitglieder einigen, werden sie vom Bundesministerium für Arbeit und Soziales im Einvernehmen mit dem Bundesministerium für Gesundheit bestellt.

(5) 1Die Mitglieder der Schiedsstelle führen ihr Amt als Ehrenamt. 2Auslagen werden ihnen in entsprechender Anwendung des Bundesreisekostengesetzes erstattet. 3Die Mitglieder der Schiedsstelle sind an Weisungen nicht gebunden. 4Jedes Mitglied hat eine Stimme. 5Die Entscheidungen werden von der Mehrheit der Mitglieder getroffen. 6Ergibt sich keine Mehrheit, gibt die Stimme des oder der Vorsitzenden den Ausschlag. 7Die Rechtsaufsicht über die Schiedsstelle führt das Bundesministerium für Arbeit und Soziales.

(6) Bis zur Entscheidung der Schiedsstelle gelten die Absätze 1 und 2.

§ 81 (weggefallen)

Kapitel 8
Leistungen bei hochgradiger Sehbehinderung, Blindheit und Taubblindheit

§ 82 Anspruch und Umfang

(1) Ist als Schädigungsfolge hochgradige Sehbehinderung nach Teil A Nummer 6 Buchstabe d der Versorgungsmedizin-Verordnung eingetreten, erhalten Geschädigte unabhängig vom Lebensalter die Hälfte des Betrags nach § 72 Absatz 2 des Zwölften Buches, der für blinde Menschen nach Vollendung des 18. Lebensjahres geleistet wird.

(2) 1Ist als Schädigungsfolge Blindheit nach Teil A Nummer 6 Buchstabe a bis c der Versorgungsmedizin-Verordnung eingetreten, erhalten Geschädigte unabhängig vom Lebensalter den Betrag nach § 72 Absatz 2 des Zwölften Buches, der für blinde Menschen nach Vollendung des 18. Lebensjahres geleistet wird. 2§ 72 Absatz 5 des Zwölften Buches gilt entsprechend.

(3) Ist als Schädigungsfolge Taubblindheit im Sinne von § 3 Absatz 1 Nummer 8 Schwerbehindertenausweisverordnung eingetreten, erhalten Geschädigte unabhängig vom Lebensalter den zweifachen Betrag nach § 72 Absatz 2 des Zwölften Buches, der für blinde Menschen nach Vollendung des 18. Lebensjahres geleistet wird.

(4) Die Leistungen nach den Absätzen 1 bis 3 sind vorrangig gegenüber landesrechtlichen Leistungen für blindheitsbedingte Mehraufwendungen.

Kapitel 9
Entschädigungszahlungen

Abschnitt 1
Entschädigungszahlungen an Geschädigte

§ 83 Monatliche Entschädigungszahlung

(1) Geschädigte erhalten eine monatliche Entschädigungszahlung von

1. 452 Euro bei einem Grad der Schädigungsfolgen von 30 und 40,
2. 905 Euro bei einem Grad der Schädigungsfolgen von 50 und 60,
3. 1 357 Euro bei einem Grad der Schädigungsfolgen von 70 und 80,
4. 1 810 Euro bei einem Grad der Schädigungsfolgen von 90,

5. 2 261 Euro bei einem Grad der Schädigungsfolgen von 100.

(2) Die monatliche Entschädigungszahlung nach Absatz 1 Nummer 5 erhöht sich für Geschädigte mit schwersten Schädigungsfolgen um 20 Prozent.

(3) 1Schwerste Schädigungsfolgen liegen vor bei blinden Ohnhändern oder Geschädigten mit Verlust beider Arme im Oberarm und beider Beine im Oberschenkel. 2Von schwersten Schädigungsfolgen ist ebenfalls auszugehen, wenn bei

1. Querschnittsgelähmten mit Blasen- und Mastdarmlähmung,
2. Hirnbeschädigten mit schweren psychischen und physischen Störungen,
3. Ohnhändern mit Verlust beider Beine im Oberschenkel,
4. blinden Doppel-Oberschenkelamputierten oder
5. Blinden mit völligem Verlust einer oberen und einer unteren Gliedmaße

eine weitere wesentliche Schädigungsfolge vorliegt, so dass der Leidenszustand vergleichbar außergewöhnlich ist wie bei den Geschädigten nach Satz 1. 3Schwerste Schädigungsfolgen können auch andere Geschädigte mit einem GdS von 100 haben, wenn deren außergewöhnlicher Leidenszustand vergleichbar ist mit den Geschädigten nach Satz 1.

§ 84 Abfindung

(1) 1Geschädigte, die einen Anspruch auf eine monatliche Entschädigungszahlung nach § 83 Absatz 1 Nummer 1 bis 5 haben, erhalten auf Antrag eine Abfindung. 2Der Antrag ist innerhalb eines Jahres nach Bewilligung der Entschädigungszahlung zu stellen.

(2) 1Die Abfindung erfolgt jeweils für fünf Jahre und beträgt das 60-fache der monatlichen Entschädigungszahlung nach § 83 Absatz 1 Nummer 1 bis 5. 2Auf die Abfindung sind bereits geleistete monatliche Entschädigungszahlungen anzurechnen.

(3) Mit Zahlung der Abfindung sind die Ansprüche auf die monatlichen Entschädigungszahlungen für die Dauer von fünf Jahren abgegolten.

Abschnitt 2
Entschädigungszahlungen an Hinterbliebene

§ 85 Monatliche Entschädigungszahlung an Witwen und Witwer sowie an Partner einer eheähnlichen Gemeinschaft

(1) 1Eine monatliche Entschädigungszahlung in Höhe von 1 193 Euro erhält die Witwe oder der Witwer des oder der schädigungsbedingt verstorbenen Geschädigten. 2Dieser Betrag erhöht sich um jeweils 56 Euro monatlich für jedes im Haushalt lebende minderjährige Kind, das eine monatliche Entschädigungszahlung für Waisen bezieht oder einen monatlichen Betrag nach § 144 Absatz 1 erhält, in dem eine Geldleistung nach § 45 Absatz 1 des Bundesversorgungsgesetzes in der am 31. Dezember 2023 geltenden Fassung enthalten ist.

(2) 1Die monatliche Entschädigungszahlung nach Absatz 1 erhalten auch Partner einer eheähnlichen Gemeinschaft, sofern ein Partner an den Schädigungsfolgen verstorben ist und der andere unter Verzicht auf eine Erwerbstätigkeit die Betreuung eines gemeinschaftlichen Kindes ausübt. 2Dieser Anspruch besteht für die ersten drei Lebensjahre des Kindes.

(3) Der Anspruch auf die monatliche Entschädigungszahlung erlischt, wenn Witwen oder Witwer oder überlebende Partner einer eheähnlichen Gemeinschaft heiraten.

§ 86 Abfindung für Witwen und Witwer

(1) 1Witwen und Witwer erhalten auf Antrag eine Abfindung anstelle der monatlichen Entschädigungszahlung. 2Der Antrag ist innerhalb eines Jahres nach Bewilligung der Entschädigungszahlung zu stellen.

(2) 1Die Abfindung beträgt 143 160 Euro. 2Auf die Abfindung sind bereits geleistete monatliche Entschädigungszahlungen anzurechnen.

(3) Mit der Zahlung der Abfindung sind alle Ansprüche auf die monatlichen Entschädigungszahlungen abgegolten.

§ 87 Monatliche Entschädigungszahlung an Waisen

(1) Waisen eines schädigungsbedingt verstorbenen Elternteils erhalten jeweils eine monatliche Entschädigungszahlung in Höhe von 441 Euro.

(2) Waisen schädigungsbedingt verstorbener Eltern erhalten jeweils eine monatliche Entschädigungszahlung in Höhe von 690 Euro.

(3) Die monatlichen Entschädigungszahlungen werden gezahlt, bis die Waise 18 Jahre alt wird.

(4) Nach Vollendung des 18. Lebensjahres der Waise werden die monatlichen Entschädigungszahlungen gezahlt

1. für die Dauer einer Ausbildung, längstens bis die Waise 27 Jahre alt wird, wenn diese die Arbeitskraft der Waise überwiegend in Anspruch nimmt und nicht mit der Zahlung von Dienstbezügen, Arbeitsentgelt oder sonstigen Zuwendungen in entsprechender Höhe verbunden ist, oder
2. in den Fällen des § 2 Absatz 2 mit Ausnahme des § 2 Absatz 2 Satz 1 Nummer 2 Buchstabe a des Bundeskindergeldgesetzes sowie in den Fällen des § 2 Absatz 3 des Bundeskindergeldgesetzes

mit der Maßgabe, dass an die Stelle der Vollendung des 25. Lebensjahres die Vollendung des 27. Lebensjahres tritt.

§ 88 Monatliche Entschädigungszahlung an hinterbliebene Eltern

(1) Ist die oder der Geschädigte an den Folgen einer Schädigung gestorben, so erhalten Eltern eine monatliche Entschädigungszahlung, wenn sie

1. voll erwerbsgemindert im Sinne des Sechsten Buches sind oder
2. aus anderen zwingenden Gründen eine zumutbare Erwerbstätigkeit nicht ausüben können oder
3. das 60. Lebensjahr vollendet haben,

frühestens jedoch von dem Monat an, in dem der oder die Geschädigte das 18. Lebensjahr vollendet hätte.

(2) Die monatliche Entschädigungszahlung an Eltern beträgt für jedes Kind, das an den Folgen der Schädigung gestorben ist,

1. für ein noch lebendes Elternteil 282 Euro,
2. für beide Elternteile je 170 Euro.

(3) Den Eltern werden gleichgestellt

1. Stiefeltern oder Pflegeeltern, wenn sie die Geschädigte oder den Geschädigten vor der Schädigung unentgeltlich unterhalten haben,
2. Großeltern, wenn die oder der Verstorbene ihnen Unterhalt geleistet hat oder hätte.

Kapitel 10 Berufsschadensausgleich

§ 89 Voraussetzung und Höhe

(1) Hat eine Geschädigte oder ein Geschädigter infolge der gesundheitlichen Schädigung einen Einkommensverlust, so erhält sie oder er monatlich einen Berufsschadensausgleich, wenn

1. bei ihr oder ihm ein Grad der Schädigungsfolgen von mindestens 30 anerkannt worden ist und
2. Leistungen zur medizinischen Rehabilitation oder zur Teilhabe am Arbeitsleben
   a) bei ihr oder ihm nicht mehr erfolgversprechend sind oder
   b) ihr oder ihm nicht mehr zugemutet werden können.

(2) $_1$Einkommensverlust ist der Unterschiedsbetrag zwischen dem derzeitigen Bruttoeinkommen aus gegenwärtiger oder früherer Tätigkeit (derzeitiges Einkommen) und dem höheren Vergleichseinkommen. $_2$Ist die Rente aus der gesetzlichen Rentenversicherung gemindert, weil das Erwerbseinkommen in einem in der Vergangenheit liegenden Zeitraum, der nicht mehr als die Hälfte des Erwerbslebens umfasst, schädigungsbedingt gemindert war, so ist die Rentenminderung abweichend von Satz 1 der Einkommensverlust. $_3$Das Ausmaß der Minderung wird ermittelt, indem der Rentenberechnung für Geschädigte Entgeltpunkte zugrunde gelegt werden, die sich ohne Berücksichtigung der Zeiten ergäben, in denen das Erwerbseinkommen der Geschädigten schädigungsbedingt gemindert ist.

(3) $_1$Das Vergleichseinkommen errechnet sich nach den Sätzen 2 bis 5. $_2$Zur Ermittlung des Durchschnittseinkommens sind die Grundgehälter der Besoldungsgruppen der Bundesbesoldungsordnung A aus den vorletzten drei der Anpassung vorangegangenen Kalenderjahren heranzuziehen. $_3$Beträge des Durchschnittseinkommens bis 0,49 Euro sind auf volle Euro abzurunden und von 0,50 Euro an auf volle Euro aufzurunden. $_4$Der Mittelwert aus den drei Jahren ist um den Prozentsatz anzupassen, der sich aus der Summe der für die Rentenanpassung des laufenden Jahres sowie des Vorjahres maßgebenden Veränderungsraten der Bruttolöhne und -gehälter je Arbeitnehmer (§ 68 Absatz 2 in Verbindung mit § 228b des Sechsten Buches) ergibt; die Veränderungsraten werden jeweils bestimmt, indem der Faktor für die Veränderung der Bruttolöhne und -gehälter je Arbeitnehmer um eins vermindert und durch Vervielfältigung mit 100 in einen Prozentsatz umgerechnet wird. $_5$Das Vergleichseinkommen wird zum 1. Juli eines jeden Jahres neu festgesetzt; wenn das nach den Sätzen 1 bis 6 errechnete Vergleichseinkommen geringer ist, als das bisherige Vergleichseinkommen, bleibt es unverändert. $_6$Es ist durch das Bundesministerium für Arbeit und Soziales zu ermitteln und im Bundesanzeiger bekannt zu geben; die Beträge sind auf volle Euro aufzurunden.

(4) Berufsschadensausgleich nach Absatz 1 ist der Nettobetrag des Vergleichseinkommens (Absatz 5) abzüglich des Nettoeinkommens aus gegenwärtiger oder früherer Erwerbstätigkeit (Absatz 6).

(5) $_1$Der Nettobetrag des Vergleichseinkommens wird längstens bis zum Ablauf des Monats, in dem die oder der Geschädigte die Regelaltersgrenze nach dem Sechsten Buch erreicht, pauschal ermittelt. $_2$Abweichend von Satz 1 wird die Pauschale für die Zeit bis zum Ablauf des Monats ermittelt, in dem die oder der Geschädigte auch ohne die Schädigung oder ohne den Nachschaden nach Absatz 8

1. wegen Erreichens oder Inanspruchnahme einer gesetzlichen Altersgrenze aus dem Erwerbsleben ausscheidet oder ausscheiden müsste oder
2. auf Grund eines Gesetzes, eines Tarifvertrags, einer Betriebsvereinbarung oder einer Vereinbarung mit dem Arbeitgeber von der Möglichkeit

des vorzeitigen Übergangs in den Ruhestand unter Verzicht auf Erwerbseinkommen Gebrauch macht und deswegen die Erwerbstätigkeit aufgibt oder aufgeben würde.

3Satz 2 Nummer 1 und Nummer 2 sind nicht anwendbar, wenn die oder der Geschädigte glaubhaft macht, dass sie ohne die Schädigung noch erwerbstätig wären. 4Die Ermittlung der Pauschale nach Satz 1 erfolgt, indem das Vergleichseinkommen wie folgt gemindert wird

1. bei verheirateten Geschädigten um 18 Prozent, der 716 Euro übersteigende Teil um 36 Prozent und der 1790 Euro übersteigende Teil um 40 Prozent und
2. bei nicht verheirateten Geschädigten um 18 Prozent, der 460 Euro übersteigende Teil um 40 Prozent und der 1380 Euro übersteigende Teil um 49 Prozent.

5Im Übrigen gelten 50 Prozent des Vergleichseinkommens als dessen Nettobetrag.

(6) Das Nettoeinkommen aus gegenwärtiger oder früherer Erwerbstätigkeit wird pauschal aus dem derzeitigen Bruttoeinkommen ermittelt, indem

1. das Bruttoeinkommen aus gegenwärtiger Erwerbstätigkeit um die in Absatz 5 Satz 1 Nummer 1 und 2 genannten Vomhundertsätze gemindert wird,
2. Renten aus der gesetzlichen Rentenversicherung sowie Renten wegen Alters, Renten wegen verminderter Erwerbsfähigkeit und Landabgaberenten nach dem Gesetz über die Alterssicherung der Landwirte um den Vomhundertsatz gemindert werden, der für die Bemessung des Beitrags der sozialen Pflegeversicherung (§ 55 des Elften Buches) gilt, und um die Hälfte des Vomhundertsatzes des allgemeinen Beitragssatzes der Krankenkassen (§ 241 des Fünften Buches); die zum 1. Januar festgestellten Beitragssätze gelten insoweit jeweils vom 1. Juli des laufenden Kalenderjahres bis zum 30. Juni des folgenden Kalenderjahres,
3. sonstige Geldleistungen von Leistungsträgern (§ 12 des Ersten Buches) mit dem Nettobetrag berücksichtigt werden und
4. das übrige Bruttoeinkommen um die in Nummer 2 genannten Vomhundertsätze und zusätzlich um 19 vom Hundert des 562 Euro übersteigenden Betrages gemindert wird; Nummer 2 letzter Halbsatz gilt entsprechend.

2In den Fällen des Absatzes 8 tritt an die Stelle des Nettoeinkommens im Sinne des Satzes 1 der nach Absatz 5 ermittelte Nettobetrag des Durchschnittseinkommens.

(7) Der Berufsschadensausgleich wird in den Fällen einer Rentenminderung im Sinne des Absatzes 2 Satz 2 nur gezahlt, wenn die Zeiten des Erwerbslebens, in denen das Erwerbseinkommen nicht schädigungsbedingt gemindert war, von einem gesetzlichen oder einem gleichwertigen Alterssicherungssystem erfasst sind.

(8) 1Eine Einkommensminderung, die auf einen Nachschaden zurückzuführen ist, bleibt bei der Berechnung des Berufsschadensausgleichs unberücksichtigt. 2Ein Nachschaden ist ein Schaden, der

1. keine gesundheitliche Schädigung nach § 4 darstellt und
2. zeitlich nach einem schädigenden Ereignis gemäß § 4 eintritt.

3Arbeitslosigkeit, schädigungs- oder altersbedingtes Ausscheiden aus dem Erwerbsleben sind grundsätzlich kein Nachschaden. 4Satz 1 findet auch Anwendung bei erfolgreich durchgeführten Maßnahmen der beruflichen Rehabilitation, wenn die oder der Geschädigte auf den im Anschluss möglichen Einkommenserwerb ohne rechtfertigenden Grund verzichtet oder bei Elternzeit über den Zeitraum des Elterngeldbezuges hinaus.

(9) Geschädigte nach Absatz 1, die einen gemeinsamen Haushalt mit ihrer Ehegattin oder ihrem Ehegatten, einem Verwandten oder einem Stief- oder Pflegekind führen oder ohne die Schädigung führen würden, erhalten als Berufsschadensausgleich einen Betrag in Höhe der Hälfte der wegen der Folgen der Schädigung notwendigen Mehraufwendungen bei der Führung des gemeinsamen Haushalts.

§ 90 Feststellung

(1) 1Der Berufsschadensausgleich ist bei monatlich feststehendem Einkommen endgültig festzustellen. 2Bei monatlich nicht feststehendem Einkommen ist der Berufsschadensausgleich entsprechend den im Zeitpunkt der Bescheiderteilung bekannten Einkommensverhältnissen vorläufig festzusetzen und jeweils nachträglich endgültig festzustellen. 3Eine Neufeststellung erfolgt nur, wenn sich das Einkommen um mehr als fünf Euro verändert hat.

(2) Ein monatlich feststehendes Einkommen ist gegeben, wenn sich ein bestimmter Monatsbetrag aus Gesetz, Tarif-, Arbeits- oder sonstigem Vertrag ergibt.

(3) Sonderleistungen, wie Weihnachtsgratifikationen, zusätzliche Monatsgehälter und Erfolgsprämien, sind als Einkommen in den Monaten zu berücksichtigen, in denen sie gezahlt werden.

§ 91 Verordnungsermächtigung

Das Bundesministerium für Arbeit und Soziales wird ermächtigt, im Einvernehmen mit dem Bundesministerium der Finanzen durch Rechtsverordnung, die der Zustimmung des Bundesrates bedarf, zu bestimmen:

1. welche Vergleichsgrundlage und in welcher Weise diese zur Ermittlung des Einkommensverlustes heranzuziehen ist,
2. wie der Einkommensverlust bei einer vor Abschluss der Schulausbildung oder vor Beginn der Berufsausbildung erlittenen Schädigung zu ermitteln ist,
3. wie der Berufsschadensausgleich festzustellen ist, wenn die oder der Geschädigte ohne die Schädigung neben einer beruflichen Tätigkeit weitere berufliche Tätigkeiten ausgeübt oder einen gemeinsamen Haushalt im Sinne des § 89 Absatz 9 geführt hätte,
4. wie der Berufsschadenausgleich bei einem berücksichtigungsfähigen Schaden nach einem Nachschaden im Sinne des § 89 Absatz 8 festgestellt wird und welche Einkommen berücksichtigt werden,
5. wie in besonderen Fällen das Nettoeinkommen abweichend von § 89 Absatz 6 Satz 1 Nummer 3 und 4 zu ermitteln ist.

Kapitel 11 Besondere Leistungen im Einzelfall

§ 92 Anspruch und Umfang

(1) Geschädigte erhalten Besondere Leistungen im Einzelfall, soweit und solange sie nicht oder nicht ausreichend in der Lage sind, den jeweiligen Bedarf aus ihrem Einkommen und Vermögen zu decken, und dieses Unvermögen durch die Schädigungsfolgen entstanden ist.

(2) Für den Einsatz von Einkommen und Vermögen gilt Kapitel 16.

(3) 1Ein Zusammenhang zwischen den Schädigungsfolgen und dem Unvermögen, den jeweils anzuerkennenden Bedarf aus dem eigenen Einkommen und Vermögen zu decken, wird vermutet, sofern nicht das Gegenteil offenkundig oder nachgewiesen ist. 2Der Zusammenhang ist stets anzunehmen bei minderjährigen Geschädigten sowie Geschädigten, die Entschädigungszahlungen bei einem Grad der Schädigungsfolgen von 100 und einen Berufsschadensausgleich nach Kapitel 10 oder die Leistungen bei Pflegebedürftigkeit nach Kapitel 7 erhalten.

(4) Besondere Leistungen im Einzelfall sind:

1. Leistungen zum Lebensunterhalt nach § 93,
2. die Leistung zur Förderung einer Ausbildung nach § 94,
3. Leistungen zur Weiterführung des Haushalts nach § 95 sowie
4. Leistungen in sonstigen Lebenslagen nach § 96.

(5) Besondere Leistungen im Einzelfall können als Darlehen erbracht werden, wenn dies unter Berücksichtigung der Ziele der Sozialen Entschädigung nach den Umständen des Einzelfalls zur Deckung des festgestellten Bedarfs geboten erscheint und die Voraussetzungen für eine Beihilfe nicht oder nicht in voller Höhe vorliegen.

(6) 1Hinterbliebene erhalten Leistungen nach Absatz 4 Nummer 1 und 2, soweit und solange sie nicht oder nicht ausreichend in der Lage sind, den jeweiligen Bedarf aus ihrem Einkommen und Vermögen zu decken, und dieses Unvermögen durch den Tod der oder des Geschädigten entstanden ist. 2Ein Zusammenhang zwischen dem Tod der oder des Geschädigten und diesem Unvermögen wird vermutet, sofern nicht das Gegenteil offenkundig oder nachgewiesen ist. 3Der Zusammenhang ist stets anzunehmen bei Hinterbliebenen, die voll erwerbsgemindert im Sinne des Sechsten Buches sind.

(7) § 26 des Zwölften Buches gilt entsprechend.

§ 93 Leistungen zum Lebensunterhalt

(1) 1Geschädigte erhalten Leistungen zum Lebensunterhalt. 2Hinterbliebene erhalten Leistungen nach Satz 1 für einen Zeitraum von bis zu fünf Jahren nach dem Tod der oder des Geschädigten. 3Die Vorschriften des Dritten und Vierten Kapitels sowie § 145 Absatz 1 und 2 des Zwölften Buches gelten entsprechend unter Berücksichtigung der besonderen Lage der Geschädigten und Hinterbliebenen. 4Leistungen zum Lebensunterhalt werden nur erbracht, soweit der Lebensunterhalt nicht aus den übrigen Leistungen nach diesem Gesetz bestritten werden kann.

(2) Sind für Geschädigte und Waisen Leistungen zum Lebensunterhalt während der Erbringung von Leistungen nach dem Achten Buch erforderlich, erbringt diese der Träger der Sozialen Entschädigung nach Maßgabe des Absatzes 1, soweit nicht der Träger der öffentlichen Jugendhilfe Leistungen nach § 39 des Achten Buches erbringt.

(3) 1Ansprüche nach dem Bundesausbildungsförderungsgesetz gehen Ansprüchen nach diesem Buch vor. 2Soweit für Geschädigte weitere Leistungen zum Lebensunterhalt während der Erbringung von Leistungen zur Ausbildungsförderung nach dem Bundesausbildungsförderungsgesetz erforderlich sind, erbringt diese der Träger der Sozialen Entschädigung nach Maßgabe des Absatzes 1.

(4) Der Anspruch auf Leistungen zum Lebensunterhalt kann nicht abgetreten, übertragen, verpfändet oder gepfändet werden.

§ 94 Leistung zur Förderung einer Ausbildung

(1) Soweit bei Geschädigten und Waisen die Förderung einer Ausbildung nach dem Bundesausbildungsförderungsgesetz als Darlehen schädigungsbedingt erfolgt, übernimmt der Träger der Sozialen Entschädigung auf Antrag die Rückzahlung des Darlehens.

(2) 1Bei Waisen wird unterstellt, dass der Bedarf schädigungsbedingt ist, wenn

1. der Tod eines Elternteils während der Ausbildung eintritt oder
2. die Ausbildung innerhalb von fünf Jahren nach dem Tod eines Elternteils beginnt.

2Im Fall des Satzes 1 Nummer 1 gelten die Darlehensleistungen ab dem Zeitpunkt des Todes als schädigungsbedingt.

(3) 1Der Antrag ist für nach § 17 Absatz 2 oder 3 des Bundesausbildungsförderungsgesetzes geleistete Darlehen spätestens drei Monate nach Bekanntgabe des Bescheids des Bundesverwaltungsamtes nach § 18 Absatz 9 des Bundesausbildungsförderungsgesetzes zu stellen. 2Für nach § 17 Absatz 3 des Bundesausbildungsförderungsgesetzes in der bis zum 31. Juli 2019 anzuwendenden Fassung geleistete Darlehen ist der Antrag spätestens drei Monate nach Zugang der Mitteilung der Kreditanstalt für Wiederaufbau nach § 18c Absatz 8 des Bundesausbildungsförderungsgesetzes zu stellen. 3Dem Antrag ist der Bescheid nach Satz 1 beziehungsweise die Mitteilung nach Satz 2 beizufügen. 4Der Antrag kann in den Fällen des Satzes 1 bereits vor der Bekanntgabe des Bescheides und in den Fällen des Satzes 3 bereits vor dem Zugang der Mitteilung gestellt werden. 5Sofern in den Fällen des Satzes 1 der Bescheid im Zeitpunkt der Antragstellung noch nicht vorliegt, ist dieser unverzüglich nach dessen Bekanntgabe nachzureichen. 6Sofern in den Fällen des Satzes 2 die Mitteilung im Zeitpunkt der Antragstellung noch nicht vorliegt, ist diese unverzüglich nach ihrem Zugang nachzureichen.

(4) 1Der Träger der Sozialen Entschädigung teilt den Eingang eines Antrags nach Absatz 3 Satz 1 oder 2 für ein nach § 17 Absatz 2 oder 3 des Bundesausbildungsförderungsgesetzes geleistetes Darlehen dem Bundesverwaltungsamt und für ein nach § 17 Absatz 3 des Bundesausbildungsförderungsgesetzes in der bis zum 31. Juli 2019 anzuwendenden Fassung geleistetes Darlehen der Kreditanstalt für Wiederaufbau zur Freistellung der antragstellenden Person von der Verpflichtung zur Darlehensrückzahlung nach dem Bundesausbildungsförderungsgesetz unverzüglich mit. 2Zudem teilt er der in Satz 1 genannten zuständigen Stelle unverzüglich seine darauf ergangene Entscheidung mit, sobald diese unanfechtbar geworden ist. 3Die Mitteilung nach Satz 2 erfolgt bei vollständiger Ablehnung oder einer Entscheidung, die Rückzahlung des Darlehens in einer bestimmten Teilhöhe zu übernehmen, zur Beendigung der Freistellung; bei vollständiger Übernahme erfolgt sie ausschließlich für die weitere Darlehensverwaltung. 4Die Mitteilungen nach den Sätzen 1 und 2 ergehen jeweils unter Angabe des Namens der antragstellenden Person und der Amt-Förderungsnummer.

(5) 1Der Träger der Sozialen Entschädigung zahlt die von ihm zu übernehmende Darlehensschuld nach Kenntnis von der Unanfechtbarkeit des Bescheides nach Absatz 3 Satz 1 und nach Unanfechtbarkeit seiner Entscheidung über die teilweise oder vollständige Übernahme der Darlehensschuld in einer Summe an das Bundesverwaltungsamt zurück. 2§ 18 Absatz 10 des Bundesausbildungsförderungsgesetzes findet keine Anwendung. 3Nach Kenntnis vom Zugang der Mitteilung nach Absatz 3 Satz 2 zahlt der Träger der Sozialen Entschädigung die von ihm zu übernehmende Darlehensschuld einschließlich der Zinsen nach § 18c Absatz 2 Satz 1 des Bundesausbildungsförderungsgesetzes binnen drei Monaten in einer Summe an die Kreditanstalt für Wiederaufbau zurück.

§ 95 Leistungen zur Weiterführung des Haushalts

(1) 1Geschädigte mit eigenem Haushalt erhalten Leistungen zur Weiterführung des Haushalts, wenn weder sie selbst noch, falls sie mit anderen Haushaltsangehörigen zusammenleben, die anderen Haushaltsangehörigen den Haushalt führen können und die Weiterführung des Haushalts geboten ist. 2Die Leistungen sollen in der Regel nur vorübergehend erbracht werden. 3Leistungen sind unbefristet zu erbringen, wenn

1. durch die Leistungen die Unterbringung in einer stationären Einrichtung vermieden oder aufgeschoben werden kann oder
2. unwahrscheinlich ist, dass die fehlende Fähigkeit, den Haushalt zu führen, behoben werden kann.

(2) Die Leistungen umfassen die persönliche Betreuung von Haushaltsangehörigen sowie die sonstige zur Weiterführung des Haushalts erforderliche Tätigkeit.

(3) 1Geschädigten im Sinne des Absatzes 1 sind die angemessenen Aufwendungen für eine haushaltsführende Person zu erstatten. 2Es können auch angemessene Beihilfen geleistet sowie Beiträge der

haushaltsführenden Person für eine angemessene Alterssicherung übernommen werden, wenn diese nicht anderweitig sichergestellt ist. 3Ist neben oder anstelle der Weiterführung des Haushalts die Heranziehung einer besonderen Person zur Haushaltsführung erforderlich oder eine Beratung oder zeitweilige Entlastung der haushaltsführenden Person geboten, sind die angemessenen Kosten zu übernehmen.

(4) Die Leistungen können auch durch Übernahme der angemessenen Kosten für eine vorübergehende anderweitige Unterbringung von Haushaltsangehörigen erbracht werden, wenn diese Unterbringung in besonderen Fällen neben oder statt der Weiterführung des Haushalts geboten ist.

§ 96 Leistungen in sonstigen Lebenslagen

Geschädigte können Leistungen auch in sonstigen Lebenslagen erhalten, wenn diese den Einsatz öffentlicher Mittel unter Berücksichtigung der Ziele der Sozialen Entschädigung rechtfertigen.

§ 97 Wunsch- und Wahlrecht

1Bei der Entscheidung über die Besonderen Leistungen im Einzelfall und bei der Ausführung dieser Leistungen wird den berechtigten Wünschen der Berechtigten entsprochen. 2Dabei sind Art und Schwere der Schädigung, Gesundheitszustand und Lebensalter besonders zu berücksichtigen. 3Im Übrigen gilt § 8 des Neunten Buches entsprechend.

§ 98 Besonderheiten der Leistungsbemessung

Art, Ausmaß und Dauer der Besonderen Leistungen im Einzelfall richten sich nach der Besonderheit des Einzelfalls sowie der Art des Bedarfes.

Kapitel 12
Überführung und Bestattung

§ 99 Leistungen bei Überführung und Bestattung

(1) 1Stirbt eine Geschädigte oder ein Geschädigter an den Schädigungsfolgen, so hat diejenige Person, die die Überführung veranlasst hat, einen Anspruch auf Übernahme der Kosten der Überführung. 2Der Anspruch auf Übernahme umfasst die tatsächlich entstandenen Kosten der Überführung an den Ort der Bestattung, soweit sie erforderlich und angemessen sind.

(2) 1Stirbt eine Geschädigte oder ein Geschädigter an den Schädigungsfolgen, so hat diejenige Person, die die Bestattung veranlasst hat, einen Anspruch auf Übernahme der Kosten der Bestattung. 2Der Anspruch auf Übernahme umfasst die Kosten der Bestattung bis zur Höhe eines Siebtels der im Zeitpunkt des Todes geltenden jährlichen Bezugsgröße nach § 18 Absatz 1 des Vierten Buches.

(3) Der Tod gilt stets als Schädigungsfolge, wenn eine Geschädigte oder ein Geschädigter an einer Gesundheitsstörung stirbt, die als Schädigungsfolge anerkannt ist.

(4) Auf den Betrag nach den Absätzen 1 und 2 werden einmalige Leistungen angerechnet, die anlässlich des Todes auf Grund öffentlich-rechtlicher Vorschriften zum Zweck der Übernahme der Kosten der Überführung und Bestattung erbracht werden.

(5) Die Kosten der Überführung und Bestattung werden nicht übernommen, wenn die Voraussetzungen des § 16 oder des § 17 Absatz 1 in der Person der oder des Geschädigten oder derjenigen Person, die die Überführung oder Bestattung veranlasst hat, vorliegen.

(6) Leistungen bei Überführung und Bestattung können ganz oder teilweise versagt werden, wenn die Voraussetzungen des § 17 Absatz 2 in der Person der oder des Geschädigten oder derjenigen Person, die die Kosten veranlasst hat, vorliegen.

Kapitel 13
Härtefallregelung

§ 100 Ausgleich in Härtefällen

(1) Soweit sich im Einzelfall aus der Anwendung der Vorschriften dieses Buches eine besondere Härte ergibt, kann mit Zustimmung der zuständigen obersten Bundesbehörde oder der zuständigen obersten Landesbehörde ein angemessener Ausgleich erbracht werden.

(2) Eine besondere Härte ist gegeben, wenn der Ausschluss von Leistungen insgesamt oder der Ausschluss von einzelnen Leistungen dem Sinn und Zweck dieses Buches widerspricht.

(3) Die zuständige oberste Bundesbehörde oder die zuständige oberste Landesbehörde kann Härteausgleichen in vergleichbaren Fallgestaltungen allgemein zustimmen.

Kapitel 14
Regelungen bei Wohnsitz oder gewöhnlichem Aufenthalt im Ausland

§ 101 Leistungen bei Wohnsitz oder gewöhnlichem Aufenthalt im Ausland

(1) Geschädigte, ihre Angehörigen oder Hinterbliebenen sowie Nahestehende, die ihren Wohnsitz oder gewöhnlichen Aufenthalt im Ausland haben, erhalten Leistungen nach Maßgabe der Absätze 2 bis 9.

(2) 1Leistungen der Schnellen Hilfen nach Kapitel 4 werden im Inland erbracht. 2Die im Zusammenhang

mit der Inanspruchnahme der nächstgelegenen Traumaambulanz erforderlichen Fahrkosten werden in angemessenem Umfang erstattet.

(3) 1Die nachgewiesenen Kosten für medizinisch notwendige und angemessene Leistungen der Krankenbehandlung für Schädigungsfolgen im Umfang der §§ 42 und 43 werden bis zur Höhe des Zweifachen der Vergütung, die die Krankenkasse bei Erbringung als Sachleistung im Inland zu erbringen hätte, erstattet. 2In besonders begründeten Fällen kann auch der darüber hinausgehende Betrag teilweise oder ganz erstattet werden. 3Die Krankenbehandlung kann auch im Inland nach vorheriger Genehmigung durch die zuständige Verwaltungsbehörde durchgeführt werden, wenn medizinische Gründe oder Kostengründe dies erfordern. 4Reisekosten können in diesem Fall in angemessenem Umfang erstattet werden. 5Die Kosten für Arzneimittel und Verbandmittel sowie Heilmittel und Hilfsmittel können in voller Höhe erstattet werden. 6Leistungen nach den Sätzen 1 bis 5 werden erbracht, soweit diese Bedarfe nicht durch bestehende gesetzliche oder private Versicherungen oder staatliche Leistungen des Wohnsitzstaates im Wohnsitzstaat gedeckt werden können. 7§ 28 Absatz 3 findet keine Anwendung. 8Ist im Staat des Wohnsitzes weder eine Leistung zweckentsprechend der Leistung des Krankengeldes der Sozialen Entschädigung oder der Beihilfe bei einer erheblichen Beeinträchtigung der Erwerbsgrundlage zu verwirklichen, noch können Geschädigte diesen Bedarf durch einen bestehenden privaten oder gesetzlich bestehenden Versicherungsschutz decken und entsteht ihnen hieraus ein Nachteil, wird den Geschädigten eine Leistung in Form der Zahlung eines Krankengeldes der Sozialen Entschädigung oder eine Beihilfe bei erheblicher Beeinträchtigung der Erwerbsgrundlage erbracht, wie sie ihm auch bei einem Wohnsitz oder gewöhnlichem Aufenthalt im Inland gezahlt worden wäre.

(4) 1Bei Pflegebedürftigkeit im Sinne des § 71 Absatz 1 kann ein Pflegegeld in Höhe der Leistungen nach § 37 des Elften Buches erbracht werden. 2Kosten für ergänzende Leistungen nach § 75 Absatz 2 werden nur dann erstattet, wenn entsprechende Sachleistungen auch im Wohnsitzstaat vorgesehen sind.

(5) Leistungen bei Blindheit nach § 82 werden erbracht.

(6) 1Entschädigungszahlungen nach Kapitel 9 werden erbracht, soweit der Leistungszweck erreicht werden kann. 2Der Leistungszweck wird insbesondere dann nicht erreicht, wenn der Aufenthaltsstaat Zahlungen nach diesem Buch auf eigene Sozialleistungen ganz oder teilweise anrechnet. 3Die Sätze 1 und 2 gelten nicht, wenn ein ausländischer Staat subsidiäre Leistungen als Entschädigung wegen eines schädigenden Ereignisses erbringt, das in Deutschland stattgefunden hat.

(7) 1Geschädigte, die ihren Wohnsitz oder gewöhnlichen Aufenthalt im Ausland haben, haben keinen Anspruch auf Berufsschadensausgleich nach Kapitel 10 dieses Buches. 2Verlegen Geschädigte, für die bereits ein monatlicher Berufsschadensausgleich nach § 90 dieses Buches bewilligt wurde, ihren Wohnsitz oder gewöhnlichen Aufenthalt ins Ausland, so ist ihnen auf Antrag eine Abfindung in Höhe des 30-fachen des festgestellten monatlichen Berufsschadensausgleiches auszuzahlen. 3Der Antrag auf Auszahlung der Abfindung ist bei dem Träger der Sozialen Entschädigung bis spätestens drei Monate nach Verlegung des Wohnsitzes oder gewöhnlichen Aufenthalts ins Ausland zu stellen. 4Durch die Zahlung der Abfindung nach Satz 2 sind alle Ansprüche der Geschädigten auf Berufsschadensausgleich nach diesem Buch abgegolten.

(8) 1Leistungen zum Lebensunterhalt nach § 93 können erbracht werden, soweit Berechtigte keine anderweitigen Leistungen für denselben Leistungszweck, insbesondere aus sozialen Sicherungs- und Fürsorgesystemen des Aufenthaltsstaates, erhalten. 2Art, Form und Umfang der Leistung und der Einsatz von Einkommen und Vermögen richten sich nach den besonderen Verhältnissen des Aufenthaltsstaates unter Berücksichtigung der notwendigen Lebensbedürfnisse vor Ort.

(9) Die Leistung zur Förderung einer Ausbildung nach § 94 wird erbracht.

Kapitel 15
Besonderheiten der Leistungserbringung für einzelne Entschädigungstatbestände

§ 102 Leistungen bei Gewalttaten im Ausland

(1) Berechtigte nach § 15 erhalten Leistungen nach Maßgabe der folgenden Absätze.

(2) 1Geschädigte erhalten Leistungen der Schnellen Hilfen ausschließlich im Inland. 2Fahrkosten zu Traumaambulanzen werden für Fahrten im Inland übernommen. 3§ 101 Absatz 2 Satz 2 gilt entsprechend.

(3) 1Geschädigte erhalten Leistungen der Krankenbehandlung der Sozialen Entschädigung grundsätzlich im Inland. 2Besteht unmittelbar nach dem schädigenden Ereignis ein akuter Behandlungsbedarf im Ausland, so können Kosten, die anderweitig nicht gedeckt sind, nach § 51 übernommen werden.

(4) Geschädigte erhalten Einmalzahlungen in Höhe von

1. 2 941 Euro bei einem Grad der Schädigungsfolgen von mindestens 30, aber weniger als 50,

2. 8 820 Euro bei einem Grad der Schädigungsfolgen von 50 bis 60,
3. 14 700 Euro bei einem Grad der Schädigungsfolgen von 70 und 80,
4. 23 521 Euro bei einem Grad der Schädigungsfolgen von 90,
5. 32 342 Euro bei einem Grad der Schädigungsfolgen von 100.

(5) 1Ist eine Person, bei der die Voraussetzungen nach Absatz 1 vorliegen, an den Folgen der Schädigung gestorben, erhalten Hinterbliebene eine Einmalzahlung. 2Die Einmalzahlung beträgt bei Halbwaisen 2 941 Euro, bei Vollwaisen 3 958 Euro und bei weiteren Hinterbliebenen 8 820 Euro.

(6) 1Angehörige und Hinterbliebene haben Anspruch auf Leistungen der Schnellen Hilfen. 2Diese werden im Inland erbracht. 3Überführungs- und Bestattungskosten werden nach § 99 erstattet.

(7) 1Leistungen aus anderen öffentlichen oder privaten Sicherungs- oder Versorgungssystemen sind auf die Leistungen nach den Absätzen 3 bis 6 anzurechnen. 2Hierzu zählen auch Leistungen aus Sicherungs- oder Versorgungssystemen, insbesondere Systemen der Opferentschädigung des Staates, in dem sich die Gewalttat ereignet hat.

(8) 1Leistungen nach den Absätzen 2 bis 6 sind zügig zu erbringen, auch wenn im Ausland noch Verfahren anhängig sind. 2Sieht der ausländische Staat Leistungen für Opfer von Gewalttaten vor und hat eine berechtigte Person einen Antrag auf solche Leistungen nicht gestellt, so können Leistungen nach den Absätzen 3 bis 5 in entsprechender Anwendung der §§ 66 und 67 des Ersten Buches ganz oder teilweise versagt werden.

§ 103 Leistungen für Zivildienstgeschädigte und Hinterbliebene

Zivildienstgeschädigte erhalten bei Vorliegen der Voraussetzungen nach § 23

1. nach Beendigung des Dienstverhältnisses Leistungen der Sozialen Entschädigung,
2. während des Dienstverhältnisses Leistungen des Kapitels 4 Abschnitt 3 und des Kapitels 9 Abschnitt 1.

§ 104 Krankengeld der Sozialen Entschädigung für Zivildienstgeschädigte

Zivildienstgeschädigte, die infolge einer Zivildienstschädigung arbeitsunfähig sind, erhalten nach Beendigung des Zivildienstverhältnisses Krankengeld der Sozialen Entschädigung nach § 47 mit folgenden Maßgaben:

1. 1Zivildienstgeschädigte, die im Zeitpunkt der Beendigung des Zivildienstverhältnisses infolge einer Zivildienstbeschädigung keine Erwerbstätigkeit ausgeübt haben, gelten als arbeitsunfähig, wenn sie nicht oder nur mit der Gefahr, ihren Zustand zu verschlimmern, fähig sind, einer Erwerbstätigkeit oder Berufsausbildung nachzugehen. 2Als Zeitpunkt des Eintritts der Arbeitsunfähigkeit gilt der Zeitpunkt der Beendigung des Zivildienstverhältnisses.
2. 1Als vor Eintritt der Arbeitsunfähigkeit bezogenes Einkommen gelten zehn Achtel der vor der Beendigung des Zivildienstverhältnisses bezogenen Geld- und Sachbezüge als Dienstpflichtiger. 2Hatte der Dienstpflichtige im letzten Kalendermonat vor dem für den Diensteintritt festgesetzten Zeitpunkt Arbeitseinkommen bezogen, so ist dieses Einkommen maßgebend, sofern das für ihn günstiger ist.

Kapitel 16
Einsatz von Einkommen und Vermögen

§ 105 Grundsätze

(1) Die Vorschriften dieses Kapitels gelten für die Besonderen Leistungen im Einzelfall nach Kapitel 11 mit Ausnahme der Leistung zur Förderung einer Ausbildung nach § 94.

(2) Für den Begriff und den Einsatz von Einkommen und Vermögen sowie die Verpflichtungen anderer gelten das Elfte Kapitel des Zwölften Buches sowie die hierzu erlassenen Verordnungen entsprechend, soweit in den folgenden Vorschriften nichts Abweichendes geregelt ist.

(3) Einkommen und Vermögen sind nicht einzusetzen bei ausschließlich schädigungsbedingtem Bedarf.

(4) Leistungen der Sozialen Entschädigung dürfen nicht von dem Einsatz von Einkommen oder dem Einsatz oder der Verwertung von Vermögen abhängig gemacht werden, soweit dies im Einzelfall bei Berücksichtigung der besonderen Lage derjenigen Person, die Einkommen oder Vermögen einzusetzen oder zu verwerten hat, oder für ihre unterhaltsberechtigten Angehörigen unbillig wäre.

§ 106 Berücksichtigung von Einkommen

(1) Nicht als Einkommen zu berücksichtigen sind

1. Leistungen nach diesem Buch mit Ausnahme von Leistungen, die dem Ersatz von Einkommen dienen, und
2. das Hinterbliebenengeld nach § 844 Absatz 3 des Bürgerlichen Gesetzbuches.

(2) Übergangsgeld und Unterhaltsbeihilfe gelten nur dann als Einkommen, wenn neben Leistungen nach § 62 Satz 1 Nummer 1 Besondere Leistungen im Einzelfall in Betracht kommen.

(3) 1Als Einkommen gilt neben dem Einkommen der Berechtigten auch das Einkommen der nicht dauernd getrennt lebenden Ehegatten oder der Personen, die mit Berechtigten eine eheähnliche Lebensgemeinschaft führen, soweit es die für die Berechtigten maßgebliche Einkommensgrenze nach § 107 Absatz 1 übersteigt. 2Bei minderjährigen unverheirateten Berechtigten ist zur Deckung des Bedarfs auch das Einkommen der Eltern oder eines Elternteils einzusetzen, bei denen die Berechtigten leben. 3Abweichend von Satz 2 ist Einkommen der Eltern oder eines Elternteils nicht zu berücksichtigen, solange Berechtigte schwanger sind oder mindestens ein Kind bis zur Vollendung seines sechsten Lebensjahres betreuen. 4Zahlungen auf Grund eines bürgerlich-rechtlichen Unterhaltsanspruches sind insoweit Einkommen der Berechtigten, als das Einkommen der Unterhaltspflichtigen die für sie nach § 107 Absatz 1 zu ermittelnde Einkommensgrenze übersteigt. 5Ist ein Unterhaltsbetrag gerichtlich festgesetzt, sind die darauf beruhenden Zahlungen Einkommen der Berechtigten.

§ 107 Einkommensgrenze

(1) 1Einkommen der Berechtigten ist nur einzusetzen, soweit es während der Dauer des Bedarfs im Monat eine Einkommensgrenze übersteigt. 2Abweichend von den in § 85 Absatz 1 des Zwölften Buches genannten Beträgen sind hierbei zu berücksichtigen

1. als Grundbetrag ein Betrag in Höhe des Dreifachen der Regelbedarfsstufe 1 nach der Anlage zu § 28 des Zwölften Buches,
2. die Aufwendungen für die Unterkunft sowie
3. als Familienzuschlag ein Betrag in Höhe von 90 Prozent der Regelbedarfsstufe 1 für nicht getrennt lebende Ehegatten und für jede Person, die von Berechtigten oder deren nicht getrennt lebenden Ehegatten überwiegend unterhalten wird.

3Die Einkommensgrenze nach den Sätzen 1 und 2 beträgt höchstens das Achtfache der Regelbedarfsstufe 1 zuzüglich eines Betrags in Höhe von 75 Prozent des jeweiligen Familienzuschlags.

(2) 1Ist bei minderjährigen unverheirateten Berechtigten zur Deckung des Bedarfs auch das Einkommen der Eltern oder eines Elternteils einzusetzen, so werden die Einkommen Berechtigter und ihrer Eltern oder eines Elternteils unabhängig voneinander betrachtet. 2Dabei gilt für die Berechtigten die sich aus Absatz 1 ergebende Einkommensgrenze. 3Für die Eltern oder den Elternteil gilt eine eigene Einkommensgrenze, bei deren Ermittlung die in Absatz 1 genannten Beträge zu berücksichtigen sind. 4Werden beide Einkommensgrenzen überschritten, so ist vorrangig das Einkommen der Berechtigten einzusetzen.

(3) Die Absätze 1 und 2 gelten nicht bei Leistungen zum Lebensunterhalt.

§ 108 Berücksichtigung von Vermögen

(1) Entschädigungszahlungen nach Kapitel 9 und die Einmalzahlungen nach § 102 Absatz 4 und 5 sind nicht als Vermögen einzusetzen.

(2) Von Berechtigten selbst oder zusammen mit ihren Angehörigen genutztes Wohneigentum im Sinne des § 17 Absatz 2 des Wohnraumförderungsgesetzes ist nicht zu verwerten.

(3) 1Bei minderjährigen unverheirateten Berechtigten ist zur Deckung des Bedarfs auch Vermögen der Eltern oder eines Elternteils einzusetzen oder zu verwerten. 2Abweichend von Satz 1 ist Vermögen der Eltern oder eines Elternteils nicht einzusetzen oder zu verwerten, solange Berechtigte schwanger sind oder mindestens ein Kind bis zur Vollendung seines sechsten Lebensjahres betreuen.

§ 109 Verordnungsermächtigung

Das Bundesministerium für Arbeit und Soziales wird ermächtigt, im Einvernehmen mit dem Bundesministerium der Finanzen, durch Rechtsverordnung, die der Zustimmung des Bundesrates bedarf, zu bestimmen, welche weiteren

1. Einkünfte nicht als Einkommen zu berücksichtigen sind und wie das Einkommen im Einzelnen zu berechnen ist,
2. Beträge von dem Einkommen abzusetzen sind sowie
3. Vermögensgegenstände als Schonbeträge zu berücksichtigen und in welcher Höhe kleinere Barbeträge oder sonstige Geldwerte nicht als Vermögen einzusetzen oder zu verwerten sind.

Kapitel 17
Anpassung

§ 110 Höhe und Zeitpunkt der Anpassung, Verordnungsermächtigung

(1) Die Höhe der Entschädigungszahlungen nach Kapitel 9, der Betrag nach § 89 Absatz 8 Satz 1 sowie die Höhe der Einmalzahlungen nach § 102 Absatz 4 und 5 werden jeweils entsprechend dem Prozentsatz angepasst, um den sich der aktuelle Rentenwert in der gesetzlichen Rentenversicherung verändert.

(2) Die sich durch die Anpassung ergebenden Beträge sind bis 0,49 Euro auf volle Euro abzurunden und ab 0,50 Euro auf volle Euro aufzurunden.

(3) Die Anpassung erfolgt durch Rechtsverordnung des Bundesministeriums für Arbeit und Soziales mit Zustimmung des Bundesrates jeweils zum gleichen

Zeitpunkt, zu dem die Renten der gesetzlichen Rentenversicherung angepasst werden.

(4) Die Anpassung nach Absatz 1 wirkt sich nicht auf bereits ausgezahlte Leistungen aus, insbesondere nicht auf die Abfindung nach den §§ 84 und 86.

Kapitel 18
Organisation, Durchführung und Verfahren

Abschnitt 1
Organisation und Durchführung

§ 111 Träger der Sozialen Entschädigung

Träger der Sozialen Entschädigung sind die Länder.

§ 112 Sachliche Zuständigkeit

1Sachlich zuständig sind die nach Landesrecht bestimmten Behörden. 2Die Zuständigkeit kann auf gemeinsame Behörden oder auf andere Träger übertragen werden.

§ 113 Örtliche Zuständigkeit

(1) Die örtliche Zuständigkeit der Behörden nach § 112 bestimmen die Länder.

(2) Bei der Entschädigung von Opfern einer Gewalttat nach den §§ 13 bis 15, bei der Entschädigung von Berechtigten nach § 21 sowie den Leistungen an Angehörige, Hinterbliebene und Nahestehende dieser Personen ist dasjenige Land zuständig, in dem die berechtigte Person ihren Wohnsitz, bei Fehlen eines Wohnsitzes ihren gewöhnlichen Aufenthalt hat.

(3) Für die Festsetzung nach § 8 Absatz 2 ist das Land zuständig, das über die Ansprüche aus dem letzten schädigenden Ereignis entscheidet.

(4) Bei der Entschädigung von Berechtigten nach § 23 ist dasjenige Land zuständig, in dem die antragstellende Person zum Zeitpunkt des Dienstbeginns ihren Wohnsitz, bei Fehlen eines Wohnsitzes ihren gewöhnlichen Aufenthalt hat.

(5) 1Bei der Entschädigung nach § 24 ist dasjenige Land zuständig, in dem die ursächliche Schutzimpfung oder andere Maßnahme der spezifischen Prophylaxe vorgenommen wurde. 2Wurde die ursächliche Schutzimpfung oder andere Maßnahme der spezifischen Prophylaxe auf Grund einer Rechtsverordnung nach § 20i Absatz 3 des Fünften Buches im Ausland vorgenommen, ist dasjenige Land zuständig, in dem die Antragstellerin oder der Antragsteller zum Zeitpunkt der Antragstellung ihren oder seinen Wohnsitz oder gewöhnlichen Aufenthalt hat, oder, wenn im Zeitpunkt der Antragstellung ein Wohnsitz oder gewöhnlicher Aufenthalt im Geltungsbereich dieses Gesetzes nicht vorhanden ist, ist dasjenige Land zuständig, in dem die Antragstellerin oder der Antragsteller zuletzt ihren oder seinen Wohnsitz oder gewöhnlichen Aufenthalt gehabt hat oder in dem die Behörde oder die Einrichtung ihren Sitz hat, für die die Antragstellerin oder der Antragsteller oder deren oder dessen Angehörige oder deren oder dessen Angehöriger tätig ist oder war.

(6) Das Bundesministerium für Arbeit und Soziales wird ermächtigt, durch Rechtsverordnung, die der Zustimmung des Bundesrates bedarf, die örtliche Zuständigkeit für Personen, die ihren Wohnsitz oder gewöhnlichen Aufenthalt im Ausland haben, zu bestimmen.

§ 114 Aufgaben des Bundesministeriums für Arbeit und Soziales

(1) Das Bundesministerium für Arbeit und Soziales wirkt auf die bundeseinheitliche Durchführung dieses Buches durch geeignete Maßnahmen hin.

(2) Das Bundesministerium für Arbeit und Soziales nimmt die Aufgaben der zentralen Kontaktstelle im Sinne des Artikels 16 der Richtlinie 2004/80/EG wahr.

Abschnitt 2
Verfahren zur Prüfung des Leistungsanspruchs

§ 115 Erleichtertes Verfahren bei Leistungen der Schnellen Hilfen

(1) Leistungen der Schnellen Hilfen werden in der Regel im Erleichterten Verfahren erbracht.

(2) 1Im Erleichterten Verfahren genügt es, wenn eine summarische Prüfung ergibt, dass die antragstellende Person nach dem Recht der Sozialen Entschädigung anspruchsberechtigt sein kann. 2Dabei ist der im Antrag dargelegte Sachverhalt als wahr zu unterstellen, wenn nicht dessen Unrichtigkeit offensichtlich ist.

(3) Im Erleichterten Verfahren wird weder eine Feststellung über die Richtigkeit oder Unrichtigkeit des von der antragstellenden Person vorgetragenen Sachverhaltes noch über das Bestehen oder Nichtbestehen weiterer, über die Schnellen Hilfen hinausgehende Ansprüche getroffen.

§ 116 Weiteres Verfahren

(1) Nach der Entscheidung im Erleichterten Verfahren wird geprüft, ob Ansprüche auf Leistungen der Sozialen Entschädigung bestehen, es sei denn, die antragstellende Person hat den Antrag ausdrücklich auf Schnelle Hilfen beschränkt.

(2) 1Ergibt die weitere Prüfung, dass keine Leistungsansprüche der Sozialen Entschädigung bestehen, wird der Antrag abgelehnt. 2Zugleich wird der Verwal-

tungsakt, der zuvor im Erleichterten Verfahren ergangen ist, mit Wirkung für die Zukunft widerrufen.

(3) Ergibt die weitere Prüfung, dass Leistungsansprüche der Sozialen Entschädigung bestehen, erging im Erleichterten Verfahren aber ein nicht begünstigender Verwaltungsakt, wird der im Erleichterten Verfahren ergangene Verwaltungsakt widerrufen und über den Antrag neu entschieden.

§ 117 Beweiserleichterungen

(1) Die Angaben der antragstellenden Person, die sich auf die mit der Schädigung im Zusammenhang stehenden Tatsachen beziehen, sind, wenn Beweismittel nicht vorhanden oder nicht zu beschaffen oder ohne Verschulden der antragstellenden Person oder ihrer Hinterbliebenen verlorengegangen sind, der Entscheidung zu Grunde zu legen, soweit sie nach den Umständen des Falles glaubhaft erscheinen.

(2) Eine Tatsache erscheint glaubhaft, wenn bei mehreren ernstlich in Betracht zu ziehenden Möglichkeiten das Vorliegen einer davon relativ am wahrscheinlichsten ist, weil nach Gesamtwürdigung aller Umstände besonders viel für diese Möglichkeit spricht.

(3) Die Verwaltungsbehörde kann von der antragstellenden Person in besonderen Fällen die Abgabe einer eidesstattlichen Versicherung verlangen.

§ 118 Beiziehung von Unterlagen und Anhörung

(1) $_{1}$Mit Einwilligung der antragstellenden Person kann die zuständige Verwaltungsbehörde zur Aufklärung des Sachverhalts von öffentlichen, freien gemeinnützigen und privaten Krankenhäusern sowie Krankenhäusern öffentlich-rechtlicher Körperschaften und Trägern der Sozialversicherung Krankenpapiere, Aufzeichnungen, Krankengeschichten, Sektions- und Untersuchungsbefunde sowie Röntgenbilder im erforderlichen Maße zur Einsicht beiziehen. $_{2}$Die Verwaltungsbehörde hat für die Wahrung des ärztlichen Berufsgeheimnisses Sorge zu tragen. $_{3}$Unter denselben Voraussetzungen kann die Verwaltungsbehörde von privaten Ärztinnen und Ärzten und anderen Therapeutinnen und Therapeuten, die die antragstellende Person behandeln oder behandelt haben, Auskünfte einholen und Untersuchungsunterlagen zur Einsicht beziehen.

(2) $_{1}$Die Verwaltungsbehörde ist befugt, von den Auskunftspersonen die eidesstattliche Versicherung zu verlangen, dass sie nach bestem Wissen die reine Wahrheit gesagt und nichts verschwiegen haben. $_{2}$In gleicher Weise kann von den Sachverständigen die eidesstattliche Versicherung verlangt werden, dass sie das Gutachten unparteiisch und nach bestem Wissen erstattet haben.

(3) $_{1}$Ist die Anhörung vor den zuständigen Verwaltungsbehörden mit Schwierigkeiten verbunden, namentlich wegen der Entfernung des Aufenthaltsorts der zu hörenden Personen vom Sitz der Verwaltungsbehörde, so kann eine andere Verwaltungsbehörde und, wenn die Anhörung vor dieser ebenfalls Schwierigkeiten unterläge, eine andere Behörde um die Erledigung ersucht werden. $_{2}$Dasselbe gilt bei Gefahr im Verzug.

§ 119 Vorzeitige Leistungen und vorläufige Entscheidung

(1) Bevor die Anspruchsvoraussetzungen nach § 4 festgestellt sind, können Geschädigte Leistungen der Krankenbehandlung sowie Leistungen zur Teilhabe und Besondere Leistungen im Einzelfall erhalten.

(2) $_{1}$Kann nach dem Ergebnis der Ermittlungen über den Anspruch oder dessen Umfang noch nicht endgültig entschieden werden, sind jedoch die Voraussetzungen für die Bewilligung einzelner Leistungen mit Wahrscheinlichkeit gegeben, kann über die Erbringung vorläufig entschieden werden. $_{2}$Voraussetzung hierfür ist, dass ein Antrag auf vorläufige Entscheidung vorliegt und ein berechtigtes Interesse an der vorläufigen Entscheidung besteht. $_{3}$Umfang und Grund der Vorläufigkeit sind in der Entscheidung anzugeben. $_{4}$Nach Abschluss der Ermittlungen ist unverzüglich die endgültige Entscheidung zu treffen.

Abschnitt 3
Weitere Regelungen

§ 120 Ansprüche gegen Schadensersatzpflichtige

(1) § 116 des Zehnten Buches gilt für den Übergang eines Anspruchs der oder des Berechtigten auf Ersatz eines Schadens auf den oder die jeweiligen Kostenträger der Sozialen Entschädigung entsprechend.

(2) $_{1}$Ein Ersatzanspruch kann nicht zum Nachteil der oder des Berechtigten geltend gemacht werden. $_{2}$Dies gilt insbesondere, wenn die Schadensersatzleistungen der Schädigerin oder des Schädigers oder eines Dritten nicht ausreichen, um den gesamten Schaden zu ersetzen. $_{3}$In diesen Fällen sind die Schadensersatzansprüche der oder des Berechtigten vorrangig gegenüber den Ansprüchen des Kostenträgers.

(3) Von der Geltendmachung des Ersatzanspruchs kann abgesehen werden, wenn diese keinen Erfolg verspricht.

(4) $_{1}$Die Krankenkassen haben der Verwaltungsbehörde die Tatsachen mitzuteilen, aus denen sich ergibt, dass ein Dritter den Schaden verursacht hat. $_{2}$Auf Anfrage haben die Krankenkassen und die

Unfallkassen der Länder der Verwaltungsbehörde Angaben darüber zu machen, in welcher Höhe ihnen Kosten für Leistungen der Krankenbehandlung entstanden sind. 3Keine Angaben sind erforderlich für nichtstationäre ärztliche Behandlungen und die Versorgung mit Arzneimitteln und Verbandmitteln.

§ 121 Erstattung von Leistungen durch öffentlich-rechtliche Stellen

1Hat ein Träger der Sozialen Entschädigung Leistungen erbracht und stellt sich nachträglich heraus, dass eine andere öffentlich-rechtliche Stelle, die nicht Leistungsträger nach § 12 des Ersten Buches ist, zur Leistung verpflichtet gewesen wäre, hat die zur Leistung verpflichtete Stelle die Aufwendungen zu erstatten. 2Der Umfang der Erstattung richtet sich nach den Rechtsvorschriften, die für die verpflichtete Stelle gelten.

§ 122 Überzahlung von Geldleistungen nach dem Tod der oder des Berechtigten

Hat der Träger der Sozialen Entschädigung Geldleistungen für die Zeit nach dem Tod der oder des Berechtigten zu Unrecht erbracht, gilt § 118 Absatz 3 bis 4a des Sechsten Buches Sozialgesetzbuch entsprechend.

§ 122a Zahlung

1Die Leistungen nach § 3 Satz 1 Nummer 5 bis 7 sowie 11 und 12 werden in Monatsbeträgen zuerkannt, auf volle Eurobeträge aufgerundet und monatlich im Voraus gezahlt. 2Die Leistung nach § 48 wird tageweise zuerkannt.

Kapitel 19
Bundesstelle für Soziale Entschädigung

§ 123 Bundesstelle für Soziale Entschädigung

1Unter der Bezeichnung „Bundesstelle für Soziale Entschädigung" führt das Bundesamt für Soziale Sicherung die Aufgaben nach § 124 aus. 2Dabei unterliegt es der Fachaufsicht des Bundesministeriums für Arbeit und Soziales.

§ 124 Aufgaben der Bundesstelle für Soziale Entschädigung

(1) Die Bundesstelle für Soziale Entschädigung nimmt Aufgaben des Bundes auf dem Gebiet der Sozialen Entschädigung nach Maßgabe der folgenden Absätze wahr.

(2) Die Bundesstelle für Soziale Entschädigung ist zuständig für die

1. Aufgaben nach § 60 Absatz 6, § 60a Absatz 6 und § 80 Absatz 3 Satz 3,
2. Aufgaben der zentralen Behörde im Sinne des Artikels 12 Satz 2 des Europäischen Übereinkommens vom 24. November 1983 über die Entschädigung für Opfer von Gewalttaten (BGBl. 1996 II S. 1120, 1121) und
3. Aufgaben als Unterstützungsbehörde im Sinne des Artikels 3 Absatz 1 der Richtlinie 2004/80/EG.

(3) Die Bundesstelle für Soziale Entschädigung unterstützt die Länder zur Wahrung der bundeseinheitlichen Gesetzesanwendung bei der Aus- und Fortbildung im Bereich der Sozialen Entschädigung.

(4) Die Bundesstelle für Soziale Entschädigung unterstützt als Kompetenzzentrum für Soziale Entschädigung das Bundesministerium für Arbeit und Soziales bei Aufgaben der Qualitätssicherung und bei der bundeseinheitlichen Durchführung der Sozialen Entschädigung insbesondere durch

1. die Organisation von Veranstaltungen des Bundesministeriums für Arbeit und Soziales für Mitarbeiterinnen und Mitarbeiter der Behörden und der Personen, die Leistungen der Schnellen Hilfen erbringen,
2. die Organisation von Erfahrungsaustauschen des Bundesministeriums für Arbeit und Soziales für Personen, die an der Durchführung dieses Buches beteiligt sind sowie
3. das Erstellen und Führen der amtlichen Statistik nach § 126.

(5) Die Bundesstelle für Soziale Entschädigung erledigt weitere Aufgaben, die mit den Aufgaben des Bundes im Bereich der Sozialen Entschädigung zusammenhängen und mit deren Durchführung sie vom Bundesministerium für Arbeit und Soziales beauftragt wird.

(6) Die Wahrnehmung der Aufgaben nach Absatz 4 Nummer 1 und 2 und nach Absatz 5 kann die Bundesstelle für Soziale Entschädigung ganz oder teilweise auf Dritte übertragen oder sich bei der Wahrnehmung der Aufgaben nach Absatz 4 durch Dritte unterstützen lassen.

§ 125 Fachbeirat Soziale Entschädigung

(1) Der Fachbeirat berät das Bundesministerium für Arbeit und Soziales und die Bundesstelle für Soziale Entschädigung in grundsätzlichen Fragen der Aufgabenwahrnehmung im Bereich der Sozialen Entschädigung.

(2) 1Mitglieder des Fachbeirats sind:

1. fünf Vertreterinnen oder Vertreter von Verbänden, die die Interessen von Gruppen der Berechtigten der Sozialen Entschädigung wahrnehmen,
2. fünf Vertreterinnen oder Vertreter der Länder und
3. vier Vertreterinnen oder Vertreter der Wissenschaft, die sich mit den medizinischen, psychischen und sozialen Folgen schädigender Ereignisse im Sinne dieses Buches beschäftigen.

2Die Vertreterinnen oder Vertreter der Länder werden auf gemeinsamen Vorschlag der Länder ernannt.

(3) 1Die Mitglieder des Fachbeirats werden für einen Zeitraum von drei Jahren vom Bundesministerium für Arbeit und Soziales ernannt. 2Das Bundesministerium für Gesundheit hat ein Vorschlagsrecht zur Benennung eines Mitglieds für die Wahrnehmung der Interessen von Impfgeschädigten. 3Das Bundesministerium für Familie, Senioren, Frauen und Jugend hat ein Vorschlagsrecht zur Benennung eines Mitglieds für die Wahrnehmung der Interessen der Betroffenen von sexualisierter Gewalt in Kindheit und Jugend. 4Scheidet ein Mitglied vorzeitig aus, wird für den Rest der Amtszeit eine Nachfolgerin oder ein Nachfolger berufen.

(4) 1Die Mitglieder des Fachbeirats sind ehrenamtlich tätig. 2Sie haben Anspruch auf Erstattung ihrer notwendigen Auslagen.

(5) Der Fachbeirat arbeitet auf der Grundlage einer Geschäftsordnung, die das Bundesministerium für Arbeit und Soziales erlässt.

(6) Die Geschäftsführung des Fachbeirats erfolgt durch die Bundesstelle für Soziale Entschädigung.

Kapitel 20
Statistik und Bericht

§ 126 Amtliche Statistik

(1) Die Bundesstelle für Soziale Entschädigung erstellt eine amtliche Statistik

1. zur Zahl der Leistungsempfängerinnen und Leistungsempfänger sowie
2. zu den Ausgaben und Einnahmen der Sozialen Entschädigung.

(2) Grundlage der amtlichen Statistik sind die Daten, die der Bundesstelle für Soziale Entschädigung von den Trägern der Sozialen Entschädigung übermittelt werden.

(3) Die Bundesstelle für Soziale Entschädigung legt die amtliche Statistik kalenderhalbjährlich dem Bundesministerium für Arbeit und Soziales vor und veröffentlicht sie in geeigneter Form.

§ 127 Erhebungsmerkmale

(1) Zur Beurteilung der Auswirkungen dieses Buches und zu dessen Fortentwicklung werden folgende Merkmale erhoben:

1. das Geschlecht der leistungsberechtigten Person,
2. das Land und die Kennnummer des zuständigen Trägers der Sozialen Entschädigung,
3. die Zugehörigkeit zu den Empfängergruppen:
   a) Geschädigte, aufgegliedert nach dem Grad der Schädigungsfolgen,
   b) Angehörige, Hinterbliebene und Nahestehende,
4. die Art des schädigenden Ereignisses:
   a) Gewalttat, aufgegliedert nach
      aa) Gewalttat im Inland oder
      bb) Gewalttat im Ausland,
   b) Weltkriegsauswirkungen und Fälle nach § 139,
   c) Schutzimpfung oder eine andere Maßnahme der spezifischen Prophylaxe,
   d) Ereignis im Zusammenhang mit der Ableistung des Zivildienstes,
   e) Gewahrsam im Sinne des Häftlingshilfegesetzes,
   f) rechtsstaatswidrige Verwaltungsmaßnahme im Sinne des Verwaltungsrechtlichen Rehabilitierungsgesetzes,
   g) rechtsstaatswidrige Entscheidung oder Maßnahme im Sinne des Strafrechtlichen Rehabilitierungsgesetzes,
5. die Zahl der Anträge im Erhebungsmonat, aufgegliedert nach Empfängergruppen,
6. die Zahl der im Erhebungsmonat erledigten Anträge, aufgegliedert nach
   a) Leistungsempfängergruppen und
   b) der Art der Erledigung, aufgegliedert nach
      aa) Ablehnung,
      bb) Bewilligung,
      cc) Rücknahme des Antrags und
      dd) sonstige Erledigung,
7. die Zahl der Fälle im Erhebungsmonat mit
   a) Ausübung des Wahlrechts nach § 152 Absatz 1 oder
   b) Überführung nach § 152 Absatz 4.

(2) In den von der Richtlinie 2004/80/EG erfassten Fällen werden zudem folgende Merkmale erhoben:

1. die Staatsangehörigkeit der Person, die eine Entschädigungsleistung erhält,
2. der Staat, in dem die gesundheitliche Schädigung eingetreten ist,
3. Art und Umfang der Entschädigungsleistung,
4. Zahl der Ablehnungen und
5. die Dauer des Verwaltungsverfahrens einschließlich eines etwaigen Widerspruchsverfahrens.

(3) Zusätzliche Erhebungsmerkmale von Absatz 1 Nummer 6 sind:

1. Schnelle Hilfen, aufgegliedert nach
   a) Leistungen des Fallmanagements und
   b) Leistungen in einer Traumaambulanz,
2. Leistungen der Krankenbehandlung der Sozialen Entschädigung, aufgegliedert nach

   a) Krankenbehandlung,
   b) ergänzenden Leistungen der Krankenbehandlung,
   c) Versorgung mit Hilfsmitteln,
   d) Krankengeld der Sozialen Entschädigung,
   e) Beihilfen bei erheblicher Beeinträchtigung der Erwerbsgrundlage,
   f) Zuschüsse bei Zahnersatz,
   g) Erstattung von Kosten bei selbst beschaffter Krankenbehandlung,
   h) Erstattung von Kosten für Krankenbehandlung bei vorübergehendem Auslandsaufenthalt sowie
   i) Beiträgen zur Arbeitsförderung, zur gesetzlichen Rentenversicherung und zur Alterssicherung,
   j) Reisekosten,
3. Leistungen zur Teilhabe, aufgegliedert nach
   a) Leistungen zur Teilhabe am Arbeitsleben,
   b) unterhaltssichernden und anderen ergänzenden Leistungen,
   c) Leistungen zur Teilhabe an Bildung sowie
   d) Leistungen zur Sozialen Teilhabe,
4. Leistungen bei Pflegebedürftigkeit,
5. Leistungen bei Blindheit,
6. Entschädigungszahlungen an Geschädigte, aufgegliedert nach
   a) monatlichen Entschädigungszahlungen und
   b) Abfindungen,
7. Entschädigungszahlungen an Witwen und Witwer sowie an hinterbliebene Partner einer eheähnlichen Gemeinschaft, aufgegliedert nach
   a) monatlichen Entschädigungszahlungen und
   b) Abfindungen,
8. monatliche Entschädigungszahlungen an Waisen,
9. monatliche Entschädigungszahlungen an hinterbliebene Eltern,
10. Berufsschadensausgleich,
11. Besondere Leistungen im Einzelfall, aufgegliedert nach
   a) Leistungen zum Lebensunterhalt,
   b) der Leistung zur Förderung einer Ausbildung,
   c) Leistungen zur Weiterführung des Haushalts sowie
   d) Leistungen in sonstigen Lebenslagen,
12. Leistungen bei Überführung und Bestattung,
13. Ausgleich in Härtefällen sowie
14. Leistungen nach den Vorschriften zu Besitzständen, aufgegliedert nach
   a) der Zugehörigkeit zu den Empfängergruppen
      aa) Geschädigte oder
      bb) Nichtgeschädigte,
   b) der jeweiligen Vorschrift zu Besitzständen des Kapitels 23 sowie
   c) der Art des schädigenden Ereignisses.

§ 128 Erhebungsmerkmale zu den Ausgaben und Einnahmen der Sozialen Entschädigung

Zur Beurteilung der Auswirkungen dieses Buches und zu dessen Fortentwicklung wird jeweils die Gesamtsumme der Ausgaben und die Gesamtsumme der Einnahmen der Sozialen Entschädigung erhoben, aufgegliedert nach den in § 127 Absatz 1 Nummer 4 genannten Arten des schädigenden Ereignisses.

§ 129 Hilfsmerkmale

Hilfsmerkmale sind:

1. Name und Anschrift des Auskunftspflichtigen sowie
2. Name, Telefonnummer und E-Mail-Adresse der für eventuelle Rückfragen zur Verfügung stehenden Person.

§ 130 Stichtag für die Erhebungen

Stichtag für die Erhebungen ist der letzte Kalendertag des jeweiligen Monats.

§ 131 Auskunftspflicht, Übermittlung statistischer Daten

(1) $_1$Für die Erhebungen besteht Auskunftspflicht. $_2$Auskunftspflichtig sind die für die Durchführung der Sozialen Entschädigung sachlich zuständigen Stellen. $_3$Die Angaben zu den Hilfsmerkmalen nach § 129 Nummer 2 sind freiwillig.

(2) $_1$Die Auskunftspflichtigen übermitteln die Datensätze aus der Erhebung monatlich in elektronischer Form an die Bundesstelle für Soziale Entschädigung. $_2$Diese Daten dürfen bei der Bundesstelle für Soziale Entschädigung ausschließlich für statistische Zwecke und durch eine von Verwaltungsaufgaben räumlich, organisatorisch und personell getrennte Einheit genutzt werden.

(3) $_1$Die Bundesstelle für Soziale Entschädigung stellt dem Bundesministerium für Arbeit und Soziales die monatlichen Meldungen unverzüglich in elektronischer Form für die Verwendung gegenüber den gesetzgebenden Körperschaften, für Forschungsprojekte zur Evaluierung dieses Buches und zur Weiterentwicklung des Sozialen Entschädigungsrechts und für Zwecke der Planung zur Verfügung, jedoch nicht für die Regelung von Einzelfällen. $_2$Die in Satz 1 genannten Daten kann die Bundesstelle für Soziale Entschädigung den Trägern der

Sozialen Entschädigung sowie Kranken-, Pflege- und Unfallkassen zur Planung der Leistungserbringung und -abrechnung zur Verfügung stellen.

(4) 1Datensätze nach Absatz 2 dürfen auch dann in tabellarischer Form an die Bundesstelle für Soziale Entschädigung übermittelt werden, wenn Tabellenfelder nur einen einzigen Fall ausweisen. 2Tabellen, deren Tabellenfelder nur einen einzigen Fall ausweisen, dürfen nur dann übermittelt werden, wenn sie nicht differenzierter als auf Regierungsbezirksebene, bei Stadtstaaten auf Bezirksebene, aufbereitet sind.

§ 132 Bericht

(1) 1Die Bundesregierung legt dem Deutschen Bundestag einen Bericht über die Auswirkungen dieses Buches sowie über die gegebenenfalls notwendige Weiterentwicklung dieser Vorschriften vor. 2Der Bericht darf keine personenbezogenen Daten enthalten.

(2) Der Bericht ist erstmals bis zum 1. Januar 2028 und sodann alle vier Jahre vorzulegen.

Kapitel 21 Kostentragung

§ 133 Aufteilung der Kosten zwischen Bund und Ländern

1Der Bund trägt die Ausgaben für Geldleistungen wegen schädigender Ereignisse im Geltungsbereich dieses Buches nach Kapitel 2 Abschnitt 2 Unterabschnitt 1 zu 40 Prozent, die Länder zu 60 Prozent. 2Die Ausgaben für Sachleistungen tragen die Länder in voller Höhe. 3Geldbeträge, die zur Abgeltung oder an Stelle einer Sachleistung gezahlt werden, gehören nicht zu den Geldleistungen. 4Soweit die Kostenträgerschaft bei den Ländern liegt, ist Kostenträger das nach § 113 zuständige Land.

§ 134 Kostentragung durch den Bund

(1) 1Der Bund trägt die Ausgaben für Leistungen nach Kapitel 2 Abschnitt 2 Unterabschnitt 1 in voller Höhe, wenn der oder die Geschädigte zur Tatzeit den Wohnsitz oder gewöhnlichen Aufenthalt nicht im Geltungsbereich dieses Buches hatte. 2Das Gleiche gilt, wenn die Schädigung auf einem deutschen Schiff, einem deutschen Luftfahrzeug oder an einem Ort im Ausland eingetreten ist.

(2) Der Bund trägt die Ausgaben für Leistungen nach Kapitel 2 Abschnitt 2 Unterabschnitt 2 und Unterabschnitt 3 in voller Höhe.

§ 135 Kostentragung durch die Länder

(1) Die Länder tragen die Ausgaben für Leistungen nach Kapitel 2 Abschnitt 2 Unterabschnitt 4 in voller Höhe.

(2) Verpflichtet zur Zahlung der Entschädigung nach § 24 ist das nach § 113 Absatz 5 zuständige Land.

§ 136 Kostentragung beim Zusammentreffen von Ansprüchen

1In den Fällen des § 8 Absatz 2 sind die Kosten, die durch das Hinzutreten einer weiteren Schädigung verursacht werden, von dem Land zu tragen, das für die Entscheidung über Ansprüche aus der weiteren Schädigung zuständig ist. 2Das gilt entsprechend für den Bund, soweit dieser nach allgemeinen Regeln die Kosten zu tragen hat.

Kapitel 22 Übergangsvorschriften

§ 137 Zeitlicher Geltungsbereich

Dieses Buch gilt für Anträge auf Leistungen der Sozialen Entschädigung, die ab dem 1. Januar 2024 gestellt werden, soweit die Vorschriften dieses Kapitels nichts Abweichendes bestimmen.

§ 138 Besonderer zeitlicher Geltungsbereich für Opfer von Gewalttaten

(1) 1Personen, die in der Zeit vom 16. Mai 1976 bis 31. Dezember 2023 geschädigt worden sind, erhalten Leistungen nach diesem Buch, wenn die Voraussetzungen nach dem Opferentschädigungsgesetz in der zum Tatzeitpunkt geltenden Fassung erfüllt waren. 2Wurde die Schädigung durch mehrere Taten herbeigeführt, findet diese Vorschrift Anwendung, wenn die letzte Tat in dem in Satz 1 genannten Zeitraum stattgefunden hat.

(2) Hinterbliebene einer in der Zeit vom 16. Mai 1976 bis 31. Dezember 2023 geschädigten Person erhalten Leistungen nach diesem Buch, wenn für die geschädigte Person die Voraussetzungen nach Absatz 1 erfüllt waren.

(3) 1Personen, die in der Zeit vom 23. Mai 1949 bis 15. Mai 1976 geschädigt worden sind, erhalten Leistungen nach diesem Buch, wenn sie

1. die Voraussetzungen nach dem Opferentschädigungsgesetz in der zum 31. Dezember 2023 geltenden Fassung erfüllen,
2. allein in Folge dieser Schädigung einen Grad der Schädigungsfolgen von mindestens 50 haben,
3. bedürftig sind und
4. ihren Wohnsitz oder gewöhnlichen Aufenthalt im Inland haben.

2Bedürftig sind Personen, wenn sie nicht oder nicht ausreichend in der Lage sind, ihren Lebensunterhalt aus ihrem Einkommen und Vermögen zu decken. 3Für den Einsatz von Einkommen und Vermögen gilt Kapitel 16. 4Die Entschädigung umfasst alle nach diesem Buch vorgesehenen Leistungen mit Ausnahme des Berufsschadensausgleichs.

(4) 1Hinterbliebene einer in der Zeit vom 23. Mai 1949 bis 15. Mai 1976 geschädigten Person erhalten Leistungen für Hinterbliebene nach diesem Buch, solange sie bedürftig sind und ihren Wohnsitz oder ständigen Aufenthalt im Inland haben. 2Absatz 3 Satz 2 und 3 gilt entsprechend.

(5) 1In dem in Artikel 3 des Einigungsvertrages genannten Gebiet gilt dieses Buch nur für Ansprüche aus Taten, die nach dem 2. Oktober 1990 begangen worden sind. 2Die Absätze 1 und 2 gelten entsprechend. 3Die Absätze 3 und 4 gelten mit der Maßgabe, dass auf die Zeit vom 7. Oktober 1949 bis zum 2. Oktober 1990 abgestellt wird.

(6) 1Für Taten vor dem 23. Mai 1949 werden keine Leistungen nach diesem Buch erbracht. 2In dem in Artikel 3 des Einigungsvertrages genannten Gebiet gilt dies für Taten vor dem 7. Oktober 1949.

(7) Für Taten im Zeitraum vom 1. Januar 2021 bis zum 31. Dezember 2023 sollen für Geschädigte, Angehörige, Hinterbliebene und Nahestehende im Sinne des § 2 die Leistungen nach den §§ 31 bis 36 erbracht werden, wenn die Voraussetzungen nach dem Opferentschädigungsgesetz in der zum Tatzeitpunkt geltenden Fassung erfüllt sind.

§ 139 Besonderer zeitlicher Geltungsbereich für Kriegsopfer beider Weltkriege

1Personen, die vor dem 1. Januar 2024 geschädigt worden sind, erhalten Leistungen nach diesem Buch, wenn die Voraussetzungen nach dem Bundesversorgungsgesetz in der bis zum 31. Dezember 2023 geltenden Fassung erfüllt waren. 2Die monatliche Entschädigungszahlung wird erbracht, ohne dass in diesem Zeitraum geprüft wird, ob die Anspruchsvoraussetzungen weiterhin vorliegen.

§ 140 Besonderer zeitlicher Geltungsbereich für Zivildienstgeschädigte

Personen, die vor dem 1. Januar 2024 geschädigt worden sind, erhalten Leistungen nach diesem Buch, wenn die Voraussetzungen nach dem Zivildienstgesetz in der bis zum 31. Dezember 2023 geltenden Fassung erfüllt waren.

§ 141 Besonderer zeitlicher Geltungsbereich für Geschädigte durch Schutzimpfungen oder einer anderen Maßnahme der spezifischen Prophylaxe

1Personen, die vor dem Inkrafttreten dieses Buches geschädigt worden sind, erhalten Leistungen nach diesem Buch, wenn die Voraussetzungen nach § 60 des Infektionsschutzgesetzes in der bis zum 31. Dezember 2023 geltenden Fassung erfüllt waren. 2Hinterbliebene einer bis zum 31. Dezember 2023 geschädigten Person erhalten Leistungen nach diesem Buch, wenn für die geschädigte Person die Voraussetzungen nach Satz 1 erfüllt waren.

Kapitel 23
Vorschriften zu Besitzständen

Abschnitt 1
Grundsätze und Leistungen

§ 142 Grundsätze

(1) 1Personen, deren Ansprüche nach dem Bundesversorgungsgesetz oder nach einem Gesetz, das das Bundesversorgungsgesetz ganz oder teilweise für anwendbar erklärt, in der bis zum 31. Dezember 2023 geltenden Fassung bis zum 31. Dezember 2023 bestandskräftig festgestellt sind, erhalten diese Leistungen nach dem Bundesversorgungsgesetz oder nach dem Gesetz, das das Bundesversorgungsgesetz für anwendbar erklärt, in der am 31. Dezember 2023 geltenden Fassung weiter, soweit dieses Kapitel nichts Abweichendes bestimmt. 2Kurzfristige Unterbrechungen im Leistungsbezug unmittelbar vor dem 31. Dezember 2023 lassen die Ansprüche auf Leistungen nach Satz 1 jeweils unberührt.

(2) 1Über einen bis zum 31. Dezember 2023 gestellten und nicht bestandskräftig beschiedenen Antrag auf Leistungen nach dem Bundesversorgungsgesetz oder nach einem Gesetz, das das Bundesversorgungsgesetz ganz oder teilweise für anwendbar erklärt, ist nach dem im Zeitpunkt der Antragstellung geltenden Recht zu entscheiden. 2Wird hierbei ein Anspruch festgestellt, werden ebenfalls Leistungen nach Absatz 1 Satz 1 erbracht.

§ 143 Heil- und Krankenbehandlung

(1) 1Geschädigte, deren Anspruch auf Heilbehandlung nach dem Bundesversorgungsgesetz oder nach einem Gesetz, das das Bundesversorgungsgesetz ganz oder teilweise für entsprechend anwendbar erklärt, bestandskräftig festgestellt worden ist, erhalten ab 1. Januar 2024 Leistungen der Krankenbehandlung nach Kapitel 5. 2Die §§ 45, 54 bis 59 und 61 gelten entsprechend.

(2) 1Abweichend von Absatz 1 erhalten Geschädigte, deren Ansprüche auf einzelne Leistungen der Heilbehandlung nach dem Bundesversorgungsgesetz oder nach einem Gesetz, das das Bundesversorgungsgesetz ganz oder teilweise für entsprechend anwendbar erklärt, bis zum 31. Dezember 2023 bestandskräftig festgestellt worden sind, diese Leistungen in dem bewilligten Umfang. 2Dies gilt auch für Ansprüche auf einzelne Leistungen der Heilbehandlung, die bis zum 31. Dezember 2023 beantragt, aber noch nicht bestandskräftig be-

schieden worden sind. 3§ 18a des Bundesversorgungsgesetzes in der am 31. Dezember 2023 geltenden Fassung findet auf Leistungen nach den Sätzen 1 und 2 weiter Anwendung.

(3) 1Personen, deren Ansprüche auf einzelne Leistungen der Krankenbehandlung nach dem Bundesversorgungsgesetz oder eines Gesetzes, das das Bundesversorgungsgesetz ganz oder teilweise für entsprechend anwendbar erklärt, bis zum 31. Dezember 2023 bestandskräftig festgestellt worden sind, erhalten für sich oder die jeweils berechtigten Leistungsempfängerinnen und Leistungsempfänger diese Leistungen in dem bewilligten Umfang. 2Dies gilt auch für Ansprüche auf einzelne Leistungen der Krankenbehandlung, die bis zum 31. Dezember 2023 beantragt, aber noch nicht bestandskräftig beschieden worden sind. 3§ 18a des Bundesversorgungsgesetzes in der am 31. Dezember 2023 geltenden Fassung findet auf Leistungen nach den Sätzen 1 und 2 weiter Anwendung.

(4) Zuständig für die Erbringung der Leistungen nach den Absätzen 2 und 3 bleiben die bis zum Außerkrafttreten des Bundesversorgungsgesetzes zuständigen Verwaltungsbehörden oder Krankenkassen.

§ 143a Wahrnehmung von Pflichten bei der Versorgung mit Hilfsmitteln

(1) 1Die zuständige Verwaltungsbehörde nimmt für Hilfsmittel, die bis zum 31. Dezember 2023 nach dem Bundesversorgungsgesetz oder nach einem Gesetz, das das Bundesversorgungsgesetz ganz oder teilweise für entsprechend anwendbar erklärt, erbracht wurden, die sich aus dem Medizinprodukterecht ergebenden Pflichten wahr. 2Gleiches gilt für Hilfsmittel, die nach § 142 Absatz 2 oder § 143 Absatz 2 und 3 erbracht werden. 3Die zuständige Verwaltungsbehörde kann im Einzelfall die zuständige Unfallkasse des Landes mit der Wahrnehmung der Pflichten beauftragen.

(2) 1Im Fall einer Beauftragung nach Absatz 1 Satz 3 gilt § 61 Absatz 1 entsprechend. 2§ 61 Absatz 2 gilt entsprechend mit der Maßgabe, dass anstelle des Erstattungsbetrages die Anschaffungskosten des Hilfsmittels zugrunde gelegt werden und die Verwaltungskosten einmalig nach Auftragserteilung zu erstatten sind.

§ 144 Geldleistungen

(1) 1Berechtigte nach § 142 Absatz 1, die im Dezember 2023 Geldleistungen erhalten haben, erhalten einen monatlichen Betrag, der sich aus der Summe dieser Geldleistungen ergibt. 2Geldleistungen im Sinne des Satzes 1 sind folgende Leistungen nach dem Bundesversorgungsgesetz in der am 31. Dezember 2023 geltenden Fassung:

1. die Führzulage nach § 14,
2. der Berufsschadensausgleich nach § 30 Absatz 3 bis 12,
3. die Grundrente nach § 31 Absatz 1 Satz 1 und den §§ 38, 40, 42, 45, 46,
4. die Alterszulage nach § 31 Absatz 1 Satz 2,
5. die Schwerstbeschädigtenzulage nach § 31 Absatz 4,
6. die Ausgleichsrente nach den §§ 32, 34, 41, 47,
7. der Ehegattenzuschlag nach § 33a,
8. der Kinderzuschlag nach § 33b,
9. die Pflegezulage nach § 35 Absatz 1,
10. der nach § 35 Absatz 6 Satz 2 den Beschädigten und Hinterbliebenen von den Versorgungsbezügen zu belassende Betrag,
11. der Schadensausgleich nach § 40a,
12. der Pflegeausgleich nach § 40b,
13. die Witwen- und Waisenbeihilfe nach § 48 sowie
14. die Elternrente nach den §§ 49 bis 52.

3Der sich nach Satz 2 ergebende Betrag wird um 25 Prozent erhöht. 4Bei der Berechnung der von Einkommen beeinflussten Leistungen nach Satz 2 bleiben Anrechnungen von einmaligen Leistungen im Wege der Verrentung unberücksichtigt. 5Ist eine Grundrente kapitalisiert nach § 72 Bundesversorgungsgesetz oder nach § 1 Absatz 1 Rentenkapitalisierungsgesetz-KOV, verringert sich der Betrag nach Satz 1 während des Abfindungszeitraums um den kapitalisierten Betrag. 6Bei der Feststellung der Geldleistungen bleiben Beträge unberücksichtigt, die nach § 65 des Bundesversorgungsgesetzes zum Ruhen der Versorgungsleistungen geführt haben.

(2) 1Der Anspruch nach Absatz 1 Satz 1 und 2 erlischt

1. bei Witwen und Witwern durch Wiederverheiratung einer Witwe oder eines Witwers,
2. bei Waisen durch Wegfall der Voraussetzungen nach § 45 des Bundesversorgungsgesetzes in der bis zum 31. Dezember 2023 geltenden Fassung.

2Das Erlöschen betrifft nur den von einem oder einer Berechtigten abgeleiteten Anspruch.

(3) Der Betrag nach Absatz 1 Satz 1 und 2 verringert sich um folgende Anteile, wenn die Anspruchsvoraussetzungen der folgend genannten Leistungen dem Grunde nach wegfallen:

1. den Anteil des Ehegattenzuschlags nach § 33a,
2. den Anteil des Kinderzuschlags nach § 33b

des Bundesversorgungsgesetzes in der bis zum 31. Dezember 2023 geltenden Fassung.

(4) Für Berechtigte nach § 142 Absatz 2 gilt Absatz 1 entsprechend, wenn für Dezember 2023 ein Anspruch auf die in Absatz 1 genannten Geldleistungen festgestellt wird.

§ 145 Befristete oder auf Zeit erbrachte Leistungen

(1) [1]Berechtigte nach § 142 Absatz 1 oder Absatz 2, die

1. im Dezember 2023 befristete Geldleistungen oder befristete Sachleistungen nach dem Bundesversorgungsgesetz in der am 31. Dezember 2023 geltenden Fassung oder nach einem Gesetz, das das Bundesversorgungsgesetz ganz oder teilweise für entsprechend anwendbar erklärt, bezogen haben, und
2. binnen zwei Wochen nach Ablauf der Befristung die Weiterbewilligung der Leistung nach dem Bundesversorgungsgesetz in der am 31. Dezember 2023 geltenden Fassung oder nach einem Gesetz, das das Bundesversorgungsgesetz ganz oder teilweise für entsprechend anwendbar erklärt, in der am 31. Dezember 2023 geltenden Fassung beantragen,

erhalten die bezogenen Leistungen nach dem Bundesversorgungsgesetz in der am 31. Dezember 2023 geltenden Fassung oder nach einem Gesetz, das das Bundesversorgungsgesetz ganz oder teilweise für entsprechend anwendbar erklärt, weiter bis längstens zum 31. Dezember 2033. [2]Satz 1 findet auf Leistungen nach § 143 Absatz 2 und Absatz 3 keine Anwendung.

(2) Leistungen im Sinne des Absatzes 1 sind insbesondere folgende Leistungen nach dem Bundesversorgungsgesetz in der am 31. Dezember 2023 geltenden Fassung:

1. die Hilfe zur Pflege nach § 26c,
2. die Leistungen zur Weiterführung des Haushalts nach § 26d für Hinterbliebene,
3. die Erziehungsbeihilfe nach § 27,
4. die Ergänzende Hilfe zum Lebensunterhalt nach § 27a für Hinterbliebene sowie
5. die Eingliederungshilfe für Menschen mit Behinderungen nach § 27d Absatz 1 Nummer 3.

(3) Soweit die Weiterbewilligung der Leistung für Zeiten ab dem 1. Januar 2024 beantragt wird, richtet sich der Einsatz von Einkommen und Vermögen nach dem Bundesversorgungsgesetz und nach der Verordnung zur Kriegsopferfürsorge jeweils in der am 31. Dezember 2023 geltenden Fassung mit der folgenden Maßgabe, dass:

1. an die Stelle der Einkommensgrenze nach § 25e Absatz 1 in der am 31. Dezember 2023 geltenden Fassung des Bundesversorgungsgesetzes die Einkommensgrenze nach § 107 Absatz 1 tritt,
2. an die Stelle des Grundbetrags nach § 26c Absatz 5 Satz 1 Nummer 1 des Bundesversorgungsgesetzes in der am 31. Dezember 2023 geltenden Fassung ein Betrag in Höhe des Vierfachen der Regelbedarfsstufe 1 nach der Anlage zu § 28 des Zwölften Buches tritt,
3. an die Stelle des Grundbetrags nach § 26c Absatz 5 Satz 1 Nummer 2 des Bundesversorgungsgesetzes in der am 31. Dezember 2023 geltenden Fassung ein Betrag in Höhe des Achtfachen der Regelbedarfsstufe 1 tritt,
4. an die Stelle der Einkommensfreibeträge nach der Verordnung zur Kriegsopferfürsorge in der am 31. Dezember 2023 geltenden Fassung die Einkommensfreibeträge der Verordnung nach § 109 treten und
5. bei der Ermittlung der Vermögensschonbeträge nach § 25f des Bundesversorgungsgesetzes in der am 31. Dezember 2023 geltenden Fassung an Stelle des Betrages von
   a) 40 Prozent des Bemessungsbetrages ein Betrag in Höhe des 40fachen der Regelbedarfsstufe 1 zugrunde gelegt wird,
   b) 35 Prozent des Bemessungsbetrages ein Betrag in Höhe des 35fachen der Regelbedarfsstufe 1 zugrunde gelegt wird,
   c) 20 Prozent des Bemessungsbetrages ein Betrag in Höhe des 20fachen der Regelbedarfsstufe 1 zugrunde gelegt wird und
   d) 2 Prozent des Bemessungsbetrages ein Betrag in Höhe des zweifachen der Regelbedarfsstufe 1 zugrunde gelegt wird.

(4) Die Absätze 1 bis 3 gelten nicht, wenn die Leistungen nach Kapitel 1 bis 4 und 6 bis 22 erbracht werden können und diese für die Berechtigten mindestens gleichwertig sind.

§ 146 Pflegeleistungen für Geschädigte

(1) Personen, die Leistungen nach § 35 Absatz 2 und 6 des Bundesversorgungsgesetzes in der am 31. Dezember 2023 geltenden Fassung erhalten haben oder nach § 142 Absatz 2 erhalten würden, erhalten ab dem 1. Januar 2024 Leistungen nach Kapitel 7.

(2) [1]Personen, die bis zum 31. Dezember 2023 Leistungen der Pflegezulage nach § 35 Absatz 1 Bundesversorgungsgesetz erhalten haben, können nach Feststellung des monatlichen Betrags nach § 144 Leistungen im Sinne des Absatzes 1 beantragen. [2]Der monatliche Betrag nach § 144 ist dann um den Betrag zu mindern, der der Pflegezulage nach § 35 Absatz 1 des Bundesversorgungsgesetzes im Dezember 2023 entsprach.

§ 147 Pflegeausgleich bei langjähriger schädigungsbedingter Pflege

[1]Witwen und Witwer erhalten einen monatlichen Pflegeausgleich, wenn

1. die oder der Geschädigte schädigungsbedingt pflegebedürftig war,

2. sie die Geschädigte oder den Geschädigten während ihrer Ehe bereits vor Inkrafttreten dieses Buches gepflegt haben,
3. die Pflegezeit insgesamt mehr als zehn Jahre betragen hat und
4. sie nicht einen monatlichen Betrag nach § 144 Absatz 1 erhalten, in dem eine Geldleistung nach § 144 Absatz 1 Satz 2 Nummer 12 enthalten ist.

$_2$Der monatliche Pflegeausgleich beträgt für jedes Jahr der über zehn Jahre hinausgehenden Pflegezeit 23 Euro. $_3$Kalendermonate, in denen die Pflege nicht unentgeltlich geleistet wurde, werden dabei nicht mitgezählt. $_4$Die anzurechnende Gesamtpflegezeit wird auf volle Jahre aufgerundet.

§ 148 Monatliche Entschädigungszahlung für Witwen und Witwer bei nicht schädigungsbedingtem Tod

(1) Witwen und Witwer eines oder einer nicht schädigungsbedingt verstorbenen Geschädigten erhalten eine monatliche Entschädigungszahlung, wenn

1. die Schädigung bereits vor dem Inkrafttreten dieses Buches eintrat,
2. die Ehe bereits vor Inkrafttreten dieses Buches bestand,
3. der oder die Geschädigte aufgrund der Schädigungsfolgen gehindert war, eine entsprechende Erwerbstätigkeit auszuüben und dadurch die von dem oder der Geschädigten abgeleitete Witwenrente oder Witwerrente aus der gesetzlichen Rentenversicherung nachweislich um mindestens 10 Prozent gemindert ist und
4. sie nicht einen monatlichen Betrag nach § 144 Absatz 1 erhalten, in dem eine Geldleistung nach § 144 Absatz 1 Satz 2 Nummer 13 enthalten ist.

(2) Die Voraussetzungen des Absatzes 1 Nummer 3 gelten als erfüllt, wenn der oder die Geschädigte zum 31. Dezember 2023 Anspruch auf

1. die Grundrente eines Beschädigten nach § 31 des Bundesversorgungsgesetzes mit einem Grad der Schädigungsfolgen von 100 oder
2. eine Pflegezulage nach § 35 Absatz 1 des Bundesversorgungsgesetzes oder
3. mindestens fünf Jahre Berufsschadensausgleich nach § 30 des Bundesversorgungsgesetzes

hatte.

(3) Die Voraussetzungen des Absatzes 1 Nummer 3 gelten auch als erfüllt, wenn der oder die Geschädigte nach dem 31. Dezember 2023 Anspruch auf

1. eine Entschädigungszahlung eines Geschädigten mit einem Grad der Schädigungsfolgen von 100 nach § 83 Absatz 1 oder
2. Leistungen wegen Pflegebedürftigkeit nach Kapitel 7 nach einem Pflegegrad mindestens der Stufe 3 oder
3. mindestens fünf Jahre Berufsschadensausgleich nach Kapitel 10

hatte.

(4) Der Anspruch auf die in Absatz 2 Nummer 1 und 2 und Absatz 3 Nummer 1 und 2 genannten Leistungen muss im Zeitpunkt des Todes des Geschädigten bestanden haben.

(5) $_1$Die monatliche Entschädigungszahlung beträgt 566 Euro. $_2$Sie beträgt 847 Euro für Witwen und Witwer von Geschädigten mit einem Grad der Schädigungsfolgen von 100.

(6) $_1$Berechtigte nach Absatz 1 erhalten auf Antrag eine Abfindung anstelle der monatlichen Entschädigungszahlung. $_2$Der Antrag ist innerhalb eines Jahres nach Bewilligung der Entschädigungszahlung zu stellen.

(7) Die Abfindung beträgt 67 849 Euro bei einer monatlichen Entschädigungszahlung nach Absatz 5 Satz 1, 101 773 Euro bei einer monatlichen Entschädigungszahlung nach Absatz 5 Satz 2.

(8) $_1$Auf die Abfindung sind bereits geleistete monatliche Entschädigungszahlungen anzurechnen. $_2$Mit der Zahlung der Abfindung sind alle Ansprüche auf die monatlichen Entschädigungszahlungen bei nicht schädigungsbedingtem Tod abgegolten.

Abschnitt 2
Neufeststellungen und Anpassung

§ 149 Neufeststellungen

(1) $_1$Neufeststellungen zur Anspruchsberechtigung und zum Grad der Schädigungsfolgen erfolgen auf Antrag und richten sich nach den Kapiteln 1 bis 22. $_2$Neufeststellungen können auch von Amts wegen erfolgen.

(2) $_1$Könnten nach Kapitel 1 bis 22 keine oder geringere Leistungen als vor Stellung des Neufeststellungsantrags beansprucht werden, werden mindestens die nach diesem Kapitel vor Stellung des Neufeststellungsantrags bezogenen Leistungen weiter erbracht. $_2$Dies gilt nicht, wenn sich die nicht mehr bestehende Anspruchsberechtigung oder der geringere Leistungsumfang aus einer festgestellten Verringerung des Grades der Schädigungsfolgen ergeben.

§ 150 Anpassung, Verordnungsermächtigung

$_1$Der nach den §§ 144 und 145 festgestellte Geldbetrag sowie die Beträge aus den §§ 147 und 148 werden jeweils entsprechend dem Prozentsatz angepasst, um den sich der aktuelle Rentenwert in der gesetzlichen Rentenversicherung verändert. $_2$Die sich nach Satz 1 ergebenden Beträge sind bis 0,49 Euro auf volle Euro abzurunden und ab 0,50 Euro auf volle Euro aufzurunden. $_{3}$Die Anpassung erfolgt durch Rechtsverordnung des Bundesministeriums für Arbeit und Soziales mit Zustimmung des Bundesrates jeweils zum gleichen Zeitpunkt, zu dem die Renten der gesetzlichen Rentenversicherung angepasst werden.

Abschnitt 3
Vertrauensschutz für die Absicherung gegen Krankheit

§ 151 Absicherung gegen Krankheit

(1) $_{1}$Personen, die bis zum 1. Januar 2024 nach § 10 des Bundesversorgungsgesetzes oder in entsprechender Anwendung des § 10 des Bundesversorgungsgesetzes Leistungen der Heil- oder Krankenbehandlung für Nichtschädigungsfolgen erhalten haben, haben hinsichtlich der Behandlung von Nichtschädigungsfolgen Anspruch auf Leistungen bei Krankheit nach dem Dritten Kapitel des Fünften Buches. $_{2}$§ 44 Absatz 2 gilt entsprechend. $_{3}$Ansprüche nach § 143 bleiben von Satz 1 unberührt. $_{4}$Die Leistungen nach Satz 1 erbringt für die zuständige Verwaltungsbehörde die Krankenkasse, die von der Person entsprechend § 173 des Fünften Buches gewählt wurde. $_{5}$§ 175 Absatz 4 Satz 1 bis 5 des Fünften Buches gilt entsprechend. $_{6}$§ 45 Satz 1 gilt entsprechend. $_{7}$Die Berechtigten erhalten von der gewählten Krankenkasse eine elektronische Gesundheitskarte nach § 291 des Fünften Buches.

(2) (weggefallen)

(3) Der Anspruch nach Absatz 1 ruht für die Dauer einer Mitgliedschaft in der gesetzlichen Krankenversicherung.

Abschnitt 4
Wahlrecht

§ 152 Wahlrecht

(1) $_{1}$Anstelle der Leistungen nach diesem Kapitel können Berechtigte nach § 142 die Erbringung von Leistungen nach den Kapiteln 1 bis 4 und 6 bis 22 mit Ausnahme der §§ 84 und 86 wählen. $_{2}$In diesem Fall

1. gelten die bisher anerkannten Schädigungsfolgen sowie die Feststellung des Grades der Schädigungsfolgen für die Entscheidung über die Leistungen nach den Kapiteln 1 bis 4 und 6 bis 22 als rechtsverbindlich festgestellt;
2. wird der nach § 87 Absatz 1 des Bundesversorgungsgesetzes zum 31. Dezember 2023 berechnete Betrag festgesetzt und jährlich unter Berücksichtigung des § 110 Absatz 1, 2 und 4 angepasst. $_{3}$Dieser Betrag tritt an die Stelle der Leistung nach Kapitel 10.

(2) $_{1}$Das Wahlrecht ist innerhalb von zwölf Monaten nach Eintritt der Bestandskraft der Entscheidung über Leistungen nach diesem Kapitel auszuüben. $_{2}$Die Ausübung des Wahlrechts ist unwiderruflich. $_{3}$Sie wirkt zurück auf den 1. Januar 2024. $_{4}$Bereits erbrachte Leistungen nach § 144 werden angerechnet. $_{5}$Die bis zur Bekanntgabe des Bescheides über die einer berechtigten Person zustehenden Leistungen nach den Kapiteln 1 bis 4 und 6 bis 22 erbrachten Leistungen nach § 144 werden auf folgende Leistungen angerechnet:

1. monatliche Entschädigungszahlung nach § 83 Absatz 1,
2. monatliche Entschädigungszahlung bei schwersten Schädigungsfolgen nach § 83 Absatz 2,
3. monatliche Entschädigungszahlung an Witwen und Witwer sowie an Partner einer eheähnlichen Gemeinschaft nach § 85,
4. monatliche Entschädigungszahlung an Waisen nach § 87,
5. monatliche Entschädigungszahlung an hinterbliebene Eltern nach § 88 und
6. Berufsschadensausgleich nach § 89.

(3) Ist eine Rente kapitalisiert nach § 72 des Bundesversorgungsgesetzes oder nach § 1 Absatz 1 des Rentenkapitalisierungsgesetzes-KOV, verringert sich die Entschädigungszahlung nach § 83 während des Abfindungszeitraums um den kapitalisierten Betrag.

(4) $_{1}$Berechtigte nach § 142, die ausschließlich eine Grundrente nach den §§ 31, 40, 45 Absatz 1 oder Absatz 3 Satz 1 Buchstabe a bis c des Bundesversorgungsgesetzes im Dezember 2023 erhalten haben, erhalten ab dem 1. Januar 2024 Leistungen nach den Kapiteln 1 bis 4 und 6 bis 22 mit Ausnahme der §§ 84 und 86. $_{2}$§ 152 Absatz 1 Satz 2 gilt entsprechend. $_{3}$Satz 1 gilt nicht für Berechtigte, denen Leistungen nach § 143 Absatz 2 oder Absatz 3 zustehen oder die einen Anspruch als Vollwaise nach § 46 des Bundesversorgungsgesetzes haben.

§ 153 Schriftform

Die Geltendmachung des Wahlrechts bedarf der Schriftform und ist gegenüber dem Träger der Sozialen Entschädigung zu erklären.

Abschnitt 5
Anrechnung

§ 154 Anrechnungsvorschrift

Geldleistungen nach diesem Kapitel bleiben bei anderen Sozialleistungen und bei Leistungen nach dem Asylbewerberleistungsgesetz als Einkommen unberücksichtigt, soweit sie den Betrag einer Grundrente nach § 31 Absatz 1 Satz 1 des Bundesversorgungsgesetzes in der am 31. Dezember 2023 geltenden Fassung nach einem Grad der Schädigungsfolgen von 100 zuzüglich der seitdem vollzogenen Anpassungen nach § 150 nicht überschreiten.

Abschnitt 6 Kostentragung und Zuständigkeit

§ 155 Kostentragung

(1) Der Bund trägt die Kosten für Leistungen an Personen, deren nach § 142 festgestellter Anspruch am 31. Dezember 2023

1. auf dem Bundesversorgungsgesetz oder dem Häftlingshilfegesetz beruhte, in Höhe von 94,5 Prozent der Ausgaben, die den Ländern entstehen,
2. auf dem Zivildienstgesetz beruhte, in voller Höhe,
3. auf dem Opferentschädigungsgesetz beruhte, in Höhe von 40 Prozent der Ausgaben, die den Ländern durch Geldleistungen entstehen,
4. auf dem Opferentschädigungsgesetz beruhte, in voller Höhe, wenn die Voraussetzungen von § 4 Absatz 6 des Opferentschädigungsgesetzes erfüllt waren,
5. auf dem Strafrechtlichen Rehabilitierungsgesetz beruhte, in Höhe von 65 Prozent der Ausgaben, die den Ländern durch Geldleistungen entstehen,
6. auf dem Verwaltungsrechtlichen Rehabilitierungsgesetz beruhte, in Höhe von 60 Prozent der Ausgaben, die den Ländern durch Geldleistungen entstehen.

(2) Zu den Geldleistungen gehören nicht solche Geldbeträge, die zur Abgeltung oder an Stelle einer Sachleistung gezahlt werden.

§ 156 Pauschaliertes Abrechnungsverfahren

(1) Zur Vereinfachung der Abrechnung erstattet der Bund den Ländern in einem pauschalierten Verfahren

1. für Leistungen nach § 155 Absatz 1 Nummer 3 jeweils 22 Prozent der ihnen entstandenen Ausgaben und
2. für Leistungen nach § 155 Absatz 1 Nummer 6 jeweils 57 Prozent der ihnen entstandenen Ausgaben.

(2) Der Bund überprüft in einem Abstand von fünf Jahren, erstmals im Jahr 2024, die Voraussetzungen für die in Absatz 1 genannten Quoten.

§ 157 Zuständigkeit

Für die Durchführung dieses Kapitels sind die nach Landesrecht bestimmten Träger zuständig.

Abschnitt 7 Umsetzung

§ 158 Umsetzungsbegleitung

1Zur Begleitung der Umsetzung der Vorschriften zu Besitzständen treffen sich Bund und Länder einmal jährlich, erstmalig zwei Jahre nach Inkrafttreten dieses Buches, zum Erfahrungsaustausch, insbesondere zu

1. der Wirkung der Regelungen zu Besitzständen,
2. der Praktikabilität der Abläufe bei der Umsetzung der Regelungen sowie
3. dem Übergang vom Bundesversorgungsgesetz und dem Opferentschädigungsgesetz auf dieses Buch.

2Die Erkenntnisse sollen bei der Weiterentwicklung des Sozialen Entschädigungsrechts berücksichtigt werden.

Verordnung zur Berechnung von Einkommen sowie zur Nichtberücksichtigung von Einkommen und Vermögen bei den Besonderen Leistungen im Einzelfall im Sozialen Entschädigungsrecht (Verordnung zum Einkommen und Vermögen im SGB XIV – EVV)

Vom 6. November 2023 (BGBl. I Nr. 302)

Inhaltsübersicht

Auf Grund des § 109 des Vierzehnten Buches Sozialgesetzbuch – Soziale Entschädigung – vom 12. Dezember 2019 (BGBl. I S. 2652) verordnet das Bundesministerium für Arbeit und Soziales im Einvernehmen mit dem Bundesministerium der Finanzen:

§ 1 Einkommen

(1) Zum Einkommen nach Kapitel 16 des Vierzehnten Buches Sozialgesetzbuch gehören alle Einkünfte in Geld oder Geldeswert, soweit nicht diese Verordnung, das Elfte Kapitel des Zwölften Buches Sozialgesetzbuch und die Verordnung zur Durchführung des § 82 des Zwölften Buches Sozialgesetzbuch bestimmen, dass bestimmte Einkünfte nicht als Einkommen gelten.

(2) Als Einkommen gelten nicht

1. eine Witwen- oder Witwerrente nach § 67 Nummer 5 und 6 des Sechsten Buches Sozialgesetzbuch, die auf Grund des Todes einer geschädigten Person gezahlt wird, soweit diese Rente bis zum Ende des dritten Kalendermonats nach Ablauf des Monats, in dem die geschädigte Person verstorben ist, die anschließende Hinterbliebenenrente überschreitet, sowie
2. Weihnachts- und Neujahrsgratifikationen, die als solche ausgewiesen sind,
   a) bis zu einem Zwölftel der jährlichen Einkünfte, mit dem diese Leistungen im Zusammenhang stehen, oder
   b) bis zu dem Betrag, der den Einkünften für den Monat entspricht, der bei der Berechnung der Leistungen zugrunde gelegt wird.

§ 2 Absetzbeträge

(1) Vom Einkommen sind zusätzlich zu den Beträgen nach dem Elften Kapitel des Zwölften Buches Sozialgesetzbuch und zu den Beträgen nach der Verordnung zur Durchführung des § 82 des Zwölften Buches Sozialgesetzbuch abzusetzen:

1. der Betrag zum allgemeinen Ausgleich der geminderten Lebensstellung nach Absatz 2,
2. der Betrag für Erwerbstätige nach Absatz 3,
3. Aufwendungen zur Erfüllung gesetzlicher Unterhaltsverpflichtungen bis zu dem Betrag, der in dem Unterhaltstitel oder in der notariell beurkundeten Unterhaltsvereinbarung festgelegt ist, und
4. bei Berechtigten, deren Einkommen nach dem Vierten Abschnitt des Bundesausbildungsförderungsgesetzes oder nach § 67 oder § 126 des Dritten Buches Sozialgesetzbuch bei der Berechnung der Leistungen der Ausbildungsförderung für mindestens ein Kind berücksichtigt wird, der nach den Vorschriften der Ausbildungsförderung berücksichtigte Betrag.

(2) Der Absetzbetrag zum allgemeinen Ausgleich der geminderten Lebensstellung nach Absatz 1 Nummer 1 beträgt

1. 75 Prozent der Regelbedarfsstufe 1 nach der Anlage zu § 28 des Zwölften Buches Sozialgesetzbuch (Regelbedarfsstufe 1) bei Geschädigten mit Anspruch auf Leistungen bei Pflegebedürftigkeit nach Kapitel 7 des Vierzehnten Buches Sozialgesetzbuch bei einem Pflegegrad 2 bis 5,
2. 30 Prozent der Regelbedarfsstufe 1 bei Geschädigten mit Anspruch auf Berufsschadensausgleich nach Kapitel 10 des Vierzehnten Buches Sozialgesetzbuch,
3. 15 Prozent der Regelbedarfsstufe 1 bei Geschädigten mit einem Grad der Schädigungsfolgen von 50 bis 100 oder
4. 10 Prozent der Regelbedarfsstufe 1 bei Geschädigten mit einem Grad der Schädigungsfolgen von 30 bis 40 sowie bei Hinterbliebenen.

Liegen die Voraussetzungen für mehrere Absetzbeträge nach Satz 1 vor, wird nur der höchste Absetzbetrag berücksichtigt.

(3) Der Absetzbetrag für Erwerbstätige nach Absatz 1 Nummer 2 beträgt 50 Prozent der Regelbedarfsstufe 1. Er ist vom Nettoerwerbseinkommen abzusetzen. Von dem Nettoerwerbseinkommen, das diesen Absetzbetrag übersteigt, sind zusätzlich Beträge abzusetzen in Höhe von

1. 25 Prozent bei Geschädigten mit Anspruch auf Leistungen bei Pflegebedürftigkeit nach Kapitel 7 des Vierzehnten Buches Sozialgesetzbuch bei einem Pflegegrad 2 bis 5, wobei zusammen mit dem Absetzungsbetrag nach Satz 1 das 1,75-Fache der Regelbedarfsstufe 1 nicht überschritten werden darf,
2. 20 Prozent bei Geschädigten mit einem Grad der Schädigungsfolgen von 50 bis 100, wobei zusammen mit dem Absetzungsbetrag nach Satz 1 das 1,5-Fache der Regelbedarfsstufe 1 nicht überschritten werden darf, oder
3. 10 Prozent bei Geschädigten mit einem Grad der Schädigungsfolgen von 30 bis 40 sowie bei Hinterbliebenen, wobei zusammen mit dem Absetzungsbetrag nach Satz 1 das 1,25-Fache der Regelbedarfsstufe 1 nicht überschritten werden darf.

Liegen die Voraussetzungen für mehrere Absetzbeträge nach Satz 2 vor, wird nur der höchste Absetzbetrag berücksichtigt.

(4) Bei einem Aufenthalt in einer stationären oder teilstationären Einrichtung sind Absetzbeträge

nach den Absätzen 2 und 3 nur in besonders begründeten Fällen anzuerkennen.

§ 3 Vermögensschonbeträge

(1) Kleinere Barbeträge oder sonstige Geldwerte, die nach § 105 Absatz 2 des Vierzehnten Buches Sozialgesetzbuch in Verbindung mit § 90 Absatz 2 Nummer 9 des Zwölften Buches Sozialgesetzbuch nicht eingesetzt oder nicht verwertet werden müssen (Vermögensschonbeträge), sind Beträge in Höhe

1. des 35-Fachen der Regelbedarfsstufe 1 bei Geschädigten mit Anspruch auf Leistungen bei Pflegebedürftigkeit nach Kapitel 7 des Vierzehnten Buches Sozialgesetzbuch bei einem Pflegegrad 2 bis 5 oder
2. des 25-Fachen der Regelbedarfsstufe 1 bei allen übrigen Berechtigten.

(2) Der Betrag nach Absatz 1 erhöht sich

1. um das 25-Fache der Regelbedarfsstufe 1 für den nicht getrennt lebenden Ehepartner oder Partner einer eheähnlichen Gemeinschaft und
2. um das 2-Fache der Regelbedarfsstufe 1 für jede weitere Person, die überwiegend unterhalten wird
   a) vom Berechtigten allein oder
   b) vom Berechtigten zusammen mit dem nicht getrennt lebenden Ehepartner oder Partner einer eheähnlichen Gemeinschaft.

(3) Für den Einsatz oder die Verwertung des Vermögens der Eltern oder eines Elternteils minderjähriger unverheirateter Berechtigter im Sinne des § 108 Absatz 3 des Vierzehnten Buches Sozialgesetzbuch gelten Absatz 1 und 2 entsprechend. Abweichend von Satz 1 gilt:

1. Leben die Eltern zusammen mit der geschädigten Person, ist abweichend von Absatz 2 jeweils ein Erhöhungsbetrag in Höhe des 25-Fachen der Regelbedarfsstufe 1 für jeden Elternteil sowie in Höhe des 2-Fachen der Regelbedarfsstufe 1 für die geschädigte Person und für jede Person, die von den Eltern oder der geschädigten Person überwiegend unterhalten wird, zu berücksichtigen.
2. Leben die Eltern nicht zusammen, ist abweichend von Absatz 2 ein Erhöhungsbetrag in Höhe des 25-Fachen der Regelbedarfsstufe 1 für den Elternteil, bei dem die geschädigte Person lebt, sowie in Höhe des 2-Fachen der Regelbedarfsstufe 1 für die geschädigte Person und für jede Person, die von dem Elternteil oder der geschädigten Person überwiegend unterhalten wird, zu berücksichtigen.
3. Lebt die geschädigte Person bei keinem Elternteil, bestimmen sich die Vermögensschonbeträge nach Absatz 1.

§ 4 Inkrafttreten

Diese Verordnung tritt am 1. Januar 2024 in Kraft.

Verordnung zur Durchführung des Berufsschadensausgleiches nach § 89 des Vierzehnten Buches Sozialgesetzbuch (SGBXIV-Berufsschadensausgleichsverordnung – SGBXIVBSchAV)

Vom 6. November 2023 (BGBl. I Nr. 301)

Auf Grund des § 91 des Vierzehnten Buches Sozialgesetzbuch – Soziale Entschädigung – vom 12. Dezember 2019 (BGBl. I S. 2652) verordnet das Bundesministerium für Arbeit und Soziales im Einvernehmen mit dem Bundesministerium der Finanzen:

Abschnitt 1 Grundsätzliches

§ 1 Begriffsbestimmungen

(1) Im Sinne dieser Verordnung ist

1. „Beschäftigung":
jede nicht selbständige Arbeit, insbesondere auf der Grundlage eines Arbeitsvertrages oder eines öffentlich-rechtlichen Dienstverhältnisses;
2. „selbständige Tätigkeit":
jede Tätigkeit, die keine Beschäftigung im Sinne der Nummer 1 darstellt;
3. „Erwerbstätigkeit":
jede Beschäftigung und jede selbständige Tätigkeit.

(2) Im Sinne dieser Verordnung sind

1. „Einnahmen":
alle Zuflüsse in Form von Geld, Sachleistungen oder Gütern mit Geldeswert;
2. „Entgelte":
alle Einnahmen aus früherer oder gegenwärtiger Beschäftigung;
3. „Einkünfte":
alle Einnahmen aus selbständiger Tätigkeit, die sich zusammensetzen aus
   a) dem ermittelten Gewinn aus früherer selbständiger Tätigkeit und
   b) dem Wert der eigenen Arbeitsleistung aus einer gegenwärtigen selbständigen Tätigkeit;
4. „Wert der eigenen Arbeitsleistung":
der Betrag in Höhe des Grundgehalts der Stufe 8 der Besoldungsgruppe der Bundesbesoldungsordnung A, der Beamten und Beamtinnen des Bundes in vergleichbarer Stellung zugeordnet werden würde;
5. „Einkommen":
alle Entgelte und Einkünfte nach den Nummern 2 und 3;
6. „Einnahmen in Geldeswert":
Sachbezüge, insbesondere die Kosten einer gewährten Unterkunft, Kost, Waren oder Dienstleistungen; bei der Festsetzung des Wertes der Sachbezüge sind die §§ 2 und 3 der Sozialversicherungsentgeltverordnung entsprechend anzuwenden, wobei die zum 1. Januar geltenden Werte jeweils vom 1. Juli des laufenden Kalenderjahres bis zum 30. Juni des folgenden Kalenderjahres zu berücksichtigen sind;
7. „erheblich":
Abweichungen um einen Prozentsatz von in der Regel mindestens 20;
8. „Mehraufwendungen":
   a) die zusätzlichen Kosten, die für das Führen eines Haushalts oder für Tätigkeiten im Haushalt tatsächlich entstehen, wenn diese Aufgaben vor der Schädigung durch die Geschädigten ausgeführt worden sind und
   b) der tatsächlich geleistete zeitliche Mehreinsatz von einer in § 89 Absatz 9 des Vierzehnten Buches Sozialgesetzbuch genannten Person für Tätigkeiten im Haushalt, wenn diese Aufgaben vor der Schädigung durch die Geschädigten selbst ausgeführt worden sind und bei der verrichtenden Person zu einer Einkommensminderung führt.

§ 2 Grundlagen für die Ermittlung des Durchschnittseinkommens nach § 89 Absatz 3 des Vierzehnten Buches Sozialgesetzbuch

(1) Zur Bestimmung des Vergleichseinkommens und zur Ermittlung des Durchschnittseinkommens nach § 89 Absatz 3 des Vierzehnten Buches Sozialgesetzbuch wird das Grundgehalt der Stufe 8 derjenigen Besoldungsgruppe der Bundesbesoldungsordnung A nach Anlage IV des Bundesbesoldungsgesetzes zugrunde gelegt, der die Geschädigten unter Beachtung der §§ 3 bis 6 ohne die Schädigung zugeordnet würden. Dieses Grundgehalt wird um den Familienzuschlag der Stufe 1 nach Anlage V des Bundesbesoldungsgesetzes erhöht.

(2) Absatz 1 ist unabhängig davon anwendbar, ob Geschädigte weiterhin eine Erwerbstätigkeit ausüben oder nicht mehr erwerbstätig sind.

Abschnitt 2
Zuordnung

§ 3 Allgemeine Zuordnung

(1) Die Zuordnung erfolgt bei Geschädigten

1. ohne abgeschlossene Berufsausbildung zur Besoldungsgruppe A 5,
2. mit abgeschlossener Berufsausbildung zur Besoldungsgruppe A 7,
3. mit Techniker- oder Meisterprüfung zur Besoldungsgruppe A 9,
4. mit einem Bachelor- oder einem gleichwertigen Hochschulabschluss zur Besoldungsgruppe A 11 und
5. mit einem Master, einem Staatsexamen oder einem gleichwertigen Hochschulabschluss zur Besoldungsgruppe A 14.

(2) Ein in Absatz 1 genannter Abschluss ist bei einer Zuordnung nur dann zu berücksichtigen, wenn er

1. die Voraussetzung für die Erwerbstätigkeit bildet, auf deren Ausübung sich die Schädigung nachteilig auswirkt oder
2. das Einkommen aus der Erwerbstätigkeit erheblich fördert.

(3) Als Hochschulausbildung im Sinne des Absatzes 1 Nummer 4 oder Nummer 5 gilt dabei nur die Ausbildung an einer Hochschule, deren Abschluss eine Voraussetzung für die Einstellung in den gehobenen oder in den höheren Dienst im Sinne des Beamtenrechts ist.

(4) Dem Abschluss einer Berufsausbildung stehen eine zehnjährige Beschäftigung oder eine fünfjährige selbständige Tätigkeit in der Erwerbstätigkeit gleich, auf deren Ausübung sich die Schädigung nachteilig auswirkt.

(5) Ein durch die Schädigung nachweislich verhinderter Aufstieg in der Erwerbstätigkeit ist entsprechend zu berücksichtigen.

(6) Werden oder wurden Geschädigte infolge einer vor Abschluss der Schul- oder Berufsausbildung erlittenen Schädigung in ihrem beruflichen Werdegang eingeschränkt, so hat die Zuordnung unter Berücksichtigung der Veranlagungen und Fähigkeiten der geschädigten Person zu Absatz 1 Nummer 1 bis 5 entsprechend zu erfolgen. Der Berufsschadensausgleich ist frühestens zum Zeitpunkt des zu erwartenden Abschlusses zu prüfen und zu erbringen. In der Regel kann der Abschluss erwartet werden in den Fällen

1. des Absatzes 1 Nummer 1 mit Vollendung des 16. Lebensjahres,
2. des Absatzes 1 Nummer 2 mit Vollendung des 19. Lebensjahres,
3. des Absatzes 1 Nummer 3 und 4 mit Vollendung des 23. Lebensjahres und
4. des Absatzes 1 Nummer 5 mit Vollendung des 25. Lebensjahres.

Vergleichseinkommen ab 1. Juli 2026:
Berufsausbildung Besoldungsgruppe Vergleichseinkommen Stufe 8 und Familienzuschlag Stufe 1

- ohne abgeschlossene Berufsausbildung (A 5) 3.401 Euro
- abgeschlossene Berufsausbildung (A 7) 3.843 Euro
- mit Techniker- oder Meisterprüfung (A 9) 4.465 Euro
- mit Bachelor- oder gleichwertigem Hochschulabschluss (A11) 5.520 Euro
- mit Masterabschluss, Staatsexamen oder gleichwertigem Hochschulabschluss (A 14) 7.258 Euro

Vgl. Bekanntmachung der Vergleichseinkommen für die Feststellung des Berufsschadensausgleichs bei Zuordnung nach § 3 der SGBXIV-Berufsschadensausgleichsverordnung für die Zeit vom 1. Juli 2026 an vom 22. Juni 2026 BAnz AT 03.07.2026 B5

§ 4 Zuordnung in besonderen Fällen

(1) Hatten Geschädigte vor der Schädigung oder der Auswirkung der Schädigungsfolgen in ihrer Erwerbstätigkeit nachweislich eine Stellung erreicht, die durch die Vorschriften des § 3 nicht ausreichend berücksichtigt wird, so sind sie einer Besoldungsgruppe zuzuordnen, die dieser Stellung angemessen ist.

(2) Bei einer Beschäftigung gilt als angemessene Besoldungsgruppe im Sinne des Absatzes 1 die Besoldungsgruppe gemäß § 2 Absatz 1, die dem um zehn Prozent reduzierten Entgelt am nächsten kommt, das vor der Schädigung oder den Auswirkungen der Schädigungsfolgen von den Geschädigten erzielt wurde. In den Fällen, in denen Geschädigte aufgrund ihrer Tätigkeit bereits zum Zeitpunkt der Schädigung oder der Auswirkung der Schädigung einer Besoldungsgruppe zugeordnet sind, erfolgt keine Reduzierung nach Satz 1.

(3) Bei der Zuordnung nach Absatz 2 zu einer der Besoldungsgruppen A 5, A 7, A 9, A 11 oder A 14 sind die nach § 89 Absatz 3 des Vierzehnten Buches Sozialgesetzbuch bekannt gemachten Vergleichseinkommen zugrunde zu legen.

(4) Bei selbständiger Tätigkeit gelten die Absätze 1 und 3 entsprechend, wenn die nach Maßgabe des Absatzes 5 errechnete wirtschaftliche Bedeutung der selbständigen Tätigkeit durch § 3 nicht ausreichend berücksichtigt wird.

(5) Die wirtschaftliche Bedeutung der selbständigen Tätigkeit im Sinne des Absatzes 4 errechnet sich aus 80 Prozent der durchschnittlichen Einkünfte der letzten drei Jahre vor der Schädigung oder vor der Auswirkung der Schädigungsfolgen. Die Einkünfte werden nur in der Höhe berücksich-

tigt, in der sie auf die eigene Arbeitsleistung zurückzuführen sind. Die wirtschaftliche Bedeutung ist in der Regel ausreichend berücksichtigt, wenn der nach den Sätzen 1 und 2 ermittelte Betrag das Grundgehalt der Stufe 8 der nächsthöheren Besoldungsgruppe nicht erreicht.

Vergleichseinkommen ab 1. Juli 2026
Besoldungsgruppe Stufe 8 und Familienzuschlag Stufe 1

- A 6: 3.564 Euro
- A 8: 4.152 Euro
- A 10: 4.975 Euro
- A 12: 6.056 Euro
- A 13: 6.692 Euro
- A 15: 8.166 Euro
- A 16: 9.070 Euro

Vgl. Bekanntmachung der Vergleichseinkommen ergänzend für die Feststellung des Berufsschadensausgleichs bei Zuordnung in besonderen Fällen nach § 4 der SGBXIV-Berufsschadensausgleichsverordnung für die Zeit vom 1. Juli 2026 an vom 22. Juni 2026 BAnz AT 03.07.2026 B4

§ 5 Zuordnung und Regelung bei mehreren Tätigkeiten oder bei Führen eines gemeinsamen Haushaltes

(1) Hätten Geschädigte ohne die Schädigung

1. neben der Haupterwerbstätigkeit eine oder mehrere Nebenerwerbstätigkeiten ausgeübt oder einen gemeinsamen Haushalt im Sinne des § 89 Absatz 9 des Vierzehnten Buches Sozialgesetzbuch geführt, werden sie der der Haupterwerbstätigkeit entsprechenden Besoldungsgruppe zugeordnet,
2. mehrere Erwerbstätigkeiten, von denen jede den gleichen Zeitaufwand erfordert, ausgeübt oder in diesem Umfang sowohl Erwerbstätigkeiten ausgeübt als auch einen gemeinsamen Haushalt geführt, wobei diese Tätigkeiten zusammen die volle Arbeitszeit erfordern, werden sie der höchsten der für die ausgeübten Tätigkeiten maßgebenden Besoldungsgruppe zugeordnet.

(2) Erfordern die Erwerbstätigkeiten, die der oder die Geschädigte allein oder zusammen mit dem Führen eines gemeinsamen Haushalts ohne die Schädigung ausgeübt hätte, nicht die volle Arbeitszeit, ist ein dem Einsatz an Arbeitszeit für die Erwerbstätigkeit entsprechender Teil des Vergleichseinkommens nach § 89 Absatz 3 des Vierzehnten Buches Sozialgesetzbuch maßgebend.

(3) Würden Geschädigte ohne Schädigung einer Erwerbstätigkeit nachgehen und einen gemeinsamen Haushalt führen, so ist sowohl der Berufsschadensausgleich aus der Erwerbstätigkeit als auch der Berufsschadensausgleich nach § 89 Absatz 9 des Vierzehnten Buches Sozialgesetzbuch aus den Mehraufwendungen für das Führen eines gemeinsamen Haushalts festzustellen. Der zustehende Berufsschadensausgleich ist die Summe beider Beträge, höchstens jedoch der Berufsschadensausgleich, der sich ergibt, wenn das volle Vergleichseinkommen nach § 89 Absatz 3 des Vierzehnten Buches Sozialgesetzbuch für die Erwerbstätigkeit zugrunde gelegt werden würde.

(4) Die Absätze 1 bis 3 sind unabhängig davon anwendbar, ob Geschädigte weiterhin eine Erwerbstätigkeit ausüben oder nicht mehr erwerbstätig sind.

§ 6 Zuordnung bei Nachschaden gemäß § 89 Absatz 8 des Vierzehnten Buches Sozialgesetzbuch sowie bei berücksichtigungsfähigem Schaden nach einem Nachschaden

(1) Bei einem Nachschaden im Sinne des § 89 Absatz 8 des Vierzehnten Buches Sozialgesetzbuch bleibt es bei der bisherigen Zuordnung.

(2) Bei einem berücksichtigungsfähigen Schaden nach einem Nachschaden erfolgt die Zuordnung nach den §§ 2 bis 5 mit der Maßgabe, dass die Besoldungsgruppe zugrunde gelegt wird, der Geschädigte aufgrund der Schädigungsfolgen ohne Berücksichtigung des Nachschadens zugeordnet würden. Ein berücksichtigungsfähiger Schaden nach einem Nachschaden gemäß Satz 1 liegt vor, wenn nach einem Nachschaden gemäß § 89 Absatz 8 des Vierzehnten Buches Sozialgesetzbuch eine weitere gesundheitliche Schädigung im Sinne § 4 des Vierzehnten Buches Sozialgesetzbuch oder eine Verschlimmerung einer bereits festgestellten Schädigung im Sinne von § 4 des Vierzehnten Buches Sozialgesetzbuch eintritt.

Abschnitt 3 Derzeitiges Einkommen gemäß § 89 Absatz 2 des Vierzehnten Buches Sozialgesetzbuch

§ 7 Zusammensetzung

(1) Das derzeitige Einkommen im Sinne des § 89 Absatz 2 Satz 1 des Vierzehnten Buches Sozialgesetzbuch setzt sich zusammen aus den Entgelten und Einkünften nach § 1 Absatz 2 Nummer 2 und 3 in Geld oder Geldeswert, deren Bezug aus einer gegenwärtigen oder früheren Erwerbstätigkeit resultiert oder in unmittelbarem Zusammenhang steht. Die Absätze 2 und 3 sowie die §§ 8 bis 11 sind zu berücksichtigen.

(2) Zum Einkommen aus gegenwärtiger Erwerbstätigkeit gehören insbesondere auch

1. Arbeitslosengeld, Teilarbeitslosengeld, Kurzarbeitergeld, Übergangsgeld und nicht darlehens-

weise gezahltes Unterhaltsgeld jeweils nach dem Dritten Buch Sozialgesetzbuch;
2. bei Insolvenzgeld nach dem Dritten Buch Sozialgesetzbuch der Betrag, der der Berechnung dieser Leistung zugrunde liegt;
3. Elterngeld im Sinne des Bundeselterngeld- und Elternzeitgesetzes in Höhe des jeweils gezahlten Betrags, der den jeweils maßgeblichen Betrag nach § 10 des Bundeselterngeld- und Elternzeitgesetzes übersteigt;
4. Mutterschaftsgeld nach dem Fünften Buch Sozialgesetzbuch;
5. bei Versorgungskrankengeld nach § 16 des Bundesversorgungsgesetzes in Verbindung mit § 143 Absatz 2 und 3 des Vierzehnten Buches Sozialgesetzbuch, bei Krankengeld der Sozialen Entschädigung nach § 47 des Vierzehnten Buches Sozialgesetzbuch, bei Krankengeld nach dem Fünften Buch Sozialgesetzbuch und bei Verletztengeld nach dem Siebten Buch Sozialgesetzbuch der Betrag, der der Berechnung dieser Leistungen zugrunde liegt; sind diese Leistungen nach einem zuvor bezogenen Arbeitslosengeld, Teilarbeitslosengeld oder Unterhaltsgeld nach dem Dritten Buch Sozialgesetzbuch bemessen, so ist der tatsächlich erhaltene Betrag zu berücksichtigen;
6. bei gewerkschaftlichen Unterstützungsleistungen für Arbeitskämpfe die bis unmittelbar vor Beginn der Streikmaßnahme erzielten Einnahmen.

(3) Zum Einkommen aus früherer Erwerbstätigkeit gehören insbesondere
1. Ruhegelder, Geldleistungen aus der Unfallfürsorge sowie andere Bezüge und geldwerte Vorteile aus früheren Erwerbstätigkeiten,
2. Altersrente und Rente wegen Erwerbsminderung aus der gesetzlichen Rentenversicherung oder nach dem Gesetz über die Alterssicherung der Landwirte sowie Landabgaberente; dabei bleiben unberücksichtigt:
   a) die Rentenanteile, die auf Kindererziehungszeiten beruhen,
   b) die Rentenanteile, die auf freiwilligen Beiträgen beruhen, die Geschädigte nicht – auch nicht mittelbar – aus Einkommen aus einer Erwerbstätigkeit entrichtet haben,
   c) die Rente wegen teilweiser Erwerbsminderung, soweit sie wegen des Bezugs von Krankengeld, Versorgungskrankengeld oder Krankengeld der Sozialen Entschädigung auf einen Sozialleistungsträger übergegangen ist,
3. laufende, auf Beiträgen beruhende Leistungen aus einer berufsständischen Versorgungseinrichtung,
4. Renten aus der gesetzlichen Unfallversicherung, nach Abzug der entschädigungsrechtlichen Komponente, die sich aus der analogen Anwendung von § 93 Absatz 2a und 2b des Sechsten Buches Sozialgesetzbuch ergibt,
5. Leistungen aufgrund von Schadensersatzansprüchen wegen entgangener Einkommen, insbesondere nach § 843 des Bürgerlichen Gesetzbuchs und
6. Einnahmen aus Vermögen, das Geschädigte mit Einkommen aus ihrer Erwerbstätigkeit zur Sicherung des Lebensunterhalts nach unfreiwilliger Reduzierung der Einkommen oder nach dem Ausscheiden aus dem Erwerbsleben geschaffen haben; dabei bleiben diese Einnahmen insoweit unberücksichtigt, als die Geschädigten eine im Verhältnis zu den tatsächlichen Einkommen angemessene zusätzliche Vorsorge aus ihrem Einkommen aufgebaut haben.

§ 8 Besonderheiten bei der Berücksichtigung einzelner Einkommen

(1) Einkommen aus früherer Erwerbstätigkeit, das infolge eines Versorgungsausgleichs in seiner Höhe verändert ist, ist mit dem Betrag anzurechnen, der sich ohne den Versorgungsausgleich ergäbe.

(2) Wird eine Leistung nach § 7 Absatz 3 in Form einer Kapitalentschädigung gewährt, so ist ein monatlicher Betrag zu berücksichtigen. Die Berücksichtigung endet, wenn die Summe der monatlich berücksichtigten Beträge den Gesamtbetrag der ausgezahlten Kapitalentschädigung erreicht hat.

(3) Nehmen Geschädigte die Möglichkeit nicht wahr, Einkommen aus gegenwärtiger oder früherer Erwerbstätigkeit zu erzielen, ohne dass dies durch die anerkannten Schädigungsfolgen bedingt oder aus sonstigen Gründen gerechtfertigt ist, so ist der Betrag als derzeitiges Einkommen gemäß § 89 Absatz 4 des Vierzehnten Buches Sozialgesetzbuch anzusetzen, der sich bei der Wahrnehmung dieser Möglichkeit ergeben würde. Satz 1 ist auch anzuwenden, wenn Geschädigte über ihr Einkommen verfügen und dadurch die Höhe des Berufsschadensausgleichs beeinflusst wird. Satz 1 ist nicht anzuwenden, wenn Geschädigte, infolge der Wahrnehmung einer gesetzlichen oder vertraglichen Möglichkeit des gleitenden Übergangs in den Ruhestand, auf Entgelte verzichten und glaubhaft machen, dass sie ohne die Schädigung noch in bisherigem Umfang erwerbstätig wären.

§ 9 Einkommen bei Nachschaden gemäß § 89 Absatz 8 des Vierzehnten Buches Sozialgesetzbuch

(1) Bei einem Nachschaden im Sinne des § 89 Absatz 8 des Vierzehnten Buches Sozialgesetzbuch

wird das vor dem Nachschaden erzielte Einkommen bei der Berechnung des derzeitigen Einkommens im Sinne des § 89 Absatz 2 Satz 1 des Vierzehnten Buches Sozialgesetzbuch berücksichtigt.

(2) Wird infolge eines Nachschadens im Sinne des § 89 Absatz 8 des Vierzehnten Buches Sozialgesetzbuch statt einer bisher schädigungsbedingt gezahlten Rente wegen teilweiser Erwerbsminderung eine Rente wegen voller Erwerbsminderung gezahlt, so ist weiterhin der Betrag als Einkommen anzusetzen, der als Rente wegen teilweiser Erwerbsminderung gezahlt würde, jeweils angepasst um den Prozentsatz nach § 110 Absatz 1 des Vierzehnten Buches Sozialgesetzbuch.

(3) Mindert sich infolge eines berücksichtigungsfähigen Schadens nach einem Nachschaden nach § 6 Absatz 2 das Einkommen, ist das gemäß Absatz 1 berücksichtigte Einkommen um die nachgewiesene Einkommensminderung zu reduzieren.

§ 10 Vergleichswert als fiktives Altersersatzeinkommen

(1) Haben Geschädigte während mindestens eines Viertels der Zeit ihrer Erwerbstätigkeit Einkünfte aus selbständiger Tätigkeit erwirtschaftet und werden nach dem Ausscheiden aus dem Erwerbsleben die Gewinne aus früherer selbständiger Tätigkeit nicht angemessen im derzeitigen Bruttoeinkommen gemäß § 89 Absatz 2 des Vierzehnten Buches Sozialgesetzbuch berücksichtigt, so ist der nach Absatz 3 ermittelte Vergleichswert (fiktives Altersersatzeinkommen) in § 89 Absatz 6 Satz 1 Nummer 4 des Vierzehnten Buches Sozialgesetzbuch zu berücksichtigen.

(2) Die Gewinne aus früherer selbständiger Tätigkeit sind angemessen nach Absatz 1 berücksichtigt, wenn das derzeitige Bruttoeinkommen gemäß § 89 Absatz 2 des Vierzehnten Buches Sozialgesetzbuch 71 Prozent des nach Absatz 3 ermittelten Vergleichswertes erreicht.

(3) Der Vergleichswert wird nach Maßgabe der folgenden Sätze ausgehend von dem Grundgehalt berechnet, das in analoger Anwendung von § 2 Absatz 1 Satz 1 in Verbindung mit § 3 ermittelt wird. Erfolgt die Zuordnung nach Satz 1 zu einer der Besoldungsgruppen A 5, A 7, A 9, A 11 oder A 14, so sind die nach § 89 Absatz 3 des Vierzehnten Buches Sozialgesetzbuch bekannt gemachten Vergleichseinkommen zugrunde zu legen. Konnte der Erwerbstätigkeit aufgrund der Schädigung nur eingeschränkt nachgegangen werden, ist der Anteil der durchschnittlichen schädigungsbedingten Minderleistung an der gesamten Erwerbstätigkeit festzustellen und von dem nach Satz 1 und 2 zugrunde gelegten Betrag abzuziehen. Der Vergleichswert errechnet sich durch die Multiplikation von 1,79 Prozent des nach den Sätzen 1 bis 3 ermittelten Betrages mit den Jahren der Erwerbstätigkeit. Der sich so ergebende Vergleichswert ist entsprechend § 110 Absatz 1 des Vierzehnten Buches Sozialgesetzbuch anzupassen.

§ 11 Nicht zu berücksichtigende Einnahmen

Zum Einkommen im Sinne des § 7 gehören nicht:

1. Wintergeld nach § 102 Absatz 1 bis 3 des Dritten Buches Sozialgesetzbuch,
2. Leistungen, die zur Abgeltung eines besonderen Aufwandes bestimmt und aus diesem Grunde nicht lohnsteuerpflichtig sind, oder wenn vorrangig andere Ziele als die Sicherung des Lebensunterhaltes verfolgt werden,
3. Leistungen der Träger der gesetzlichen Rentenversicherungen nach § 258 des Fünften Buches Sozialgesetzbuch und den Vorschriften des Sechsten Buches Sozialgesetzbuch über den Zuschuss zur Krankenversicherung und zur Pflegeversicherung, Zuschüsse nach § 4 Absatz 3, § 59 Absatz 3 und § 60 Absatz 1 des Zweiten Gesetzes über die Krankenversicherung der Landwirte sowie Zuschüsse des Arbeitgebers oder der Bundesagentur für Arbeit zum Krankenversicherungsbeitrag nach § 257 des Fünften Buches Sozialgesetzbuch oder § 174 des Dritten Buches Sozialgesetzbuch und Beitragszuschüsse nach § 61 des Elften Buches Sozialgesetzbuch,
4. als solche ausgewiesene Weihnachts- und Neujahrsgratifikationen bis zu
   a) einem Zwölftel der jährlichen Einnahmen, mit denen diese Leistungen im Zusammenhang stehen, oder
   b) dem Betrag, der den Einnahmen für den Monat entspricht, der bei der Berechnung der Leistung zugrunde gelegt wird,
5. zusätzlich zum Entgelt gezahltes Urlaubsgeld bis zu
   a) einem Zwölftel der jährlichen Einnahmen, mit denen diese Leistungen im Zusammenhang stehen, oder
   b) dem Betrag, der den Einnahmen für den Monat entspricht, der bei der Berechnung der Leistung zugrunde gelegt wird,
6. vom Arbeitgeber veranlasste Vergünstigungen und Sachzuwendungen, soweit sie lohnsteuerfrei sind,
7. Stipendien zur Förderung von Schülerinnen und Schülern an höheren Schulen und von Studierenden an wissenschaftlichen Hochschulen, sonstigen Hochschulen und höheren Fachschulen,
8. vereinzelt vorkommende Leistungen, die von Arbeitgebern oder Dienstherren gewährt werden

a) aus besonderem Anlass, wie beispielsweise Heirats- und Geburtsbeihilfen, Jubiläumsgeschenke oder
b) aufgrund einer wirtschaftlichen, energetischen oder pandemischen Notlage.

Von Nummer 8 ausgenommen sind die daraus erzielten regelmäßig wiederkehrenden Einnahmen, wie beispielsweise Zinsen oder Dividenden aus Aktien.

Abschnitt 4
Schlussbestimmung

§ 12 Inkrafttreten

Diese Verordnung tritt am 1. Januar 2024 in Kraft.

Verordnung über die Zuständigkeit für Leistungen der Sozialen Entschädigung für Berechtigte im Ausland (Auslandszuständigkeitsverordnung – AuslZustV)

Vom 6. November 2023 (BGBl. I Nr. 303)

Inhaltsübersicht

Auf Grund des § 113 Absatz 6 des Sozialgesetzbuchs Vierzehntes Buch – Soziale Entschädigung – vom 12. Dezember 2019 (BGBl. I S. 2652) verordnet das Bundesministerium für Arbeit und Soziales:

§ 1 Regelungsgegenstand

Diese Verordnung regelt die örtliche Zuständigkeit für die Durchführung des Sozialen Entschädigungsrechts nach dem Vierzehnten Buch Sozialgesetzbuch für Berechtigte, die ihren Wohnsitz oder gewöhnlichen Aufenthalt im Ausland haben.

§ 2 Örtliche Zuständigkeit bei Antragstellung durch Geschädigte

(1) Beantragt die geschädigte Person, die ihren Wohnsitz oder gewöhnlichen Aufenthalt im Ausland hat, Leistungen der sozialen Entschädigung, ist für die Durchführung des Sozialen Entschädigungsrechts zuständig

1. Baden-Württemberg bei Wohnsitz oder gewöhnlichem Aufenthalt der Geschädigten in den Staaten Armenien, Aserbaidschan, Georgien, Kasachstan, Kirgisien, Liechtenstein, Schweiz, Spanien, Mexiko, Guatemala, Honduras, Tadschikistan, Turkmenistan oder Usbekistan;
2. Bayern bei Wohnsitz oder gewöhnlichem Aufenthalt der Geschädigten in den Staaten Polen, wenn der Nachname mit einem der Buchstaben von A bis M beginnt, Griechenland, Italien, Österreich, San Marino, Vatikan, Zypern Türkei, Kuba, Nicaragua oder Panama;
3. Berlin bei Wohnsitz oder gewöhnlichem Aufenthalt der Geschädigten in einem Staat in Asien, sofern einzelne Staaten nicht ausdrücklich einem anderen Bundesland zugeordnet sind;
4. Brandenburg bei Wohnsitz oder gewöhnlichem Aufenthalt der Geschädigten in den Staaten Estland, Lettland, Litauen, Costa Rica, Dominica, Dominikanische Republik oder El Salvador;
5. Bremen bei Wohnsitz oder gewöhnlichem Aufenthalt der Geschädigten in einem Staat in Nordamerika, sofern einzelne Staaten nicht ausdrücklich einem anderen Bundesland zugeordnet sind;
6. Hessen bei Wohnsitz oder gewöhnlichem Aufenthalt der Geschädigten in den Staaten Albanien, Slowenien, Kroatien, Bosnien-Herzegowina, Serbien, Montenegro, Nordmazedonien, Kosovo, Slowakische Republik, Tschechische Republik, Russland, Ukraine oder Weißrussland;
7. Mecklenburg-Vorpommern bei Wohnsitz oder gewöhnlichem Aufenthalt der Geschädigten in den Staaten Pakistan, Indien, Bangladesch, Sri Lanka, Nordkorea oder Südkorea;
8. Niedersachsen bei Wohnsitz oder gewöhnlichem Aufenthalt der Geschädigten in den Staaten Südafrika, Thailand, Laos, Philippinen, Japan oder in einem Staat in Australien-Ozeanien;
9. Nordrhein-Westfalen bei Wohnsitz oder gewöhnlichem Aufenthalt der Geschädigten in den Staaten Polen, wenn der Nachname mit einem der Buchstaben von N bis Z beginnt, Belgien, Niederlande oder Ungarn;
10. Rheinland-Pfalz bei Wohnsitz oder gewöhnlichem Aufenthalt der Geschädigten in den Staaten Luxemburg, Rumänien, Moldawien oder Bulgarien;
11. Saarland bei Wohnsitz oder gewöhnlichem Aufenthalt der Geschädigten in den Staaten Andorra, Frankreich, Monaco, Haiti, Demokratische Republik Kongo, Republik Kongo, Elfenbeinküste, Kamerun, Burkina Faso, Niger, Mali, Senegal oder Benin;
12. Sachsen bei Wohnsitz oder gewöhnlichem Aufenthalt der Geschädigten in einem Staat in Afrika, sofern einzelne Staaten nicht ausdrücklich einem anderen Bundesland zugeordnet sind;
13. Sachsen-Anhalt bei Wohnsitz oder gewöhnlichem Aufenthalt der Geschädigten in den Staaten Portugal, Brasilien, Angola, São Tomé und Príncipe, Mosambik, Kap Verde, Guinea-Bissau oder Macau;
14. Schleswig-Holstein bei Wohnsitz oder gewöhnlichem Aufenthalt der Geschädigten in den Staaten Dänemark, Finnland, Island, Norwegen oder Schweden;
15. Thüringen bei Wohnsitz oder gewöhnlichem Aufenthalt der Geschädigten in einem Staat in Südamerika, sofern einzelne Staaten nicht ausdrücklich einem anderen Bundesland zugeordnet sind sowie
16. Hamburg bei Wohnsitz oder gewöhnlichem Aufenthalt der Geschädigten in den Staaten Irland, Vereinigtes Königreich, Malta oder im übrigen Ausland.

Die Zugehörigkeit eines Staates zu Afrika, Asien, Australien-Ozeanien, Nordamerika oder Südamerika ergibt sich aus der Anlage zu dieser Verordnung.

(2) Verlegt die geschädigte Person ihren Wohnsitz oder gewöhnlichen Aufenthalt in einen anderen ausländischen Staat, so ist die Zuständigkeit nach Absatz 1 neu zu bestimmen.

§ 3 Örtliche Zuständigkeit bei Antragstellung durch Angehörige, Hinterbliebene, Nahestehende und weitere Berechtigte

(1) Beantragen Angehörige, Hinterbliebene oder Nahestehende der geschädigten Person sowie weitere Berechtigte nach Kapitel 2 Abschnitt 2 des Vierzehnten Buches Sozialgesetzbuch Leistungen der sozialen Entschädigung, ist unabhängig vom Wohnsitz oder des gewöhnlichen Aufenthalts der antragstellenden Person das Bundesland zuständig, in dem die geschädigte Person Leistungen der sozialen Entschädigung beantragt hat oder hatte. Ist die geschädigte Person durch das schädigende Ereignis verstorben oder hat die geschädigte Person selbst keine Leistungen der Sozialen Entschädigung beantragt, bestimmt sich die Zuständigkeit in entsprechender Anwendung des § 2.

(2) Verlegen Angehörige, Hinterbliebene oder Nahestehende sowie weitere Berechtigte nach Kapitel 2 Abschnitt 2 des Vierzehnten Buches Sozialgesetzbuch ihren Wohnsitz oder gewöhnlichen Aufenthalt aus dem Inland ins Ausland oder von einem ausländischen Staat in einen anderen ausländischen Staat, so ist die Zuständigkeit nach § 2 neu zu bestimmen.

§ 4 Übergangsregelung

(1) Haben Geschädigte oder Berechtigte im Sinne des § 3 vor dem 1. Januar 2024 Leistungen der Sozialen Entschädigung beantragt, ist das im Zeitpunkt der Antragstellung zuständige Bundesland auch für die Durchführung des weiteren Verfahrens zuständig.

(2) Verlegen Geschädigte oder Berechtigte im Sinne des § 3 nach dem 1. Januar 2024 ihren Wohnsitz oder gewöhnlichen Aufenthalt aus dem Inland ins Ausland oder von einem ausländischen Staat in einen anderen, ist die Zuständigkeit des für die Durchführung des Verfahrens berufenen Bundeslandes nach Maßgabe des § 2 neu zu bestimmen.

§ 5 Evaluation

Die Bestimmung der Zuständigkeit nach § 2 ist spätestens fünf Jahre nach Inkrafttreten der Verordnung zu evaluieren. Ergibt die Evaluierung, dass eine erhebliche Diskrepanz zwischen den von den Bundesländern im Verhältnis zu ihrer Bevölkerungszahl zu bearbeitenden Fällen besteht, so werden die Zuständigkeiten neu bestimmt.

§ 6 Inkrafttreten

Diese Verordnung tritt am 1. Januar 2024 in Kraft.

Anlage I
(zu § 2 Absatz 1 Satz 2)

Afrika umfasst folgende Staaten:

Ägypten
Algerien
Angola
Äquatorialguinea
Äthiopien
Benin
Botsuana
Burkina Faso
Burundi
Côte d'Ivoire
Dschibuti
Eritrea
Eswatini
Gabun
Gambia
Ghana
Guinea
Guinea-Bissau
Kamerun
Kap Verde
Kenia
Komoren
Demokratische Republik Kongo
Republik Kongo
Lesotho
Liberia
Libyen
Madagaskar
Malawi
Mali
Marokko
Mauretanien
Mauritius
Mosambik
Namibia
Niger
Nigeria
Ruanda
Sambia
São Tomé und Príncipe
Senegal
Seychellen
Sierra Leone
Simbabwe
Somalia
Südafrika
Sudan
Südsudan
Tansania
Togo
Tschad
Tunesien
Uganda
Zentralafrikanische Republik

Asien umfasst folgende Staaten:

Afghanistan
Armenien
Aserbaidschan
Bahrain
Bangladesch
Bhutan
Brunei Darussalam
China
Georgien
Indien
Indonesien
Irak
Iran
Israel
Japan
Jemen
Jordanien
Kambodscha
Kasachstan
Katar
Kirgisistan
Korea – Demokratische Volksrepublik Korea (Nordkorea)
Korea – Republik Korea (Südkorea)
Kuwait
Laos
Libanon
Malaysia
Malediven
Mongolei
Myanmar
Nepal

Oman
Osttimor (Timor-Leste)
Pakistan
Philippinen
Saudi-Arabien
Singapur
Sri Lanka
Syrien
Tadschikistan
Thailand
Türkei
Turkmenistan
Usbekistan
Vereinigte Arabische Emirate
Vietnam
Zypern

Australien-Ozeanien umfasst folgende Staaten:

Australien
Fidschi
Föderierte Staaten Mikronesien
Kiribati
Marshallinseln
Nauru
Neuseeland
Palau
Papua-Neuguinea
Salomonen
Samoa
Tonga
Tuvalu
Vanuatu

Nordamerika umfasst folgende Staaten:

Antigua und Barbuda
Bahamas
Barbados
Belize
Costa Rica
Dominica
Dominikanische Republik
El Salvador
Grenada
Guatemala
Haiti
Honduras
Jamaika
Kanada
Kuba
Mexiko
Nicaragua
Panama
Saint Kitts und Nevis
Saint Lucia
St. Vincent und die Grenadinen
Vereinigte Staaten von Amerika

Südamerika umfasst folgende Staaten:

Argentinien
Bolivien
Brasilien
Chile
Ecuador
Guyana
Kolumbien
Paraguay
Peru
Suriname
Trinidad und Tobago
Uruguay
Venezuela

Stichwortverzeichnis